基于低碳经济的节能减排与能源结构优化

范德成　王韶华　许　珊　著

科学出版社

北　京

内 容 简 介

本书在深刻阐述低碳经济内涵的基础上,研究了低碳经济的影响因素及其驱动机理,分析节能减排与低碳经济的关系,研究节能减排的低碳效应和低碳机制,对我国30个省(自治区、直辖市)的节能减排绩效进行综合评价,给出了我国基于低碳经济的节能减排实现路径;分析能源结构对低碳经济的作用关系,研究能源结构的低碳效应,对我国历年能源结构合理性进行综合测度评价,构建基于低碳经济的能源消耗结构优化模型对我国能源消耗结构进行优化,考虑能源消耗结构优化的结果,对我国能源供给结构进行优化;针对我国低碳经济发展的实际,提出了基于低碳经济的我国节能减排与能源结构优化的对策建议。发展低碳经济的手段可分为节能减排、能源结构优化、碳汇,本书结合我国实际,从低碳经济角度对前两种类型进行了全面系统研究。

本书可作为经济、管理领域研究者和实际工作者的参考资料,也可供高等院校相关专业的教师、研究生和本科生参考使用。

图书在版编目(CIP)数据

基于低碳经济的节能减排与能源结构优化/范德成,王韶华,许珊著. —北京:科学出版社,2018.1

ISBN 978-7-03-055348-5

Ⅰ.①基… Ⅱ.①范… ②王… ③许… Ⅲ.①节能减排–研究–中国②能源结构–研究–中国 Ⅳ.①F424.1 ②F426.2

中国版本图书馆 CIP 数据核字(2017)第 279803 号

责任编辑:李 莉 / 责任校对:贾娜娜
责任印制:吴兆东 / 封面设计:无极书装

科 学 出 版 社 出版
北京东黄城根北街 16 号
邮政编码:100717
http://www.sciencep.com

北京京华虎彩印刷有限公司 印刷
科学出版社发行 各地新华书店经销

*

2018年1月第 一 版 开本:720×1000 B5
2018年1月第一次印刷 印张:15 1/2
字数:310000

定价:**102.00元**
(如有印装质量问题,我社负责调换)

前　言

随着社会经济的发展，人类活动排放的二氧化碳不断增加，由此形成的温室效应越来越明显，引起地球变暖、海平面上升、极端天气增加等严重问题，直接威胁到人类和其他地球生物的生存。"低碳经济"一词最早出现在2003年英国能源白皮书《我们能源的未来：创建低碳经济》中。作为第一次工业革命的先驱和资源并不丰富的岛国，英国充分意识到了能源安全和气候变化的威胁，并认为降低碳排放已经迫在眉睫。

低碳经济是指在可持续发展理念指导下，通过技术创新、制度创新、产业转型、新能源开发等多种手段，尽可能地减少温室气体排放，达到经济社会发展与生态环境保护双赢的一种经济发展形态。"低碳经济"概念的核心是可持续发展，即在降低碳排放的前提下实现经济社会的发展，其有两个要点：一是要保持经济社会发展，满足人类的需要；二是要综合运用多种手段减少碳排放。我国作为世界第二大经济体，同时也作为最大的发展中国家，碳排放总量全球排名第一，单位GDP碳排放量在主要经济体中排名第一，人均碳排放量也排名靠前，发展低碳经济的责任重大，面临着极大挑战，节能减排任务十分艰巨。

发展低碳经济的手段很多，包括工业节能、建筑节能、交通节能、调整产业结构、发展新能源、生物碳汇、物理碳汇、低碳生活等，涉及经济、社会的各个方面，但不外乎三种类型：一是节能减排，通过提高经济发展中的能源效率达到减少碳排放的目的；二是能源结构优化，通过低碳能源对高碳能源的替代减少碳排放；三是碳汇，通过各种物理、化学和生物手段将排放出的二氧化碳回收以减少实际的碳排放量。本书针对前两种类型，结合我国的实际，从低碳经济的角度对节能减排与能源结构优化进行了系统研究。

本书在深刻阐述低碳经济内涵的基础上，研究低碳经济的影响因素及其驱动机理，分析我国发展低碳经济取得的成绩、面临的问题和存在的障碍；对节能减排进行概念界定，分析节能减排与低碳经济的关系，研究节能减排的低碳效应和低碳机制；在对我国节能减排的现状、面临的问题和发展趋势进行深入分析的基础上，应用解释结构模型（interpretative structural modeling，ISM）理论构建基于低碳经济的节能减排影响因素层级结构模型，揭示了我国基于低碳经济的节能减排影响因素的层次结构关系及其作用路径；构建基于低碳经济的节能减排绩效评价体系，运用基于参数的SFA（stochastic frontier approach，即随机前沿方法）测试环境约束下的我国区域全要素能源效率，利用脱钩方法分析我国低碳建设首批低碳试点省份的碳排放绩效，运用熵值法和模糊综合评价法对我国30个省（自治区、直辖市）的节能减排绩效进行综合评价；构建节能减排路径的理论模型与理论假设，运用结构方程模型（structural equation modeling，SEM）对理论路径进行实证检验，通过验证对理论模型进行修正，给出实现节能减排的三条路径，即产业结构调整路径、能源结构优化路径与技术创新路径，并对三条路径的实现进行定量与定性分析；对能源结构进行概念界定，分析能源结构对低碳经济的作用，构建分解模型揭示能源结构的低碳效应；在对我国能源结构的现状、战略和政策以及发展趋势进行深入分析的基础上，结合基于低碳经济的能源结构的影响因素分析，提出基于低碳经济的我国能源结构优化的目标、重点和任务；综合运用粗糙集理论和AHP（analytic hierarchy process，即层次分析法）构建基于低碳经济的能源结构评价指标体系，通过未确知测度评价模型对我国历年能源结构合理性进行综合测度评价；通过改进IPAT模型（即环境负荷模型，其中，I为human impact，P为population，A为affluence，T为technology）对我国基于低碳经济的能源消费进行了情景预测，利用数学规划方法构建基于低碳经济的能源消耗结构优化模型，对基于低碳经济的我国能源消耗结构优化进行实证分析；综合运用灰色预测法、趋势预测法和变权重组合预测法对我国能源供给进行预测，在分析我国低碳能源发展潜力的基础上，对低碳能源的发展规模进行情景预测，根据能源消耗结构优化的结果对我国能源供给结构进行优化；根据基于低碳经济的节能减排与能源结构优化的研究结果，针对我国低碳经济发展的实际，提出基于低碳经济的我国节能减排与能源结构优化的对策建议。

　　本书的一系列研究工作是在国家自然科学基金项目"基于自组织的产业结构演化机制与模型研究"（编号：71373059）、高等学校博士点基金项目"基于低碳经济的能源结构优化研究"（编号：20122304110018）、教育部人文社会科学基金项目"基于低碳经济的节能减排实现路径与绩效评价研究"（编号：13YJA630016）和河北省自然科学基金项目"灵敏度视角下河北省能源结构变动对碳排放的影响及其优化研究"（编号：G2016203011）的资助下完成的，特在此致谢！

　　本书的另两位作者王韶华和许珊都是我的博士研究生，他们从2010年开始参与此项研究，分别主攻基于低碳经济的能源结构优化和节能减排。本书中的成果是由我们的研究团队共同研究得出的，团队成员还包括贾立江、曹静、李冰、潘霞、张海峰、邓志茹、李昊等，他们也为本书做出了重要贡献。在整个研究过程中，我们密切合作，对相关问题进行了详细、深入的探讨，从而使最初的设想变成了现实的研究成果，在此向他们表示感谢。此外，在本书写作过程中，也广泛参阅了国内外相关的文献资料，借鉴了许多中外同行的研究成果，在此一并表示感谢。

由于作者水平所限，难免有不妥之处，敬请有关专家和广大读者批评指正。

范德成

2017年9月20日于哈尔滨工程大学

目　　录

第1章 绪　　论

1.1　研究的背景、目的和意义

1.1.1　研究的背景

1. 我国发展低碳经济的必然性和紧迫性

人类对资源的无序开采与不合理利用，导致生活环境的日益恶化。这一趋势在我国尤为严重，尤其是近年来全国各地频频出现雾霾天气。人们不禁会问，"我们生活的环境到底哪里出了问题？"，就连空气、水这些最基本的物质也受到不同程度的污染。其实这些问题的答案在于人们自身，由于人们以往忽视环境保护，对资源进行掠夺性的开采，且又不合理利用，污染物的排放量逐年上升。我国经济发展的速度的确创造了"世界奇迹"，但同时，我国的污染物排放量，尤其是温室气体的排放量，也位居世界第一。"低碳经济"（low-carbon economy）一词正是在这样的背景下被提出来，并越来越受全球关注。我国在哥本哈根世界气候会议上承诺，2020年碳强度在2005年基础上减少40%~45%。为兑现这一承诺，2009年3月中国科学院发布了《2009中国可持续发展战略报告》，报告中提出，在2005年基础上，2020年能耗强度和CO_2排放强度分别降低40%~60%和50%左右，并将其作为我国低碳经济发展的目标。低碳经济，是一种以低能耗、低排放、低污染为特征的可持续经济发展模式，其实质就是利用技术进步和制度创新转变能源利用方式，提高能源效率，优化能源结构[1, 2]。因此，实现低碳经济的关键在于节能减排和能源结构优化。

2. 我国节能减排压力不断增大、形势严峻

截至2015年底，我国的"十二五"节能减排目标已经基本实现，我国经济也经受住了全球性经济衰退的冲击，实现了平稳、快速增长。然而我国作为世界上人口最多的国家，同时也是世界上最大的煤炭消费国，工业化和城市化的加速发展，使我国的节能减排压力不断增大。目前节能减排各方面的工作仍存在认识不到位、责任不明确、措施不配套、政策不完善、投入不落实、协调不

得力等问题，我国节能减排任务的形势严峻。温家宝同志在讨论部署节能减排工作时提出，要从"节能减排是对政府执行力和公信力的考验"转变为"全社会动员、全民参与，使节能减排成为自觉行动"，使节能减排真正成为一场从政府到民众的"全民攻坚战"。

3. 以煤炭为主的能源结构阻碍了低碳经济的发展

我国以煤炭为主的能源结构极其不合理，历年来，煤炭一直在我国能源结构中占据主导地位。但是，煤炭的利用效率极其低下，与石油和天然气相比，分别低了约23%、30%，单位GDP的增长需要耗费更多的煤炭，直接导致了能源效率低下、经济效益差、环境污染严重等问题的出现，与"低能耗、低排放、低污染、高增长"背道而驰，严重阻碍了低碳经济的发展。但是，煤炭的廉价、丰裕满足了我国经济发展的需要，使国内生产总值（GDP）对煤炭的依赖度较高，降低煤炭消费比重势必会影响我国经济的发展。因此，本书在不影响社会经济发展目标的前提下基于低碳经济探讨节能减排与能源结构优化问题，具有重要的意义。

1.1.2　研究的目的和意义

基于日益严峻的经济与社会形势，本书试图在总结低碳经济现状、驱动因素及其驱动机理的基础上，论证节能减排和能源结构优化对低碳经济的重要影响，并通过描述对比低碳经济未来的发展情景，分析节能减排和能源结构优化的必要性。在此基础上，从低碳经济的角度，围绕节能减排和能源结构优化分别展开研究：对我国节能减排现状和发展潜力进行评价，找出存在的问题，并结合节能减排的影响因素，提炼基于低碳经济的节能减排的实现路径；根据低碳经济对能源结构提出的要求，分析与评价我国能源结构的现状，找出我国能源结构存在的问题，针对问题确定我国低碳经济下能源结构优化的原则、重点和目标，进而对我国的能源结构进行优化设计。最后，依据以上分析结果提出基于低碳经济的我国节能减排与能源结构优化的对策。可见，本书以低碳经济为背景，探究节能减排与能源结构优化问题具有重要的理论意义和现实价值。

1. 理论意义

第一，针对如何测量节能减排影响因素这一问题，大多数研究文献主要使用指数分解分析方法。本书采用ISM理论，通过构建层级结构模型，详细表述哪些因素对低碳经济节能减排产生重要作用，并建立了各因素之间的层次体系。在这一点上，本书拓展了节能减排研究的理论宽度。并且本书通过影响矩阵乘法分类法（matriced impacts croises multiplication applique and classment，MICMAC）分析因素之间的相互关系，同时也对效用研究方法论做了有益的尝试。

第二，本书从产业结构和技术创新两个层面对中国基于低碳经济的节能减排实现路径进行分解分析,以求更加全面地探讨节能减排的实现路径,同时也便于在一个统一的模型框架中分析节能减排的实现路径。这将为节能减排的实现问题提供一个新的研究视角。

第三,目前的能源结构优化主要立足于能源-经济或能源-环境协调发展的某个方面,围绕能源结构不合理的表现、能源结构预测、能源结构优化的对策建议等核心问题展开定性研究,随着我国低碳经济发展模式不断地深入推行,在实现经济增长的同时,碳排放控制的目标逐步明确化和具体化,因此本书通过通径分析方法定量研究我国能源结构对低碳经济的影响机理,利用粗糙集理论与未确知模型量化其在满足社会经济发展需求、碳排放控制、能源发展规划等方面的欠缺,验证了现有能源结构优化及低碳经济实现路径的相关理论。

2. 现实价值

第一,对我国未来低碳经济发展的情景进行比较,通过情景对比能够进行客观与深入的分析,更能反映未来低碳经济发展的道路选择,对政策制定者而言更具可操作性。

第二,通过基于低碳经济的节能减排绩效和能源结构优化评价研究,可以完善节能减排和能源结构优化的评价标准,为国家建设"资源节约型、环境友好型、生态文明型"社会提供必要的支持。

第三,随着国际气候谈判制度逐渐走上正轨,我国减、限排承诺的压力也越来越大。我国承担减排义务必须以不影响国家的社会经济正常发展为前提,本书以实现低碳经济为目标的能源结构调整研究和基于低碳经济的节能减排实现路径以及能源结构优化的研究,将有助于政府部门确定节能减排和能源结构优化的努力方向,更好地落实减排目标,为我国减排承诺的兑现提供指导,避免我国处于不利的政治和经济局面。

第四,随着承担减、限排义务,各国对碳排放控制的重视程度逐渐提高,碳排放量成为衡量人类经济发展方式的新指标,碳排放指标将成为未来国际社会竞争的重要衡量指标。以碳排放控制为约束条件设计的节能减排和能源结构优化方案,为制定合理能源发展规划和产业政策指明了方向,有助于增强我国的国际竞争能力,有利于我国经济的可持续发展。

1.2 国内外研究现状

1.2.1 国内外关于低碳经济的研究

1. 低碳经济的内涵

2003年2月24日,英国贸工部发布了《我们能源的未来:创建低碳经济》能源白皮书,"低碳经济"一词开始进入人们的视线。之后各国学者纷纷从不同的角度对低碳经济的概念和内涵进行阐述。

Dagoumas和Barker强调低碳经济的目的性,认为低碳经济的终极目标是经济发展的同时降低碳排放量,这个目标需要技术创新来实现[3]。付允等将低碳经济的特点概括为"三低三高",三低包括低排放、低能耗和低污染,三高包括高效益、高效能及高效率[4]。方时姣从生态环境与经济发展的角度诠释低碳经济的内涵,即实现排放、生态环境代价和社会经济成本最低,并最终建立起生态系统与人类社会的动态平衡[5]。上述学者对低碳经济的理解各不相同,但是其主要思想是一致的,那就是在人类生产、生活的各个领域,降低能源尤其是不可再生能源的利用量,减少碳排放,实现人类社会与自然环境的协调、可持续发展。

2. 低碳经济的影响因素研究

Wang等分析了1957~2000年影响我国二氧化碳排放的因素,并用对数平均迪氏分解法(logarithmic mean Divisia index,LMDI),将CO_2排放因素进行分解,研究结果显示,减少碳排放的主要因素是能源强度,同时经济发展也导致了碳排放量的增加[6]。

Puliafito等在分析影响碳排放的因素的基础上,运用捕食者-猎物模型(Lotka-Volterra model)对人口数量、GDP发展速度和能源效率对碳排放的影响作用进行分析[7]。Dalton等提出当人类社会步入老龄化阶段,人口因素会与技术进步一样直接使碳排放总量降低,并利用PEST(politics-economic-society-technology,即政治、经济、社会、技术)模型验证了这一设想,同时预计发达国家将会在2020年前后步入老龄化社会[8]。Ramanathan利用数据包络分析(data envelopment analysis,DEA)方法进行碳排放效率分析,数据表明碳排放效率指标在1980年前呈平稳上升趋势,于1980年达到最高值,在急剧下降之后在1987年以后进入反复震荡时期,并最终于1996年回升[9]。Reid和Goldemberg的研究表明,在控制碳排放的问题上,广大发展中国家也是有所作为的,以中国为例,自从20世纪80年代进行能源价格调整,中国逐步降低煤炭和石油行业的价格补贴,并同时大力发展可再生能源,进而有效控制碳排放[10]。

Grossman和Krueger在研究经济与环境关系时,发现自然资源消耗和污染物排放综合指标会随着国民经济收入的增长呈现"倒U形"波动[11]。Selden和Song采用固定效应模型,将人口密度纳入对污染物和GDP的EKC(environmental Kuznets curve,即环境库兹涅茨曲线)估算体系中,得出人口密度低的国家,尤其是发达国家,对环境保护的高度重视和有效措施是形成EKC曲线的原因[12]。

碳排放的影响因素研究是国内学者们关注的重点,王锋和冯根福分析和评价了经济发展、人口增长、城镇化、工业化、能源结构调整、居民消费模式变化、能源技术进步和能源价格上涨8个影响因素对我国低碳经济发展的影响,研究结果显示,我国能够通过以下方式推动低碳经济发展:引导居民消费模式变化、调整能源结构、促进能源技术进步、提高能源价格等政策[13]。王卉彤和王妙平测算了11个省区1997~2007年影响碳排放量的灰色关联强度,测算结果表明,与碳排放量关联强度最大的是人均消费,其次是人口数量,并且人均消费充分地诠释了碳排放量[14]。雷厉等认为导致碳排放量上涨的关键要素是人均GDP,而能源强度下降则可以约束导致碳排放增长的主要因素,能源结构推动了碳排放的增长,但影响程度较小[15]。唐建荣等研究发现能源强度、一次能源结构、经济发展规模和城市化发展水平四个因素对碳排放有较强并且稳健的影响力[16]。

不少学者针对碳排放的区域影响因素问题,结合各自区域的不同特点开展研究。李鹤对1995~2009年东北地区工业部门CO_2排放演变及影响因素进行分析,认为工业产出规模的快速扩张及行业结构的变动是导致区域工业CO_2排放总量迅速上升的主要因素[17]。苏方林等以广西为例,建立了碳排放量与影响因素的对比模型,并对碳排放量的影响系数与时间变化做了脉冲响应函数分析[18]。李伟运用混合最小二乘估计、个体固定效应和随机效应三种静态面数据,通过研究发现经济增长状况是区域碳排放量最重要的影响因素,产业结构和出口对东中部地区碳排放量的影响比较显著,对西部地区影响不显著[19]。

在低碳技术的影响因素研究方面,张宏武和尹嘉慧运用SPSS软件中的积差相关方法,对低碳技术影响因素进行相关性分析,进而运用逐步回归法对各指标对低碳技术的影响程度进行分析,认为非化石能源比重、能源强度、人口城镇化率和专利申请授权数对低碳技术影响显著[20]。董锋和龙如银利用DEA方法设计区域低碳经济发展指数,对江苏区域低碳经济发展水平进行测度[21]。赵贺春和刘丽娜认为低碳经济影响因素主要有经济增长方式、工业化水平、能源消费结构、环境约束程度、产业结构调整等;低碳经济发展的政策包括优化能源结构、利用清洁发展机制、加大低碳技术自主研发力度、推进生物固碳等[22]。夏劲认为发展低碳经济的关键在于能源技术创新,科技管理制度创新是实现低碳技术创新的根本保障,提出发展中国低碳经济必须依靠技术创新、提升产业结构、优化能源结构、提高自主创新能力[23]。

3. 低碳经济的评价体系研究

Jia等运用逼近理想解排序法(technique for order preference by similarity to an ideal solution,TOPSIS)和模糊层次分析技术(fuzzy analytic hierarchy process,FAHP),探讨低碳经济评价中的模糊性和非线性问题[24]。崔和瑞和武瑞梅引入了三螺旋理论体系,进行高校、企业、政府低碳技术创新合作机制研究[25]。贺胜兵等采用AHP计算了低碳经济评价体系各项指标对总目标的权重,对湖南长沙市低碳经济发展水平进行评价[26]。潘文砚和王宗军构建了基于"驱动力-压力-状态-影响-响应"（driving forces-pressure-state-impact-responses，DPSIR）模型的低碳竞争力评价指标体系，并用主成分分析（principal component analysis，PCA）法对中国低碳竞争力进行评价，得出我国的低碳竞争力整体上呈现逐年递增态势的结论[27]。

在低碳经济的区域评价方面，付加锋等利用层次分析的方法，从省际角度出发，建立了指标体系，对低碳经济的发展程度进行评价，并用对比法将部分关键指标与国外的相应指标进行比照剖析[28]。周彬等运用多目标线性加权函数模型，对浙江省低碳经济发展潜力进行综合评价[29]。纪志荣等运用模糊层次分析法和基尼系数对指标赋权，构建福州市低碳经济综合评价体系[30]。陈跃等梳理已有的区域低碳发展评价研究后，提出将区域节能减排效率、潜力评估纳入低碳发展综合评价研究框架，同时在建立低碳发展的综合评价模型时引入了变权理论[31]。鲍超和罗奎构建了由低碳能源、低碳经济、低碳社会、低碳环境、低碳技术5个准则层和19个具体指标组成的综合评估指标体系，测算我国31个省会城市2010年低碳发展综合水平[32]。王喜等借鉴DPSIR模型，选取碳排放强度、人均碳排放等25个指标，构建了基于DPSIR模型的低碳经济发展评价指标体系，对黄河中下游地区主要省份的低碳经济发展水平进行研究[33]。

在低碳经济的绩效评价方面，Zhou等采用DPSIR模型评价了全球36个城市温室气体排放的社会经济动态及其对环境产生的压力；结果表明，绝大多数的城市体现了低碳经济，并且大部分的低碳经济都是基于压力导向动力[34]。Xin和Wu通过运用低碳经济理论、财务会计理论和经济分析理论，对低碳经济审计工作进行了量化考核，重点分析了项目建设的社会效益与社会成本，并提出了低碳经济的定量评价方法[35]。Wang和Sun利用因子分析法，构建了低碳经济的指标体系，评价了15个资源型城市的低碳经济发展程度[36]。Perino和Leimer根据国家要求及规定的能效标准，建立二氧化碳节能潜力的检测基准线，计算了7种不同建筑形式的能量要求，并应用模型计算了潜在二氧化碳排放量[37]。Long和Pan建立了一种基于经济效益的绩效评价体系，重点关注社会责任与低碳环保体系；利用此系统进行的实证研究表明，三废排放量的指标权重位列第二，环保投资率的指标权重位列第五；由此可知，企业愿意并已实现用一定的利润研发低碳技术、减少能源消费[38]。

屈小娥和曹珂建立了低碳经济拓展进度评价指标体系，并对陕西省的发展程度进行了评价，陕西省低碳经济发展水平与全国平均水平相比较低[39]。苏美蓉等从低碳城市建设的视角概括低碳城市评价指标，归纳了上海等城市的低碳规划路径，剖析了目前城市低碳发展程度的评价结果[40]。卜华白在进行面向低碳经济的中国铅锌工业发展水平评价的基础上，构建了中国铅锌工业系统五个子系统的发展动力基模，提出了低碳发展的策略与误区规避措施，并进行实证研究[41]。金小琴和杜受祜在构建低碳竞争力评价指标体系的基础上，采用主成分分析法、熵值法和聚类分析法对西部12个省（自治区、直辖市）的低碳竞争力进行评价[42]。

4. 低碳经济的实现路径研究

Nakata 和 Lamont 研究发现，发展低碳经济，提高可再生能源和清洁能源的利用率，就要同时改革能源税与碳排放税，这样才能够实现计划内的碳排放下降目标[43]。Baranzini等认为能源税率是碳税税率制定的基础，而各国由于具体国情不同而产生的能源税差别是国际碳税税率协调的巨大阻碍；同时，尽管理论上碳减排最有效的方法是实施碳税机制，但在实践过程中，往往会由于其他原因而导致碳税税率的差别，只有在进行能源税改革的基础上才能将碳税的调控作用充分发挥出来[44]。Cheng 等以灰色关联与投入产出为理论依据，以模糊目标规划为方法，建立了仿真模型，在三种碳税方案下对碳排放程度与经济发展进行仿真模拟，并根据仿真结果选取各国的碳税方案，从而使其能够更好地发挥效果[45]。

低碳经济在全世界范围内广泛发展的同时，在我国也在不断发展。我国学者纷纷从自身的实际出发，丰富低碳经济理论的内涵，并探索适合中国国情的绿色发展模式。

在政策体系方面，彭博在介绍英国发展低碳经济的经验的同时，认为应加强顶层设计，建立有利于低碳经济发展的财税金融政策体系，加快低碳技术创新，提高能源效率，优化能源结构，加强低碳经济立法，充分发挥政府的主导作用[46]。门丹在对美国低碳经济政策做了较为详细的考察后，认为国际国内两方面的激励与约束以及金融危机后美国国家发展战略的调整是美国低碳经济政策转向的原因[47]。

在实现手段方面，包红梅认为低碳技术创新是实现低碳经济的重要手段，我国低碳技术创新的发展受经济结构、能源结构、技术创新基础及国际环境等诸多因素的制约[48]。刘朝和赵涛根据主要影响因素从基础情景、低碳情景和受挫情景定量模拟了中国2020年低碳经济发展水平，并预测了低碳情景下2020年各类能源消耗总量及污染物排放量[49]。范德成等认为低碳经济实现的重点在于能源结构的优化，能耗量约束和GDP增长对能源消费结构的优化起直接推动作用；但在碳强度和能耗强度保持不变的条件下，碳排放约束和能耗量约束总体上对能源消费结构的优化起抑制作用[50]。王占刚等在提出中国低碳经济模型管理与应用框架结构的基础上，设计低碳经济能力评价算法，设定4种情景获得不同指标间的关系与变化趋势[51]。肖海平采用数据包络法、投入产出法、因子分析法和地理加权回归模型等方法探讨了湖南省产业部门能源消费和碳排放强度的现状特征及其空间差异，提出了湖南省各市州产业结构低碳转型的差异化策略[52]。李少凤等认为在进行技术创新时，将低碳经济的思想作为基础纳入其中，就会使技术创新的价值取向以生态、社会、经济的整体利益为主，这必然产生新的评价标准[53]。

在区域与产业研究方面，部分学者结合山东、四川、黑龙江、苏州、深圳等地区的自身特点，对其发展低碳经济提出相适应的路径选择[54~58]。还有学者从汽车、建筑、新能源、旅游等产业角度，结合不同产业的发展特点，提出发展低碳经济的对策[59~62]。

1.2.2　国内外关于节能减排的研究

1. 节能减排的影响因素与评价研究

环境污染问题逐渐受到人们的关注，节能减排也不断得到重视。节能减排会不可避免地产生一些成本，甚至会拉低企业的效益。因此，掌握企业节能减排的影响因素，评价企业节能减排绩效，使企业及时了解节能减排的重要作用，带动企业节能减排行动，针对节能减排所存在的问题及时调整减排过程，将对企业降低成本起到非常重要的作用。

在影响因素方面，Bosseboeuf等[63]、Dyckhoff和Allen[64]通过DEA法对欧洲各国的环境生态效率进行综合评价。van Berkel运用指数分解法，对欧盟15国1995~2004年的能源强度变化趋势进行分析，认为欧盟国家的能源强度经历了先升后降的过程[65]。Price等综合运用定性和定量的方法，评价我国"十一五"规划期间的节能减排成果，研究认为能源效率的提高是成功实现"十一五"期间我国单位GDP能耗降低20%的目标的直接原因[66]。

我国学者分别介绍了美国、德国、日本、荷兰和中国台湾等国家和地区节能减排的经验及对发展节能减排的启示，进而在节能减排的影响因素与评价问题上开展了广泛而深入的研究。郭英玲等推出一种新的评价方法，即以节能减排为基础的简式生命周期法；这种方法是以节能减排为目标，建立新的评价体系，评价的对象是废物排放与能源消费的影响因素，按照评价结论探讨生产链中的微弱环节，有针对性地提出解决方法，实现真正的节能减排[67]。朱启贵构建我国节能减排统计指标体系，提出我国必须加强能源和环境统计工作，建立物质流核算、能源流核算和绿色国民经济核算体系[68]。魏楚等在衡量全要素生产率（total factor productivity，TFP）过程中将废弃物纳入考量，以我国30个省（自治区、直辖市）3年的投入产出数据为基础进行实证研究，评价了各地的能源效率与节能减排潜力；并以此为前提，对中国"十一五"规划中的节能减排约束性目标的可行性、地区目标分解以及潜在经济损失进行了评价和模拟，并提出未来推进工作的关键是建立内驱机制，以政策为后盾实现节能减排[69]。杨华峰和姜维军认为节能减排效果是考核企业资源效率的重要依据，并建立了包括资源综合利用、废弃物排放、无害化、资源消费以及支持力几方面的评价减排效果指标体系[70]。沈骋等[71]、岳睿[72]、蔡凌曦等[73]学者对城市节能减排指标体系的设计和具体实践进行了研究。

在节能减排绩效评价方面。李宁等采用遗传算法的投影寻踪模型，以山东省10年工业数据为例，从能源消费、污染处理、固体物排放等方面评价节能减排绩效[74]。Wen等以亚太一体化模型（Asian-Pacific integrated model，AIM）为基础，评价了2010~2020年中国水泥行业节能减排绩效，用三种情景模式描述水泥行业未来科技政策的发展状况[75]。王世进以平衡计分卡思想为基础，设计了从节能减排视角出发的战略绩效评价体系，通过研究发现，经济效益与技术投入对节能减排起到了较大的作用[76]。徐光华等总结了近20年国内外学者针对节能减排绩效评价的文献，从投入产出的视角出发，建立企业节能减排绩效评价指标体系，通过运用DEA模型，评价我国42个行业治理废水、废气减排的投资绩效[77]。

2. 节能减排的实现途径研究

Geller等详细介绍了巴西、韩国、菲律宾等国家为鼓励提高能效、发展可再生能源等而制定的相关政策[78]。Worrell和Price在总结归纳发达国家的节能政策和经验的基础上，认为在市场经济条件下的节能环保战略实施过程中，政府的引导作用未得到充分发挥[79]。Smale等从气候发展的视角分析了CO_2排放模式的改变对企业利益和市场价格的影响[80]。Kraft J 和Kraft A 认为国民生产总值（gross national product，GNP）与能源消费间存在单向因果关系[81]。为实现节能减排，我国学者张通[82]、张炜和樊瑛[83]、肖志明和张华荣[84]、曲建升等[85]首先在借鉴英国、德国、日本等国外先进经验的基础上，对我国实施节能减排提出有效措施。随后不少学者纷纷对我国进行节能减排的区域开展研究：郑兴有等考察了东、中、西三大区域不同行业的能源消费与就业之间的关系，通过研究发现在全国范围内，节能减排政策对工业和建筑业的就业将起抑制作用，而对服务业的就业具有促进作用[86]。于鹏飞等运用DEA法，宏观上对国内各地区开展节能减排成效评价，构建评价减排效果的指标模型，实证结果显示，我国的水资源利用率、废水废气治理、能源效率等都有显著提高，说明我国的节能减排存在巨大的潜力[87]；陈诗一构建了一个基于方向性距离函数的动态行为分析模型进行模拟分析，找寻最优节能减排路径，研究发现在此路径下，节能减排在生产初期会产生较大成本，造成一些损失，但是随着节能减排效果的提升，成本损失会逐渐降低，终会小于产出增长从而实现双赢[88]；刘小敏和付加锋运用情景分析方法，利用可计算的一般均衡（computable general equilibrium，CGE）模型估算我国未来10年内的节能减排目标实施力度障碍，根据估算结果可知，调整产业结构对节能减排效果影响不大，但产业能源强度的降低会对减排效果的提升做出巨大贡献，因此，调控高耗能企业势在必行[89]。

部分学者从强化政府职能、完善环境监测、革新税收机制等方面开展研究，提出我国节能减排的具体实施[90~97]。部分学者开展我国节能减排的行业研究，分别对道路运输、电信、煤炭、钢铁、造纸、水泥、化工等行业的节能减排问题进行因素分析，并结合行业的特征提出相应的对策[98~105]。

3. 节能减排与低碳经济关系的研究

近年来，国外学者针对能源消费、经济增长和碳排放的研究不断涌现，Templet通过研究发现，"类质同象"出现在生态与经济系统中，以能源消耗为介质，以Ulanowicz发展能力为计算公式，解析了发展能力与能源消费多样性二者之间的关系，研究证明，能源资源利用方式多样性与GDP有显著的正相关性[106]。Sari和Soytas利用方差分析与格兰杰因果检验方法，以美国为实例，对其GDP、碳排放量、能源消耗以及资本存量与劳动力进行了动态研究，结果表明GDP与碳排放、能源消费并无因果关系，但能源消费与碳排放有因果关系[107]。Hepbasli和Ozalp采用多元方程，选取GDP、能源消费与国际贸易等变量，对土耳其的GDP与碳排放进行了实证研究，结果发展二者之间存在双向的格兰杰因果关系，但是Hepbasli所得出的这个结论与Sari的研究结果相悖[108]。Fisher-Vander 等将环境污染作为生产要素纳入经济型中，探讨了技术发展与经济发展二者之间的关系，结果表明在人均GDP与环境污染之间存在一种"倒U形"关系[109]。Ayong和Alain以经济产出与环境污染成正比为假定前提，将可再生资源作为新要素构建经济模型，研究环境污染、经济增长与再生资源发展之间的关系，最后求出了经济增长的Ralnsey最优均衡路径[110]。

在节能减排与低碳经济二者关系的研究中，国内学者也取得了很多有价值的成果。

李涛运用非径向DEA方法——RAM（range adjusted measure，即范围调整方法）模型，以我国29个省（自治区、直辖市）3年的能耗消费数据为依据，对经济效率与碳排放效率进行了整合与预估，同时纳入联合效率用以测量经济增长与碳排放的拟合效果，结果发现我国节能减碳政策取得了效率明显改进的"水平效应"，目前"自然减排"是我国节约能源与降低碳排放量的主要途径，然而替代能源与技术进步效应仍明显不足[111]。在经济增长与CO_2排放关系的研究中，孙宁分析了碳减排约束下经济增长的瓶颈问题，指出解决此问题应致力于"技术进步"，将解决该问题的方式划分为跳跃式与持续式两种（这是目前最有效的内在扩展方式），并分别探讨了这两种方式解决碳减排约束下经济增长瓶颈问题的不同途径[112]。

何彬认为人均GDP与区域人均二氧化碳排放明显正相关，中国仍是以高能耗、高排放为基础的粗放型经济增长方式为主；当经济总量达到一定规模时，人均

GDP与人均碳排放量之间会呈现"倒U形"关系；这说明，维系一定的国有经济比重是十分必要的[113]。

赵红和陈雨蒙基于城市化视角，以我国32年的GDP及能源消费数据为研究对象，以Granger因果检验与协整检验为方法，实证研究了GDP、能源消耗、碳排放量以及对外贸易之间的关系[114]。原毅军和王雪利用多区域多部门全球贸易和能源分析（global trade analysis project-energy，GTAP-E）模型，研究我国经济增长、节能减排、产业结构最优这三种不同的产业结构调整目标将对二氧化碳排放量造成的影响[115]。刘亦文等实证研究了能源消耗结构与碳排放量之间的关系，研究结果发现二者之间呈现模糊负效应，但是能源效率的改变对相应阶段碳排放量的影响却呈现明显的负效应[116]。李静以2000~2008年我国28个省份的面板数据为样本，通过研究发现我国经济增长效率具有较大的改善空间，区域间能源消耗和二氧化碳的排放与经济可持续发展状况差别显著，其中东部地区经济增长效率最高，中西部地区增长效率普遍较低[117]。刘瑞等主要目的是推断我国近15年的CO_2排放走势，以此为基础勾绘2009年的二氧化碳排量图，并进行脱钩分析[118]。杨晓军和陈浩建立城镇化对二氧化碳排放影响的实证模型，利用我国1997~2009年省级面板数据，通过研究发现城镇化与二氧化碳排放存在长期的均衡关系[119]。

冯烽和叶阿忠实证研究了我国CO_2排放量的"倒U形"关系的存在性，创新地采用了半参数面板数据模型作为研究的理论依据；研究发现中国及其东部存在CO_2排放的EKC曲线，并且当人均实际GDP达到760元后CO_2排放量开始减少，但是中部、西部不存在该曲线；中部正趋近于人均CO_2排放的转折点，西部离该转折点还有较大差距；第二产业占GDP比重对CO_2排放具有正向的影响[120]。陈真玲等认为随着能源瓶颈期的逐渐临近，单纯依赖能源消耗来发展经济并非良策，当有污染存在时，最优均衡经济增长率要放缓，实证研究发现GDP与CO_2排放二者之间为负相关关系，能源消费与经济增长存在正相关关系[121]。

贾立江等利用通径分析方法和面板协整模型，探讨了各个行业发展和能源消费的依赖关系；研究认为当前要想稳定、可持续地发展经济，最为快速有效的方式就是降低一产比重提升三产比重[122]。庄贵阳归纳分析了降低温室效应的现实意义，并以"十一五"提出的节约能源、减少排放为研究前提，总结了现阶段节能减排的工作业绩，概括了继续加大减排力度存在的阻碍，并提出了政策性的建议[123]。李莉以2005年为基准，采用IPCC（Intergovernmental Panel on Climate Change，即政府间气候变化专门委员会）清单指南推荐的方法测算了上海市能源活动产生的CO_2排放清单；并采用情景分析方法，预测了高碳情景和低碳经济情景下上海市能源需求及相应的二氧化碳排放趋势，探讨了节能减排等低碳经济政策产生的碳削减潜力[124]。

1.2.3 国内外关于能源结构的研究

1. 能源结构存在的问题研究

张冀强和王毅认为我国能源发展瓶颈突出在结构问题，包括能源供需品种结构问题、能源的地区性结构问题、结构性污染问题等，并分析油价高昂、天然气地位上升、核电受限、煤炭在电力中重要性不减、重视可持续能源开发的世界能源形势[125]。陈淮通过分析，认为我国能源结构存在诸多问题的关键原因在于能源供需结构不平衡，而解决此问题的关键是减少原煤的供给，综合运用国际国内两个市场促进石油和天然气的供应规模[126]。周德群探讨了我国能源结构的变迁过程，认为形成我国能源结构钢性的原因主要是重国内资源开发、轻国际市场参与，重供需数量平衡、轻结构品质优化；并从成本、能源优质化障碍、油气重要作用、能源供需矛盾等方面说明了能源结构优化是我国可持续发展的客观要求；在分析能源结构改善可行性的基础上，提出了可持续发展能源战略[127]。陈计旺等认为城乡居民收入水平、工业化水平、参与国际分工能力等是使能源消费结构变动的重要因素，能源供给结构和需求结构的变动以及政府可持续发展战略的实施使得煤炭在我国能源生产和消费中的比重趋于下降，而石油所占比重上升[128]。刘戒骄认为中国的能源体系并没有融入世界能源体系，并从能源效率、产业结构及城市化、环境、能源供需矛盾等方面分析了能源结构转换的必然性；针对以上背景，从新型工业化的战略视角认识能源结构的优质化,向有利于环境的方向发展能源消费，即在一次能源消费中对油气的需求上升，并从国际、国内两个层面提出了多种措施以提高油气的结构地位[129]。冯本超等从资源储量、能源效率、环境、运输成本、世界能源消费结构的变化等方面分析了我国以煤炭为主的能源结构所面临的压力，而以油气为主又存在着石油保有储量不足、石油进口依存度不断上升、国际石油市场动荡、能源安全等问题，并提出多元化、优质化的能源结构策略，具体包括充分利用国际优质能源，大力发展和推广洁净煤技术、增加天然气利用、积极引进区外来电、适当发展核电、大力开发可再生能源等[130]。郭纹廷认为结构调整是解决能源瓶颈的重要前提，产业结构调整可以提高能源效率、降低能源消耗，能源结构调整有利于缓解能源供需失衡；通过对历史数据的分析，他认为水电和天然气等洁净能源在一定程度上可以代替石油，经济发展要求能源消费结构由以煤炭为主转向以油、电、气为主，在社会用能结构方面，生活能源消费比例呈上升趋势[131]。牛冲槐等对我国能源结构的安全性进行了分析，指出了存在问题的原因，包括过分依赖煤炭、相关能源政策不坚定、能源进出口策略的失误等，并提出了有针对性的建议[132]。王顺庆认为我国以煤炭为主的能源结构造成环境污染严重、生态破坏严重，且能耗高，不利于构建资源节约型、环境友好型社会等，并提出了改变以燃煤为主的能源结构的对策[133]。班瑞凤和魏晓平认为我国以煤炭为主的能源消费结构是不合理的，表现在不利于资源长期合理利用、对环境污染严重等，还存在着可再生能源利用不充分、对进口石油的依赖程度高且过于集中和单一等问题[134]。张珍花和王鹏利用柯布-道格拉斯生产函数，通过回归分析构建了一次能源结构与能源效率的模型，通过分析各能源品种与能源效率的关系提出相应对策，即深度利用煤炭资源、适度开发利用石油资源、加大对天然气的利用、积极发展可再生能源[135]。宋春梅根据我国三次产业能源强度的不同设定三种情景，以总人口、GDP、产业结构在未来的不同变化预测相应时期内三次产业的能源需求，在设定人均居民生活能源需求量增长率的基础上，结合可持续发展原则，探讨未来煤炭、石油、天然气等所占比重[136]。林琳在分析我国能源结构现状的基础上，总结了能源发展存在的问题，包括供需矛盾、能源利用效率低、结构性污染、能源安全问题等，认为发展低碳经济旨在调整能源结构，并提出了相应的政策建议[137]。Bhide和Rodriguez-Monroy通过分析印度当前的经济发展状况，认为印度政府发展目标的实现，必然引起对能源的需求增加，但气候变化和环境恶化等因素，迫使印度政府必须实行可持续的能源政策，因此，印度政府应当致力于电力政策和可再生能源技术的研究[138]。

2. 能源结构调整研究

宋家树认为能源结构调整应考虑对人口增长、经济、环境等的影响，建立"低能耗经济"，加强可再生能源的研究开发[139]。Gabriel等利用NEMS（the national energy modeling system，即国家能源模拟系统）模型预测了美国的一次能源结构，并通过Gauss-Seidel方法改进了NEMS模型，对原预测结果进行了优化[140]。Nakata认为目前具有环境意识的时代要求能源资源必须满足未来的能源需求，可以利用现在的能源使用情景去分析能源系统的变化，从而有利于更好地做出能源规划，但此方法不适用于准确的预测；他回顾了各种能源-经济模型，认为传统的模型是根据历史数据推断未来变化趋势，但技术创新有可能导致能源消费大幅度的变化，而且经济因素是另一个引起能源系统变化的关键因素，只有在市场机制下能源供需价格相等时，能源供给量才能根据终端用能者的需求价格确定；因此能源-经济模型应充分考虑国家能源政策、可再生能源系统以及与全球环境有关的各种问题[141]。Jebaraj和Iniyan结合印度的经济发展实际情况，对相关的能源模型，如能源规划模型、能源供需模型、预测模型、最优化模型、基于神经网络的能源模型、减排模型等进行了回顾和评述，认为在能源利用中，总收入、总产出、利润、能源总量、能源效率、节能率、能源生产被作为线性规划中的目标函数，而技术、效率、供给、需求、就业和资源的可用性作为限制参数；经济计量模型和宏观统计单一模型反映的是总的能源供给和消费，因此主要是用来预测；神经网络方法主要用于能源预测，模糊逻辑方法主要用于国家的能源分配，即能源结构的预测[142]。Hiremath等总结了集中型的能源规划模型，认为分散型的能源规划(decentralized energy project, DEP)是一个应用较少的新应用程序，并介绍在世界范围内适用的各种不同DEP模型的方法及其在新能源中的应用；在分散水平下能源规划的目的是利用DEP规划能源方案，以最小经济和环境成本满足能源需求和替代能源的发展；当能源消费考虑本地和全球范围的环境时，地区良好的生态发展是有可能的[143]。李嘉等分析了中国的能源结构，并与世界能源结构进行对比，认为科学的能源结构预测应该考虑能源结构对经济、人口、环境、安全、贸易等的影响[144]。林伯强等构建了能源结构战略调整模型，认为最优一次能源结构应该考虑节能和碳排放约束以及由此造成的经济成本对宏观经济系统，包括GDP增长、就业、进出口等的影响[145]。邱立新等利用多目标决策方法，设置了一系列与之相关的约束条件，在基本假设成立的基础上，计算了未来我国各地区的最优能源结构，结果表明我国能源结构将趋向多元化，一次电力作为替代能源的作用凸显，同时应提高煤炭转化成电力的比重[146]。王迪等设计了能耗结构优化模型，包括基本假设，以经济增长、能源消费和污染减排为目标的目标函数以及考虑经济增长、能源消费总量、能源结构、污染排放、技术进步、非负性约束等因素的约束条件，通过参数设定和数据处理，实证分析江苏省的能源结构优化方案，包括最优经济增长方案、最优能耗方案、最优减排方案、多目标优化方案等[147]。李虹等利用AHP法从经济、技术、资源和环境四个方面构建可再生能源发展评价指标体系，在此基础上利用线性规划模型计算相应权重值[148]。

3. 能源结构预测研究

Mar和Bakken利用经典控制论的思想改进了能源-经济模型，并用此模型研究了一次能源结构的变化[149]。Symons等通过模拟碳税和消费者需求组合的不同情景来预测英国的二氧化碳排放变化情况，并据此得出了相应的能源消费结构[150]。Tol建立了一个考虑能源、环境、经济等的宏观模型，并参考IPCC对碳排放的核算分析了美国的碳排放，在此基础上分析了能源结构的变化情况[151]。赵柳榕和田立新将logistic模型引进能源领域，构建了一个能源结构的logistic模型，并将煤炭、石油、天然气的消费量作为变量，考虑油气消费对煤炭消费的影响，改进了模型；利用历史数据估计了模型的相关系数，预测了未来20年的能源缺口；他们认为未来一段时期煤炭消费将是影响经济发展的主要因素，但随着经济、资源与环境之间矛盾的逐渐突出，能源结构将从以煤炭为中心逐渐转向以煤炭和油气为中心，一次电力的替代作用将突显，并提出了相应的对策[152]。林伯强和蒋竺均利用协整方法建立了能源消费与GDP、产业结构、城市化水平、能源效率、能源价格等的协整模型，设置了较低、中等、较高三种方案预测未来一次能源消费量；并利用马尔可夫链法分别预测了无能源规划目标约束和有能源规划目标约束的一次能源结构[153]。孔锐和储志君利用灰色理论对我国未来的能源消耗总量以及煤炭、石油、天然气等的消费进行预测[154]。

4. 能源结构与低碳经济关系的研究

Lee等认为,通过减少能源消耗来降低碳排放效果不明显的主要原因是经济增长对能源消耗的依赖性较强,因此应将重点转移到调整能源结构上来,即转变能源利用方式,寻求低碳能源等[155]。Siddiqi通过对多个高碳排放亚洲国家经济增长和碳排放变化的分析,发现在同一经济发展阶段,经济增长和碳排放增加的变化趋势是一致的[156]。Ramanathan将经济总量和碳排放量作为产出,为避免重复,将非化石能源消耗作为投入,利用DEA法同时研究了能源消耗、经济增长与碳排放之间的关系[9]。Soytas等以美国为研究对象利用向量自回归模型(vector auto-regression model,VAR)分析了能源消耗、经济增长与碳排放之间的关系,认为碳排放增长的主要成因是能源消耗而非经济增长,因此应该通过改变能源利用方式,提高能源利用效率来实现减排目标[157]。张雷和黄园淅阐述了节能的内涵,认为其包括结构节能、技术节能和消费节能;认为结构节能兼顾社会生产和消费,因此应以结构节能为主;通过对美国、英国、法国、德国、日本和印度等的实证研究,发现随着工业化初期到成熟期,结构演进的能源消费从加速转向减速趋势,而单位GDP能耗却呈下降趋势;重点对我国的结构节能特征进行分析,从重视程度、财富分配、能源统计等方面提出了对策[158]。刘燕华等从国际气候谈判以及国内经济发展两方面探讨了我国CO_2减排压力,并提出通过改善能源结构、提高能源效率、全民节能减排、增大陆海碳汇、重视产能转移等措施降低CO_2排放,通过参与科学讨论、增大排放份额、创新工程技术等举措争取时间和空间[159]。聂锐等改进了IPAT模型,利用终端能源消耗产生的CO_2排放量表示环境负荷,碳排放强度表示单位GDP的环境负荷。并以人口、经济增长、能源结构优化、技术进步等为参考设定了3种情景模式,在对相关参数进行设定的基础上,对江苏省低碳发展指标进行了预测分析[160]。林伯强等从经济、能源发展、政策、气候等方面分析了能源战略,尤其是能源结构战略调整的必要性,构建了二氧化碳排放约束下的中国能源结构战略调整模型,对最优能源结构进行预测,并利用CGE模型,考虑其对宏观经济的影响(GDP增长、就业、进出口等),得到可以接受的能源结构;他们认为,可再生能源规划有助于减排,但现阶段通过能源结构调整的成本较大,减排的潜力不大[145]。Dagoumas和Barkera根据英国的减排目标设置了三种情景,即相对于1990年CO_2的排放水平,2050年分别降低40%、60%和80%,基准情景就是排放水平未发生变化,运用E3MG模型(energy-economy-environment model at the global level),将英国作为一个地区,以自上而下的方式估计能源需求总量及需求结构，以自下而上的方式模拟电力部门，通过三种情景的结果比较，发现电力部门和交通部门是实现大幅度减排目标的主要部门；其中，电力部门一方面可以通过核电或碳捕捉和储存（carbon capture and storage，CCS）来代替传统能源，另一方面通过可再生能源的进一步普及代替传统能源，两种途径均可降低碳排放，但由于技术限制，可再生能源的普及水平不到50%，英国更是不超过40%，交通部门的电气化可以达到50%[161]。Sawangphol和Pharino主要分析了泰国低碳电力发展的现状和前景，认为泰国政府应通过资金和政策支持促进可再生能源和多种类燃料的使用以降低温室气体的排放，泰国具有生物质能发电、城市废弃物发电、水电和风电等可再生能源发电的潜力，但生物质能发电受很多限制，应大力发展风力和太阳能发电，适当发展核电[162]。张丽峰分析了近年来我国产业结构、能源生产结构和消费结构等的变化，在此基础上，计算二氧化碳排放量与碳排放弹性系数，并对各行业碳排放量及节能率加以分析，从而探讨产业结构、能源结构和碳排放的关系，据此提出节能减排的对策[163]。

1.2.4　国内外研究综述

在低碳经济研究方面，国内外研究主要集中于低碳经济的内涵和特征、低碳经济的影响因素与实现路径等方面。在内涵研究方面，国内外学者主要采用三层完全分解法、LMDI分解模型、逐步回归法、积差相关方法、可拓展的随机性的环境影响评估模型（stochastic impacts by regression on population，affluence and technology，STIRPAT）、加权最小二乘法与向量自回归方法等方法进行因素分析，普遍认为影响低碳经济的因素有人口总数、经济发展水平、城市化发展水平、能源强度、一次能源结构等。在路径研究方面，国内外学者采用数据包络法、投入产出法、因子分析法、层析分析法、低碳经济模型、情景分析法等方法进行分析，从产业结构调整、能源结构优化、低碳技术创新、公共政策完善、低碳能源利用等方面提出低碳经济实现路径。

在节能减排研究方面，随着国内外学者对节能减排问题分析的进一步深入，该领域的研究范畴持续扩展。节能减排的研究不仅在能源研究方面不断深入，而且各个领域的学者也都纷纷加入参与探讨，这使得节能减排的研究不断得到细化。他们全面运用投入产出结构分解方法、灰色关联分析方法、LMDI分解法、通径分析方法和面板协整模型、聚类分析法、一般均衡模型、碳排放足迹、静态与动态面相结合的板空间角度等方法，从不同的视角、采用不同的研究方法，探讨节能减排问题，得出具有现实意义的结论。针对节约能源、减少排放的研究，主要有两个角度。一是政策角度，以制定法律法规为主要手段，通过制定各种奖励措施、约束政策等达到节能减排效果；二是从微观的角度进行研究，从某一行业或企业的层面展开，针对出现的各种问题，从快速调整能源结构与技术革新等方面保证节能减排的实现效果。然而目前研究仍存在以下一些不足之处。

（1）节能减排与碳排放关系的研究有待深入。众多学者从不同的角度开展相关研究。目前从低碳经济的角度进行的研究则刚刚起步，虽然有学者进行了有益的探索，但是在节能减排与低碳经济的关系、效应及影响机制等方面仍有待开展深入研究。

（2）对基于低碳经济的节能减排影响因素有待系统化研究。现有研究多从技术进步、能源结构等某一影响因素着手，通过对工业领域或其他行业的实证研究，判定其影响效果，而没有从更高的层次对众多因素综合考量。

（3）节能减排实现路径的研究有待深入。多数研究仅从理论层面提出如何实现节能减排目标，而具体关于如何构建路径选择框架、如何选择最优路径等实践问题的研究仍是空白。

（4）节能减排绩效综合评估的研究较少。现有研究大多对某一行业或企业的节能减排效果进行评价，因而所设计的评价指标不具有广泛适用性。目前没有一套科学系统的评价指标来对节能减排效果进行测评。

在能源结构调整方面，研究坚持了定性分析与定量分析相结合的方式，具有较强的说服力，并将重点逐渐转移到能源、经济与环境的协调发展问题上，具有很好的指导性。虽然现有文献对低碳经济和能源结构优化的研究，指明了该领域未来研究方向，但在研究内容上尚有一些欠缺，主要表现为以下几点。

（1）能源结构对低碳经济的影响研究缺乏系统性。已有研究对能源结构对低碳经济影响的分析，主要是基于人类活动对环境影响的Kaya恒等式构建各种分解模型，但忽略了各因素之间的相互关系。

（2）对基于低碳经济的能源结构的评价研究较少。现有研究大多集中在能源结构不合理的表现以及调整对策上，尤其是国内学者认为我国的能源结构极其不合理，不利于低碳经济的发展，并提出了调整能源结构的基本战略。但各国的研究很少涉及能源结构的问题，没有一套科学系统的评价指标对能源结构的优化程度进行测度。

（3）基于节能和碳排放约束下能源结构优化的研究较少。现有文献对能源结构的优化及预测大多只考虑满足经济发展需求和资源禀赋等，欠缺对环境的考虑。少数研究只是将环境作为定性约束指标，定量指标较单一。随着以低排放、低污染、低消耗为特征的低碳经济这一可持续发展经济模式的践行，能源结构的优化必须综合考虑节能和碳排放约束。

1.3 研究思路、内容和方法

1.3.1 研究思路

发展低碳经济是应对气候变化、促进我国生态文明建设的重要途径。本书试图在分析我国低碳经济现状与趋势的基础上,揭示低碳经济的驱动机制,论证节能减排、能源结构优化等对低碳经济的重要贡献;进而分别从节能减排和能源结构两个方面深入探究现状、影响因素及低碳路径等;最后,提出基于低碳经济的节能减排与能源结构优化的对策建议。本书的研究逻辑框架如图1.1所示。

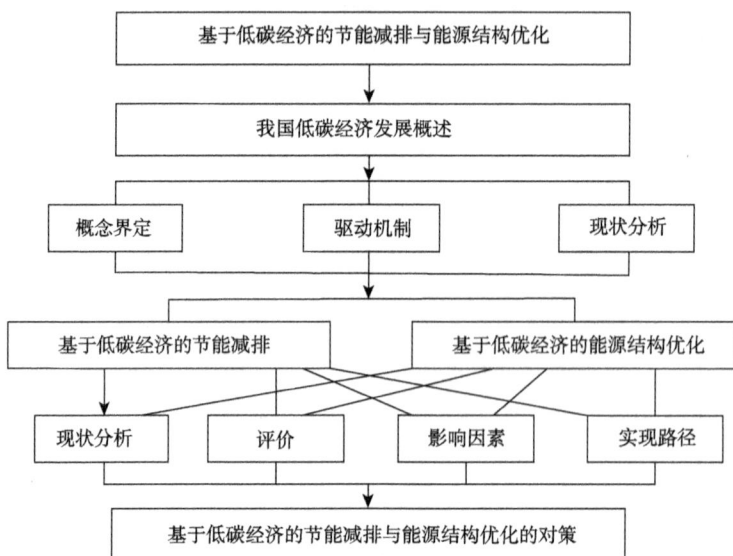

图 1.1 研究框架图

1.3.2 研究内容

全书共分为五个部分。

第一部分是绪论。从如何解决经济发展与能源约束的矛盾问题入手,提出走节能减排和能源结构优化之路是解决问题的必然选择;然后介绍了国内外对低碳经济、节能减排及能源结构方面的研究现状,并进行评述;最后阐述了主要的研究思路内容和方法。

第二部分是我国低碳经济发展概述,包括第2章。在借鉴和参考已有研究成果的基础上界定凝练低碳经济的内涵;在总结我国低碳经济发展现状基础上,对低碳经济的趋势进行情景分析,选择适合我国发展的低碳道路;揭示低碳经济的驱动机制，明确实现低碳经济的重点。

第三部分是基于低碳经济的节能减排，包括第3~7章。根据低碳经济的特点分析我国节能减排的现状及存在的问题，总结我国实施节能减排战略以来取得的总体成效以及面临的困难；通过构建基于低碳经济的节能减排绩效评价体系，对我国30个省（自治区、直辖市）的节能减排绩效进行综合评价；梳理和总结基于低碳经济的节能减排影响因素，通过构建层级结构模型，理顺各因素间层次结构关系，并对各影响因素对系统的作用路径进行分析。

第四部分是基于低碳经济的能源结构优化，包括第8~13章。根据低碳经济对能源结构提出的要求，分析与评价我国能源结构的现状，寻找我国能源结构存在的问题；提炼基于低碳经济的能源结构影响因素，揭示各因素间的相互关系及其与能源结构间的直接与间接关系，把握影响途径；进而以降低碳强度为目标，在实现经济增长、节能减排等目标的基础上，构建能源结构优化模型并进行实证分析。

第五部分是基于低碳经济的节能减排与能源结构优化的对策研究，包括第14章。分别从调整产业结构、加强技术创新、完善碳税及碳市场化模式和构建低碳绿色消费模式等方面，提出相应对策。

1.3.3 研究方法

本书主要采用了以下几种方法。

（1）文献研究法。本书采用文献研究法比较分析国内外关于低碳经济、节能减排、能源结构的研究现状。通过查阅EBSCO等国外数据库以及中国知网、维普等国内数据库，在总结归纳前人研究成果的基础上展开研究，在进行有关低碳经济、节能减排、能源结构优化等概念界定及其影响因素等的一系列研究中，均采用了文献研究法。

（2）情景分析法。情景分析是在对经济、产业或技术的重大演变提出各种关键假设的基础上，通过对未来详细、严密的推理和描述来构想未来各种可能方案的分析方法。本书依据国家发展规划对未来不同时期内人口、人均GDP、产业结构、能源消费结构等内容的规划设定了三种情景模式，探讨了我国未来低碳发展情况。

（3）通径分析法。通径分析是简单相关分析的延续，在多元回归的基础上对相关系数加以分解，通过直接通径、间接通径及总通径系数分别表示某一变量对因变量的直接作用效果、通过其他变量对因变量的间接作用效果和综合作用效果。本书通过通径分析对低碳经济的驱动机制进行研究。

（4）模糊综合评价法。本书利用模糊综合评价法对我国基于二氧化碳的节能减排绩效进行综合评价[126]，综合评价我国30个省（自治区、直辖市）节能减排绩效工作所取得效果的优劣；综合运用粗糙集理论和AHP法进行指标约简和权值计算，构建基于低碳经济的能源结构评价指标体系，并对各评价指标设置分级标准，通过未确知测度评价模型进行实证分析。

（5）系统分析方法。系统ISM通过建立有向图模型，运用布尔矩阵分析，可用来分析复杂社会经济问题。其核心是将复杂的系统分解为若干子系统要素，通过构建多级递阶的结构模型，实现对复杂系统的全面系统分析。本书采用系统分析方法进行节能减排影响因素分析。

（6）结构方程模型。本书采用结构方程模型分别对基于低碳经济的节能减排路径以及基于低碳经济的能源结构的影响因素及其影响机理进行分析，在变量选取的基础上构建结构方程模型路径图，通过初始拟合评价对路径进行检验，并对拟合效果进行分析，根据检验和分析结果删除不符合要求的路径，修正初始模型，并对修正模型进行验证和分析，从而验证理论假设。

（7）数学规划。为了探讨能源结构优化的减排效应，本书以降低碳强度为目标，在满足经济增长、节能减排等目标的基础上，利用数学规划方法构建能源结构优化模型，对我国能源结构优化进行实证研究。

第2章　我国低碳经济发展概述

2.1　低碳经济的内涵

"低碳经济"这一概念，大家普遍认为是由英国政府发布的能源白皮书提出的，但能源白皮书并没有对这一概念进行深入阐述，只是概括性地认为低碳经济就是要求提高投入产出比，即降低资源投入，提高经济产出的同时产生较少的环境污染，从而提高人们的生活标准，促进科技发展，创造更多的就业机会。英国政府在能源白皮书中提出，相对于1990年，2050年英国的CO_2排放应减少60%，并在2020年取得阶段性成果，同时将其作为衡量低碳经济是否实现的重要指标。

虽然"低碳经济"是基于气候变化、环境污染和节约资源等提出的，但随着世界经济规模的扩张，经济发展与资源、环境之间的矛盾日益突出，低碳经济越来越成为政治和经济问题，因此低碳经济的内涵也不断延伸，无法形成准确的定义。目前国际上公认的低碳经济的概念是由英国环境专家鲁宾斯德阐述的，低碳经济是综合运用市场调节和政府作用，推动低碳技术的进步，促进低能耗、低排放、高产出实现的新兴的经济发展模式。国内学者对低碳经济还没有形成统一的认识。庄贵阳认为低碳经济的实现是一场能源革命，其实质是高能源效率和清洁能源结构问题，核心是通过市场机制和政策制定促进能源技术创新和制度创新[164]。邢继俊和赵刚认为低碳经济就是利用技术和制度措施对能源的利用方式进行创新，从而降低二氧化碳的排放，促进经济的可持续发展[1]。薛进军从中国经济发展的国情出发，考虑经济增长、环境保护、收入分配等综合因素，认为低碳发展的概念比低碳经济更能强调经济增长和环境保护的平衡发展，低碳发展涵盖技术、生产、能源、交通、消费与生活方式、建筑、农村、城市等八个方面[165]。李友华和王虹认为低碳经济是一个相对概念，是高碳能源时代向以低消耗、低排放、低污染为特征的低碳能源时代转变的一种新的可持续经济增长模式[2]。金乐琴和刘瑞从综合性、战略性、全球性三个方面来理解低碳经济的内涵，认为低碳经济不仅是一个经济问题，还是一个社会问题、一个环境问题；气候变化带来的影响是长期的，低碳经济是一种改变经济发展模式和调节人类生活方式的战略性选择；气候变化带来全球性的影响，低碳经济的践行需要全球合作[166]。鲍健强等认为低碳经济是从以化石能源为基础的现代工业文明向以化石能源高效清洁利用和开发可再生能源为基础的生态经济和生态文明演变的人类经济发展方式的一次新变革[167]。李慧明和杨娜从经济形态的角度理解低碳经济，以碳排放量作为衡量经济发展的尺度，通过改变能源利用方式、调整能源结构等措施，减少二氧化碳排放，遏制全球气候变暖，从而实现经济增长和碳减排；低碳经济相对于循环经济、绿色经济、生态经济等其他可持续发展理念，应对全球气候恶化更具针对性、更加形象化[168]。

综上所述，学术界把握了低碳经济的重点，即低碳排放，以及低碳经济的基本特征，并且已经认识到低碳经济的实现离不开能源体系的调整。但以上关于低碳经济的理解没有对其目标进行明确的阐述。本书认为，低碳经济是相对于高碳经济而言的，是一种以低能耗、低排放、低污染为特征的可持续经济发展模式，其实质就是利用技术进步和制度创新转变能源利用方式，提高能源利用效率，优化能源结构，以达到在促进经济发展的同时，降低二氧化碳排放的目标。对低碳经济的理解应把握以下几个方面。

一是低碳经济是相对以高碳排放化石能源为基础的高碳经济而言的。因此调整能源结构是实现低碳经济的重点，应通过低碳技术以及转变能源利用方式等途径降低能源消费的碳排放强度。

二是低碳经济是在不影响经济发展目标的前提下，降低二氧化碳排放量的一种可持续经济发展模式。因此，发展低碳经济的关键在于促进可再生能源、新能源的发展，积极寻求低碳能源、零碳能源等，通过能源替代等方式，实现经济增长和碳排放的"脱钩"，在保持经济增长的同时，实现碳排放的低增长、零增长甚至负增长。

三是低碳经济坚持科学发展观和生态文明精神，并与国家建立资源节约型社会和环境友好型社会的理念高度统一，因此低碳经济的实现离不开国家政策的支持。

与低碳经济一样被学界关注的是循环经济，早在2005年7月国务院发布《国务院关于加快发展循环经济的若干意见》，同年10月，经国务院批准，国家发展和改革委员会等六部门启动第一批循环经济试点[169]，并于2009年1月1日正式实施《中华人民共和国循环经济促进法》。循环经济以提高资源的利用效率和效益为目的，强调物尽其用、变废为宝、化害为利，以提高资源利用率为途径，以实现能源资源的高效使用与循环利用为最终目标[170]。低碳经济与循环经济的区别在八个方面，具体如表2.1所示。

表 2.1　低碳经济与循环经济的比较

序号	主要项目	低碳经济	循环经济
1	引导思维	再生资源为主的生态经济	低排放为主的生态经济思想
2	主要内容	能源高效利用、清洁能源开发、追求绿色 GDP	"资源能源开发–产品生产–废物再生资源"的自复型流动模式
3	实现目标	低碳经济、低碳生活	培育循环经济型产业
4	涉及领域	生产、生活领域	生产领域
5	发展模式	经济、社会、环境协调发展	实现资源高效利用的产业及产业链
6	主要特征	低污染、低排放、低能耗	资源节约、环境友好
7	未来方向	低碳发展	循环发展
8	实现途径	技术创新、制度创新	产业及产业链整合创新

2.2　低碳经济的影响因素及其驱动机理

2.2.1　低碳经济的影响因素

根据以上对低碳经济内涵的理解，低碳经济的最终目的是在保持经济增长的同时降低碳排放。对碳排放的影响因素进行分析是有针对性地提出减排措施的重要前提。分析碳排放的影响因素就必须从产生碳排放的过程入手寻求碳源，探讨碳源与碳排放量之间的关系，从而对未来碳排放量的变化趋势进行预测和评估。

根据 Ehrlich 和 Holdren 提出的关于人类活动对环境影响的 IPAT 模型[171]，即 $I = P \cdot A \cdot T = P \cdot Y/P \cdot I/Y$（其中，$I$ 为环境负荷；P 为人口总数；Y 为经济总量，即 GDP；Y/P 为人均 GDP，用 A 表示；I/Y 为单位 GDP 的环境负荷，用 T 表示），以及 Albrecht 等[172]、徐国泉等[173]构建的碳排放量分解公式，即 $C = \sum_i C_i = \sum_i E_i/E \cdot C_i/E_i \cdot E/Y \cdot Y/P \cdot P$（其中，$C$ 为总的碳排放量；i 为第 i 种能源；C_i 为第 i 种能源消费导致的碳排放量；E_i 为第 i 种能源的消耗量；E 为能源消耗总量；Y 为经济发展水平；P 为总人口数），可以得出碳排放的影响因素主要有能源消费总量、能源结构、经济增长、总人口等。

1. 能源消费总量

研究发现，二氧化碳排放总量的四分之三来自于化石能源消费[174]。我国经济发展和现代化建设都离不开能源的重要支撑作用，根据相关学者的实证研究，我国经济增长与能源消费之间存在着长期的稳定关系[175, 176]。如表 2.2 所示，自 1978 年以来，我国 GDP 和能源消费总量持续增长，造成的碳排放量也相应增加，2010 年达到 20.75 亿吨碳，但以 1978 年不变价计算，GDP 增速大于能源消费增速，因此能源强度和碳强度呈下降趋势。据权威部门估计，在未来 10 年，即使我国经济保持低速增长（经济增速在 5.3%左右），2020 年对能源的消费需求也将达到 45.32 亿吨，能源消费总量的增加，必然导致碳排放量的急增[177, 178]。

表 2.2 1978~2010 年我国经济总量和能源消费量

年份	能源消耗/万吨标准煤	GDP/亿元	能源强度/（吨标准煤/万元）	碳强度/（吨碳/万元）	年份	能源消耗/万吨标准煤	GDP/亿元	能源强度/（吨标准煤/万元）	碳强度/（吨碳/万元）
1978	57 144	3 645.2	15.68	10.58	1995	131 176	18 309.8	7.16	4.78
1979	58 588	3 921.2	14.94	10.08	1996	135 192	20 143.4	6.71	4.47
1980	60 275	4 228.4	14.25	9.61	1997	135 909	22 013.4	6.17	4.08
1981	59 447	4 450.8	13.36	8.98	1998	136 184	23 737.5	5.74	3.78
1982	62 067	4 851.8	12.79	8.60	1999	140 569	25 549.2	5.50	3.64
1983	66 040	5 380.3	12.27	8.23	2000	145 531	27 699.9	5.25	3.45
1984	70 904	6 196.8	11.44	7.72	2001	150 406	30 000.0	5.01	3.25
1985	76 682	7 031.6	10.91	7.38	2002	159 431	32 726.6	4.87	3.16
1986	80 850	7 654.9	10.56	7.15	2003	183 792	36 007.3	5.10	3.35
1987	86 632	8 540.7	10.14	6.88	2004	213 456	39 637.9	5.39	3.53
1988	92 997	9 503.0	9.79	6.63	2005	235 997	44 121.5	5.35	3.51
1989	96 934	9 889.4	9.80	6.64	2006	258 676	49 713.2	5.20	3.42
1990	98 703	10 268.5	9.61	6.49	2007	280 508	56 755.8	4.94	3.24
1991	103 783	11 212.6	9.26	6.27	2008	291 448	62 223.6	4.68	3.04
1992	109 170	12 809.2	8.52	5.76	2009	306 647	67 957.5	4.51	2.92
1993	115 993	14 595.4	7.95	5.35	2010	324 939	75 051.0	4.33	2.76
1994	122 737	16 505.5	7.44	4.99					

2. 能源结构

能源结构分为能源供给结构和能源消费结构。能源消费结构直接影响着单位能源消费的碳排放量，即能源综合碳排放系数。消费同样的能源总量，能源结构不同，碳排放量也不尽相同。一般来说，一次能源中，煤炭的含碳量最高，石油、天然气次之，水电、核电为零碳能源，我国能源结构极其不合理，历年来煤炭消费所占比例一直稳居70%左右，如图2.1所示，2000年以来我国能源综合碳排放系数随着煤炭比重的变动而变化，维持在0.635吨碳/吨标准煤以上高居不下，我国燃煤造成的碳排放量约占排放总量的85%。能源消费结构合理，碳强度就较低。如表2.3所示，印度和中国的煤炭比例均高于50%，使得其能源综合碳排放系数相对较高，而美国和日本对零碳能源的发展，降低了单位能源的碳排放量。

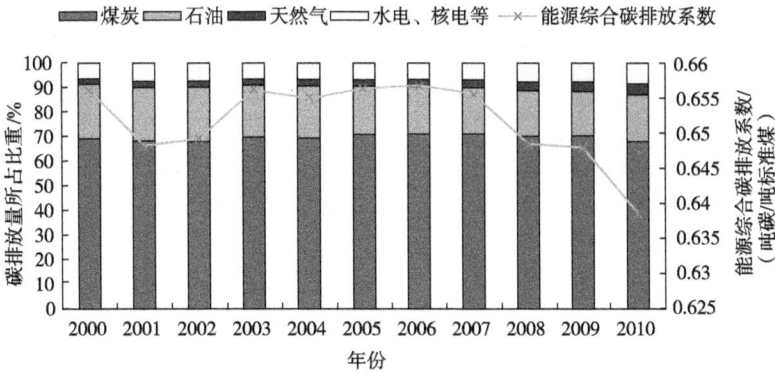

图 2.1 能源消费结构变化对单位能源消费碳排放量的影响

表 2.3 2007 年世界主要国家能源结构比较

国家	石油/%	天然气/%	煤炭/%	核能/%	水电及其他/%	能源综合碳排放系数/（吨碳/吨标准油）
日本	44.24	15.69	24.22	12.20	3.65	0.651
美国	39.94	25.23	24.29	8.14	2.41	0.671
印度	31.78	8.95	51.43	0.99	6.85	1.062
中国	20.12	3.34	69.46	0.76	6.32	0.967

注：表中数字之和可能不等于100%，是因为进行过舍入修约

3. 经济增长

碳排放与经济增长有着密切的联系。经济的高速增长伴随着能源和环境资源投入的增加，在其他条件没有改善的情况下，必然带来碳排放的增长；目前，国内外主要通过EKC曲线来分析碳排放与经济发展之间的关系，如表2.4所示。受时空因素的影响，各位学者在不同时期不同地区得出的结论虽不尽相同，但均证实了碳排放与经济增长之间存在密切关系。

表 2.4 基于 EKC 的碳排放与经济发展的关系研究

关系	研究者	研究对象
倒 U 形	Holtz-Eakin 和 Seldena[179]	利用全球人均 GDP 和 CO_2 排放面板数据，分为高收入国家和低收入国家
	Galeotti 等[180]	将研究对象分为 OECD 国家和 Non-OECD 国家，OECD 国家 EKC 曲线有明显拐点，Non-OECD 国家拐点不明显
	宋涛等[181]	对我国 1989~2005 年 29 个省（自治区、直辖市）的人均收入与人均碳排放进行验证
	李国志和李宗植[182]	利用 1996~2008 年中国东中部人均碳排放与经济增长的省域面板数据进行验证
线性	Wagner[183]	利用 1950~2000 年 100 个国家的面板数据进行验证
	李国志和李宗植[182]	利用 1996~2008 年中国西部人均碳排放与经济增长的省域面板数据进行验证

关系	研究者	研究对象
N 形	Friedl 和 Getzner[184]	通过澳大利亚 1960~1999 年 GDP 和 CO_2 排放数据进行验证
N 形	Martinez-Zarzoso 和 Bengochea-Morancho[185]	利用 22 个 OECD 国家 1975~1998 年的数据进行验证
	杜婷婷等[186]	利用 1950~2000 年中国人均 GDP 和 CO_2 排放数据验证
无关	Lantz 和 Feng[187]	对 1970~2000 年加拿大人均 GDP 与化石燃料燃烧产生的 CO_2 进行验证
其他	王良举等[188]	搜集了 206 个国家 1960~2005 年的国民经济数据和 CO_2 排放数据，将其分为高收入国家、中收入国家和低收入国家分别加以研究，发现高收入国家 EKC 曲线呈倒 U 形，而中收入国家 U 形、N 形均有，低收入国家为 N 形

4. 人口总数

人口规模对碳排放有着明显的影响。过去的研究认为，二者是同比例增长的，即人口增长 1%，就会导致排放量增长 1%[189, 190]。但 Shi 通过对 93 个不同国家 1975~1996 年人口增长和二氧化碳排放的数据分析，发现人口增长速度是高于二氧化碳排放量增速的，尤其是在发展中国家，人口变化对二氧化碳排放量的影响更加明显[191]。

5. 产业结构

产业发展在一定程度上影响着碳排放量的变化。各产业的产业生产特点决定了各产业的能源消耗强度不同，直接导致碳排放不同，一般来说，以工业为主的第二产业碳排放量最大，第一产业次之，第三产业最少。我国的直接碳排放主要集中在工业部门，包括冶金、建材、化工、电力等原材料部门。根据工业化发展的一般规律，随着工业化进程的深入，能源消费导致碳排放量增长速度先上升后减缓，而能源消费导致碳排放强度呈倒 U 形曲线。工业化初期，工业部门的迅速扩张使得碳排放量或碳排放强度都急剧增长；工业化中期，经济发展对冶金、建材、化工、电力等原材料的需求不断增长，导致碳排放量持续增长，但由于第三产业对经济总量的贡献上升，碳排放强度的变化趋于平缓；工业化后期，经济发展对原材料的需求达到最大值并趋于稳定，工业对经济发展的贡献有所下降，而第三产业的比重不断上升，碳排放强度开始下降。

我国能源消费导致的碳排放强度与产业结构的关系基本符合倒 U 形的变化趋势，与其对应的能耗强度（单位 GDP 能源消耗）也呈现相同趋势。如图 2.2 所示，1978 年以来我国开始进入工业化中后期阶段，能源消费导致的碳排放强度开始迅速下降，但随着 2001 年我国正式加入世界贸易组织（World Trade Organization，WTO），开始融入世界一体化，发达国家对我国冶金、建材、化工等原材料的需求急增，原材料部门占工业总产值的比重迅速攀升，由 2002 年的 22.8% 上升到 2007 年的 24.6%，因此使得 2002~2007 年我国能源综合碳排放系数有所反弹。但WTO贸易冲击波过后，从长期趋势来看，碳排放强度的变化将随着产业结构的演变回归正常趋势。

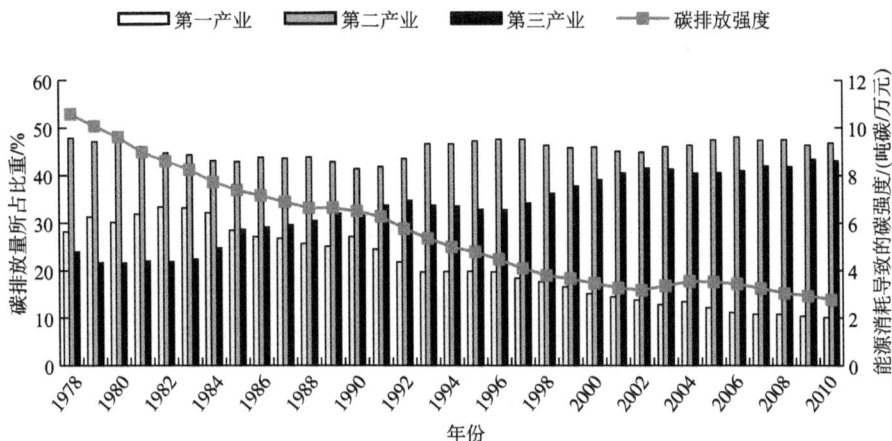

图 2.2　1978~2010 年我国能源消耗导致的碳强度与产业结构的变化

2.2.2　低碳经济的驱动机理

由低碳经济的影响因素分析可知，能源消费总量、能源结构、产业结构、经济增长、总人口等对碳排放产生主要影响。根据对低碳经济内涵的理解以及我国减排承诺、"十二五"规划纲要等对低碳经济目标的阐述，本书利用单位GDP二氧化碳排放，即碳强度作为低碳经济的核心目标。选取能源消费总量、能源消耗结构、能源供给结构、产业结构、经济增长、总人口、碳强度等因素构建模型。以第二产业产值占总产值的比重反映产业结构，以GDP反映经济发展水平，以煤炭消费（去除发电用煤）占能源总量的比重表示能源消耗结构，以原煤供给占能源总量的比重表示能源供给结构。

通径分析是简单相关分析的延续，在多元回归的基础上将相关系数加以分解，通过直接通径、间接通径及总通径系数分别表示某一变量对因变量的直接作用效果、通过其他变量对因变量的间接作用效果和综合作用效果。设有自变量 $x_1, x_2, x_3, \cdots, x_k$；因变量 y；自变量 x_i 与因变量 y 标准化后的偏相关系数为 p_{iy}；自变量 x_i 与 x_j 的相关系数为 r_{ij}；x_i 与因变量 y 的相关系数为 r_{iy}。则通径分析的基本模型，即各简单相关系数的分解方程为[192, 193]

$$\begin{cases} p_{1y} + r_{12}p_{2y} + \cdots + r_{1k}p_{ky} = r_{1y} \\ r_{21}p_{1y} + p_{2y} + \cdots + r_{2k}p_{ky} = r_{2y} \\ \quad\quad\quad\quad \vdots \\ r_{k1}p_{1y} + r_{k2}p_{2y} + \cdots + p_{ky} = r_{ky} \end{cases} \tag{2.1}$$

其中，p_{iy} 为自变量 x_i 对因变量 y 的直接影响效应，称为直接通径；$r_{ij}p_{jy}$ 为自变量 x_i 通过自变量 x_j 对因变量 y 的间接影响效应，称为间接通径。则自变量 x_i 与因变量 y 的简单相关系数可由直接通径（p_{iy}）与总的间接通径（$\sum\limits_{i\neq j}r_{ij}p_{jy}$）之和表示。相应地，自变量 x_i 对因变量 y 的综合作用，即决定系数 $R(i)^2$，也可由二者的决定系数之和表示，即，$R(i)^2=R_i^2+\sum\limits_{i\neq j}R_{ij}^2$，其数值若为正数，说明自变量 x_i 的增加（减小）对因变量 y 的增加（减小）起推动作用；若为负数，说明自变量 x_i 的增加（减小）对因变量 y 的增加（减小）起抑制作用；其数值绝对值大小反映了自变量 x_i 对因变量 y 的总作用大小。其中，R_i^2 反映自变量 x_i 对因变量 y 的直接决定系数，可表示为 $R_i^2=p_{iy}^2$，其数值大小反映了自变量 x_i 对因变量 y 的直接影响大小；R_{ij}^2 反映自变量 x_i 通过自变量 x_j 对因变量 y 的间接决定系数，可表示为 $R_{ij}^2=2p_{iy}r_{ij}p_{jy}$，其数值若为正数，说明自变量 x_i 通过自变量 x_j 与因变量 y 呈正相关关系；若为负数，说明自变量 x_i 通过自变量 x_j 与因变量 y 呈负相关关系。由于经济系统的复杂性，系统内部要素之间的关系错综复杂，加之人们认识的局限性，在设定模型时，难免会有遗漏和误差，因此还应进一步考虑遗漏因素及误差项对因变量的通径效应，即剩余效应 p_{ay}：

$$p_{ay}=\sqrt{1-\sum_{i=1}^{k}p_{iy}r_{iy}} \tag{2.2}$$

根据以上对低碳经济影响因素的分析，设能源总量为 x_1，能源消耗结构为 x_2，产业结构为 x_3，GDP 为 x_4，总人口为 x_5，能源供给结构为 x_6，单位 GDP 碳排放即碳强度为 y。根据历年《中国统计年鉴》《中国能源统计年鉴》可得到 1981~2010 年能源总量、能源消耗结构、产业结构、GDP（1980 年不变价）、总人口以及能源供给结构；参考 IPCC 国家温室气体清单指南中关于碳排放的计算公式，碳排放量=$\sum$ 第 i 种能源消费量×碳排放系数，根据 2003 年国家发展和改革委员会能源研究所的计算，煤炭、石油、天然气和其他能源的碳排放系数分别为 0.747 6 吨碳/吨标准煤、0.582 5 吨碳/吨标准煤、0.443 5 吨碳/吨标准煤和 0 吨碳/吨标准煤，从而得到历年全国碳排放量，根据碳排放量、GDP 等数据得到历年碳强度数据。1981~2010 年我国能源总量、能源消耗结构、产业结构、GDP、总人口、能源供给结构以及碳强度等统计数据如表 2.5 所示。

表 2.5　1981~2010 年我国碳强度、能源总量、能源消耗结构、产业结构、GDP（1980 年不变价）、总人口及能源供给结构等的统计数据

年份	y/（吨碳/万元）	x_1/（亿吨标准煤）	x_2/%	x_3/%	x_4/万亿元	x_5/亿人	x_6/%
1981	8.36	5.94	57.48	46.1	0.48	10.00	70.2
1982	8.00	6.21	58.22	44.8	0.52	10.17	71.3
1983	7.66	6.60	58.68	44.4	0.58	10.30	71.6
1984	7.18	7.09	59.22	43.1	0.67	10.44	72.4
1985	6.86	7.67	60.50	42.9	0.76	10.59	72.8
1986	6.65	8.09	59.92	43.7	0.82	10.75	72.5
1987	6.40	8.66	59.48	43.6	0.92	10.93	72.6
1988	6.17	9.30	58.63	43.8	1.02	11.10	73.1
1989	6.18	9.69	57.57	42.8	1.06	11.27	74.1
1990	6.04	9.87	56.51	41.3	1.10	11.43	74.2
1991	5.83	10.38	55.37	41.8	1.21	11.58	74.1
1992	5.36	10.92	53.81	43.4	1.38	11.72	74.3
1993	4.97	11.60	52.02	46.6	1.57	11.85	74.0
1994	4.64	12.27	51.69	46.6	1.77	11.99	74.6
1995	4.45	13.12	50.40	47.2	1.97	12.11	75.3
1996	4.16	13.52	47.71	47.5	2.17	12.24	75.0
1997	3.79	13.59	45.66	47.5	2.37	12.36	74.3
1998	3.52	13.62	44.94	46.2	2.55	12.48	73.3
1999	3.39	14.06	43.94	45.8	2.75	12.58	73.9
2000	3.21	14.55	41.81	45.9	2.98	12.67	73.2
2001	3.02	15.04	39.90	45.1	3.22	12.76	73.0
2002	2.94	15.94	37.27	44.8	3.52	12.85	73.5
2003	3.12	18.38	37.94	46	3.87	12.92	76.2
2004	3.28	21.35	38.73	46.2	4.26	13.00	77.1
2005	3.27	23.60	39.54	47.4	4.74	13.08	77.6
2006	3.18	25.87	38.30	48	5.34	13.14	77.8
2007	3.01	28.05	37.86	47.3	6.10	13.21	77.7
2008	2.83	29.14	37.13	47.5	6.69	13.28	76.8
2009	2.72	30.66	36.86	46.3	7.30	13.35	77.3
2010	2.57	32.49	34.03	46.7	8.07	13.41	76.6

基于 1981~2010 年的统计数据，可得到各自变量的直接通径系数为 $p_{1y}=1.728$，$p_{2y}=-0.322$，$p_{3y}=-0.075$，$p_{4y}=-1.51$，$p_{5y}=-1.316$，$p_{6y}=-0.155$；$r_{1y}=-0.82$，$r_{2y}=0.919$，$r_{3y}=-0.439$，$r_{4y}=-0.829$，$r_{5y}=-0.989$，$r_{6y}=-0.797$。

由于自变量 x_3、x_6 的通径系数较小，没有通过 t 检验，因此考虑删除自变量 x_3、x_6，重新计算其余变量的直接通径系数，通过估计得到各影响因素对碳强度的影响路径模型图，如图2.3所示。

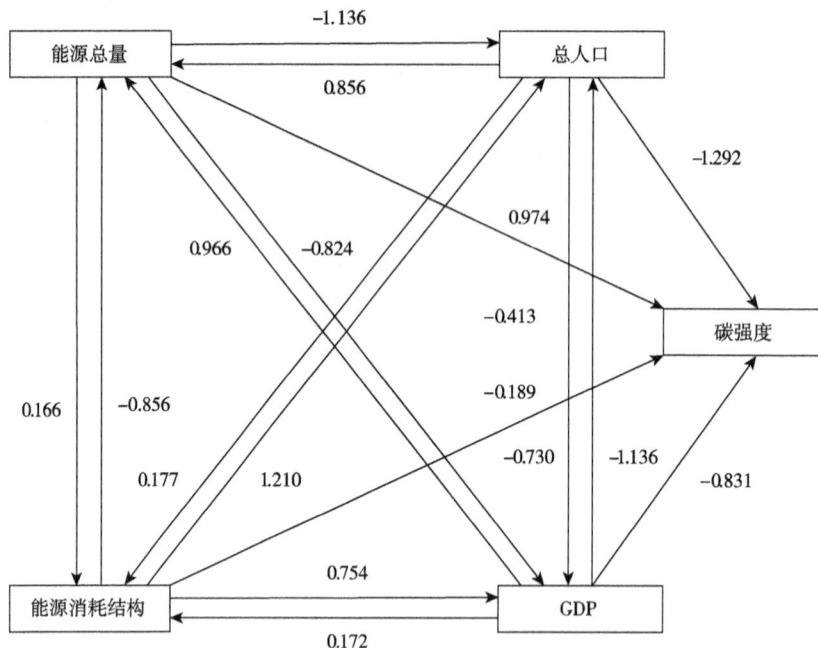

图 2.3　能源结构对碳强度的影响路径模型

可决系数 $R^2 = \sum_{i=1, i \neq 3}^{5} p_{iy} r_{iy} = 0.993$，对结果精确性的影响微乎其微，剩余效应 $p_{ay} = \sqrt{1 - R^2} = 0.083\,666$，剩余效应较小，通径分析把握了低碳经济的主要影响因素，模型的内在质量理想。通过 t 检验，得到各自变量的 t 值分别为 $t_1 = 5.496$，$t_2 = -2.567$，$t_4 = -4.316$，$t_5 = -21.274$。当 $\alpha = 0.02$，$t_{0.01}(25) = 2.485$，可见各自变量 t 值绝对值均大于2.485，说明各自变量对因变量的通径系数均极显著。由图2.3可得，各影响因素对碳强度的直接影响（按绝对值大小）排序为 $x_5 > x_1 > x_4 > x_2$，可见总人口和经济增长对碳强度的增长起直接抑制作用，而能源总量对碳强度的增长起直接推动作用；总影响大小（按绝对值大小）排序为 $x_5 > x_2 > x_4 > x_1$，通过图2.3可计算得出各自变量的可决系数分别为 $R(1)^2 = -2.639\,324$，$R(2)^2 = 2.251\,721$，$R(4)^2 = 0.694\,561$，$R(5)^2 = 2.275\,264$，按其绝对值大小排序为 $R(1)^2 > R(5)^2 > R(2)^2 > R(4)^2$，说明在总影响上，能源总量、总人口、经济增长等是碳强度增长的主要抑制因素，能源总量通过总人口和经济增长对碳强度增长起间接抑制作用，能源消耗结构是碳强度增长的主要推动因素。各影响因素对碳强度的作用机理分析如下。

由图2.4可知，能源总量对碳强度的直接影响为正向的0.974，而通过GDP（-0.824）和总人口（-1.136）的间接影响为负向的1.794，完全抵消了能源总量对碳强度增长的推动效应，总影响变为负相关的0.820。可见，在提高GDP和总人口的同时，能源总量虽有增长，也能够降低碳强度。

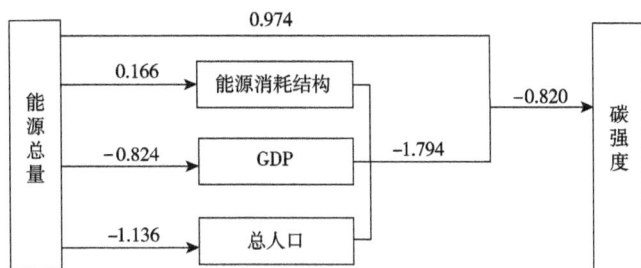

图2.4　能源总量对碳强度的作用机理分析图

由图2.5可知，GDP对碳强度直接影响为-0.831，对其起直接抑制作用，通过能源总量的间接推动作用为0.966，而通过总人口的间接抑制作用为-1.136，抵消了其通过能源总量的间接推动作用，总影响上略有降低，为-0.829。可见，在提高GDP的同时，降低能源总量，可以促进碳强度的降低。

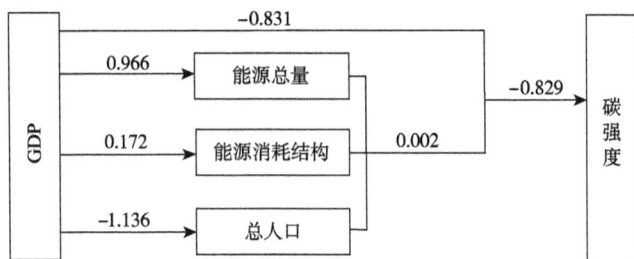

图2.5　GDP对碳强度的作用机理分析图

由图2.6可知，总人口对碳强度的直接作用为-1.292，起直接抑制作用，而总影响为-0.989，略有降低，原因是其通过GDP的间接抑制作用（-0.730）只抵消了部分其通过能源总量（0.856）和能源消耗结构（0.177）的间接推动作用之和（1.033）。可见，在总人口较大时，应提高GDP，降低能源总量。

由图2.7可知，能源消耗结构对碳强度的直接影响为-0.189，对碳强度增长起直接抑制作用，但总影响为0.919，起推动作用，原因是其通过GDP和总人口的间接推动作用达到了1.964，抵消了能源消耗结构的直接抑制作用和其通过能源总量的间接抑制作用之和。可见，在相当长的一段时期内，在我国GDP高速增长，总人口居高不下，管理水平、技术水平等无法短时间内优化升级的情况下，调整能

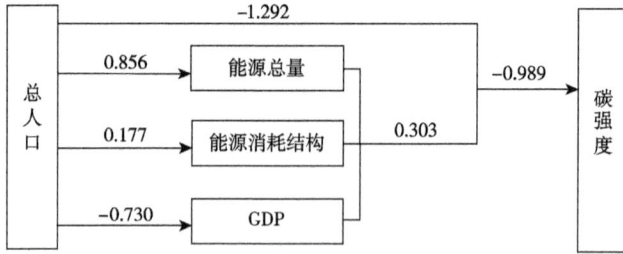

图 2.6　总人口对碳强度的作用机理分析图

源结构、降低煤炭（去除发电用煤）比例的同时，一定要控制能源总量，不能因能源结构调整造成能源总量增长，否则不仅不能降低碳强度，反而会使其增长。

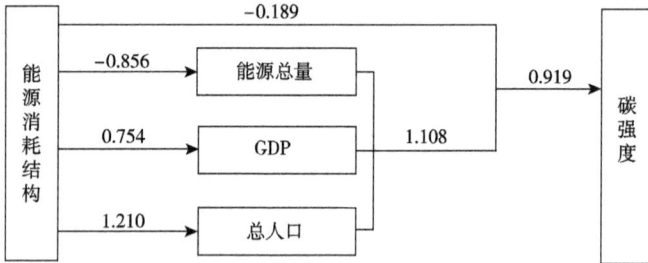

图 2.7　能源消耗结构对碳强度的作用机理分析图

根据图2.4~图2.7可知，能源结构对低碳经济的直接影响并不明显，主要通过能源消费总量、GDP等对低碳经济产生间接影响。煤炭的廉价、丰裕满足了我国经济发展的需要，使得GDP对煤炭的依赖度较高，降低煤炭消费比例，将使GDP降低幅度大于减排幅度，不利于碳强度的降低；而且由于我国各产业落后的生产工艺水平及管理水平、传统的生产方式、牢固的能源利用习惯等，加之资源禀赋差异、技术成熟度差异等，若无视产业特性，一味地降低煤炭消费比例，用油气、新能源等盲目替代煤炭，必然造成极大的能源浪费，还有可能降低各产业产出水平，无法突显能源利用结构优化对能源效率的推动作用，从而阻碍低碳经济的发展。

2.3　我国低碳经济的现状分析

2.3.1　我国发展低碳经济所取得的成绩

产业结构日趋合理。一直以来，我国的"刚性"产业结构导致碳排放居高不下，国家秉承可持续发展的思路和目标，以低碳技术的突破和应用为核心环节，以产业低碳化为重点，采取市场调节和政府干预相结合的方式，不断优化产业结构。同时，在路径选择上注重制定并实施产业结构升级的长远规划，限制高碳产业增长[194]；在产业结构调整的过程中注重产业内部结构升级；加速低碳经济要求的技术创新；顺应国际产业转移的趋势，主动选择低碳产业；合理利用国际的低碳经济和技术合作；选择符合中国国情的低碳经济发展模式。"十二五"期间制定的产业结构调整目标如下：第一，到2015年末，三产比例与2010年相比要上升四个百分点，三产中的生产性服务业的比重由当前的30%上升到40%；第二，在工业增长率中，高新技术产业的增长率与2010年相比要上升5个百分点；第三，与2010年相比，TFP对经济贡献的百分比要上升15个百分点左右；第四，到2015年末，与2010年相比，单位GDP二氧化碳排放量与能源消耗量要分别降低20%与17%。这一目标的提出说明我国政府有信心也有实力降低产业结构的"高碳"特征，进一步实现低碳经济的既定目标。

碳排放强度不断下降。针对我国当前所处的经济发展阶段，城市化和工业化仍有相当长的一段路程，所以在保持人均GDP高速增长的前提下，我国应当合理调控碳排放总量，积极转变经济增长方式，努力提高能源效率，积极参与国际范围内的低碳合作。在2009年底召开的哥本哈根全球气候变化大会上，中国政府向世界宣布，到2020年中国单位GDP碳排放量即碳排放强度比2005年的水平降低40%~45%。这是中国首次提出的气候变化减缓目标，并在世界范围内引起了广泛关注[195]，正文中引用表2.6和表2.7。

表 2.6 中国二氧化碳排放量及占世界比例

年份	2005	2010	2015	2020	2030
二氧化碳/亿吨	51	67	83.5	100	128
占世界总量比例/%	19.2	22.2	24.5	22.4	30.5

资料来源：www.Tea.org/chinese/

表 2.7 中国 1999~2014 年人均碳排放和碳强度

年份	人口/万人	GDP/亿元	人均 GDP/元	碳排放总量/万吨	人均碳排放/吨	人均二氧化碳排放/吨	碳强度/（吨碳/万元）
1999	125 786	89 677.1	7 129	90 768.3	0.721 6	2.65	1.012 2
2000	126 743	99 214.6	7 828	93 169.9	0.735 1	2.70	0.939 1
2001	127 627	109 655.2	8 592	95 090.6	0.745 1	2.73	0.867 2
2002	128 453	120 332.7	9 368	100 890.3	0.785 4	2.88	0.838 4
2003	129 227	135 822.8	10 510	117 681.7	0.910 7	3.34	0.866 4
2004	129 988	159 878.3	12 299	136 325.1	1.048 8	3.85	0.852 7
2005	130 756	184 937.4	14 144	151 096.1	1.155 6	4.24	0.817 0
2006	131 448	216 314.4	16 456	165 792.0	1.261 3	4.62	0.766 4

续表

年份	人口/万人	GDP/亿元	人均 GDP/元	碳排放总量/万吨	人均碳排放/吨	人均二氧化碳排放/吨	碳强度/（吨碳/万元）
2007	132 129	265 810.3	20 117	179 477.1	1.358 3	4.98	0.675 2
2008	132 802	314 045.4	23 648	184 448.4	1.388 9	5.09	0.587 3
2009	133 450	340 902.8	25 545	193 867.6	1.452 7	5.33	0.568 7
2010	134 091	401 202.0	29 920	202 395.5	1.509 4 .	5.53	0.504 5
2011	134 735	473 104.0	35 198	211 368.5	1.568 8	5.76	0.441 2
2012	135 404	518 942.1	38 420	219 896.4	1.624 0	5.98	0.398 5
2013	136 072	568 845.2	41 908	229 315.6	1.685 2	6.17	0.335 9
2014	136 782	636 463	46 629	237 843.5	1.738 9	6.38	0.276 8

资料来源：《中国统计年鉴》《中国能源统计年鉴》

　　低碳技术取得长足发展。低碳技术含义为在利用现有事物创造新事物与更改事物功能的全过程中都要以低污染、低耗能为基本，主要包括太阳能热发电、太阳能光伏发电、绿色照明、二氧化碳捕集与封存等技术[196]。其中，二氧化碳捕集和封存技术处于国际领先地位，正进入示范阶段。我国CCS项目大力开展国际合作，并从国外吸收了大量的国外直接投资（foreign direct investment，FDI）。同时我国科研单位和高等院校也积极参与到CCS项目的研发中。表2.8列出了我国现阶段主要的CCS项目，其中，2010年在鄂尔多斯开展的"二氧化碳捕获与封存"工业化示范项目，是亚洲目前把二氧化碳封存在盐水层的全流程项目中规模最大的，也是我国首个二氧化碳捕获与封存项目，标志着我国低碳技术迈上了新的台阶。

表 2.8　我国现阶段的 CCS 项目

项目名称	绿色煤电	大庆油田	哈尔滨热电厂	华能上海石洞口	华能北京高碑厂
执行方	华能集团	中石油、JGC	中日合作	华能集团	华能集团
技术环节	捕集和封存	运输和封存	二氧化碳捕集	二氧化碳捕集	燃烧前捕集
捕集量	0.2 万吨/年	100 万~300 万吨/年	100 万~300 万吨/年	10 万吨/年	0.3 万吨/年
项目期	2006~2020 年	2008 年	2010 年运行	2009 年竣工	2008 年运行
项目名称	NZEC	COACH	烟台 IGCC	中-澳清洁煤	鄂尔多斯碳 CCS
执行方	中英	中欧	中-欧-日	中国、澳大利亚	神华集团
技术环节	二氧化碳捕集	燃烧前捕集	燃烧前捕集	二氧化碳捕集	捕获、运输和封存
捕集量	5 000 吨/年	—	1 万吨/年	2 000 吨/年	—
项目期	2007~2015 年	2006 年	1995~2015 年	2008 年	2010 年

资料来源：殷砚. 应对气候变化的低碳技术扩散研究及 CCS 技术实证分析[D]. 中国科学院研究生院硕士学位论文，2010

2.3.2　我国发展低碳经济的问题与障碍

低碳竞争力排名靠前，但低碳基础较差，形势严峻。所谓低碳竞争力，是指一个国家的碳生产力，即排放1吨二氧化碳所能实现的GDP。在《G20低碳竞争力》的研究报告中，共有3组、19个指标构成了整体的评价体系。数据显示，我国低碳竞争力在全球排名第六，但同时我国的低碳基础仍比较薄弱，低碳竞争力存在结构上的问题。与发达国家在低碳基础和低碳潜力两项指标上得分均很高不同，我国的低碳技术总体水平及能效水平远远低于发达国家。因此，在大部分电力来源为火力发电的前提下，我国的低碳基础相对较差，这就使我国的低碳经济发展面临严峻的考验，正文中引用表2.9。

表 2.9　低碳竞争力排名

排名	国家	得分	低碳结构名次	低碳基础名次	低碳潜力名次
1	法国	0.67	5	1	5
2	日本	0.66	9	4	1
3	英国	0.64	7	3	4
4	韩国	0.64	3	5	7
5	德国	0.63	13	2	3
6	中国	0.61	1	14	9
7	加拿大	0.58	15	6	6
8	意大利	0.58	12	7	10
9	巴西	0.56	2	12	15
10	美国	0.56	18	8	2
11	墨西哥	0.55	4	19	11
12	俄罗斯	0.54	11	13	12
13	阿根廷	0.54	8	15	13
14	土耳其	0.54	6	10	16
15	澳大利亚	0.5	19	9	8
16	南非	0.5	16	11	14
17	印度	0.48	10	18	18
18	沙特阿拉伯	0.43	17	17	17
19	印度尼西亚	0.4	14	16	19

低碳技术产业规模巨大，但缺乏核心技术支撑，缺乏配套技术和装备，无法实现系统性发展，我国的风机与太阳能电池板制造方面已经处于世界领先地位，在国际上的低碳市场上占据主导地位，但是我国系统集成与控制方面的关键技术与世界先进水平还有一定差距，这就在某些领域中形成了一种矛盾现象，即使实

现了某一领域的顶端技术创新也会由于缺少共生支持而无法建立系统模式导致无法实现高端技术转化。例如，太阳能的开发需要光伏技术，这一技术目前在我国的发展处于浅薄阶段尚不成熟，并未形成自主创新技术，这就导致我国绝大部分的光伏材料一直以来都是大量进口。虽然我国的光伏并网发电逆变器、光伏发电控制系统、分布式储能、智能电网可靠性等低碳方面的高新技术在世界上是遥遥领先的。但是，低碳技术的开发成果并没有形成系统持续的研究，大多较为分散，这就导致低碳技术的应用浅显，无法将技术成果高效转化为生产力。基于以上情况，我国低碳产业的成长与其他国家相比必然较慢，这造成了企业利润空间的压缩与低碳技术自主研发动力的减弱。

第3章 节能减排的低碳效应与机制

3.1 节能减排的概念界定

我国长期以来形成的粗放型经济增长方式决定了我国目前存在的节能减排问题。"节能减排"这一概念2007年出现于《节能减排综合性工作方案》,该方案中指出节能减排包含节约能源及减少污染物排放两个层面。

(1)节约能源。指通过制度创新、技术创新及文化创新等手段,深化能源利用管理体制,加强上层规划,采取一系列有效措施,这些措施要具有技术可靠性、经济合理性、环境保护性以及社会承受性等特征,以实现社会-经济-环境三者的协调可持续发展;其重点环节在能源生产到消费的不同领域,以降低能耗、减少损失和污染物排放、有效合理地利用能源为目标。

《中华人民共和国节约能源法》中对"能源"做出的解释为煤炭、石油、生物质能、天然气、热力、电力等直接可以获得或通过加工或转换而取得的各种资源。能源的基本划分方式有两种。第一种按取得方式(直接取得与间接取得)分为一次能源与二次能源,一次能源是以最初存在的形式蕴藏在自然界中的能源,包括原煤、原油、燃料、天然气、风、水力等;二次能源是以一次能源为基础转化为其他类别或形式的能源,也叫人工能源,主要包括柴油、液化气、石油、电等。第二种按再生方式分为可再生能源与不可再生能源,可再生能源包括煤炭、天然气、石油等化石燃料;不可再生能源包括水、风、生物质能、浅表地热能等。由能源的概念我们可以得知,要想实现节约能源的目标,要采用增加可再生能源与新型能源、提高能源效率、降低能源转换的环节损失等手段。

(2)减少污染物排放。我们首先要解释"污染物"的主要含义,污染物是指进入环境中以直接或间接的方式对环境产生危害的物质,主要有工业"三废"与生活过程中产生的有害物质。其中,工业三废中的废水包括氨氮、化学需氧量、挥发酚、砷、汞、镉、铅、六价铬、氰化物、石油类、总氮;废气包括工业粉尘、二氧化硫、氮氧化物、烟尘、一氧化碳、氟化物与碳氯化合物;工业固体废物包括煤矸石、冶炼废渣、炉渣、尾矿、粉煤灰、污水处理造成的污泥、脱硫设施产生的石膏及其他工业固体废弃物。

3.2 节能减排与低碳经济的关系

3.2.1 节能减排是发展低碳经济的重要内容

长期以来化石燃料的大量消耗导致温室气体累积排放是导致气候变化问题的最根本原因，因此实施节能减排是全人类应对气候变化的必然选择。低碳经济的最终目标是实现人类与自然和谐发展。因此发展低碳经济就必须兼顾经济发展与温室气体排放，在人类生产生活的各个环节尽可能地降低化石能源消耗。

世界各国在推行节能减排工作中进行了许多有益的尝试，这些有益的经验进一步推动我国经济向低碳道路迈进。在世界范围内的节能减排工作中，法律方面的典范是德国，早在1972年德国就颁布了有关废弃物处理方面的法律规定，1986年进一步完善了法规内容，颁布了《废弃物限制及废弃物处理法》，2002年又出台了有关能源利用方面的法规，颁布了《节省能源法案》，德国成为世界上节能减排法律框架较为完善的国家之一。一系列法律法规的出台，充分说明德国把节能减排提高到经济战略高度并建立了系统的制度体系以确保其顺利实施。日本、美国等发达国家也纷纷开展节能减排立法工作。1979年日本颁布了《节约能源法》并随后进行多次修订，2006年，日本经济产业省编制的《新国家能源战略》中提出"节能减排先进基准计划"。美国于2005年颁布《国家能源政策法2005》，对能源消耗和污染物排放进行严格、详尽的限制。

另外，市场机制的进一步健全对节能减排的推进也有重要意义。欧美国家充分利用市场机制，使政府政策与市场机制相互配合，有效推进节能减排。法国、丹麦、西班牙等国家由国家规定可再生能源的发电价格，市场自行调整发电量，从而促进清洁电力的生产和可再生能源电力企业的发展。意大利、瑞典、英国等国家则规定发电企业或者电网配电商所提供的电力中，可再生能源发电量必须保持在一定比例，由市场竞争来确定可再生能源发电的价格，这样能够促进可再生能源发电企业降低生产成本。同时，对于可再生能源发电比例不足的电力企业可以通过市场上的"绿色交易"，从其他电力企业购买可再生能源发电量，来扩大产能。

3.2.2 低碳经济是推进节能减排的最终目的

IPCC第四次评估报告预测，未来全球碳排放增长的60%以上来自发展中国家，因此要想实现低碳经济的最终目标就要从发展中国家的节能减排入手。实现发展中国家的经济向低碳化转型的过程就是实现低碳发展的过程，通过提高能源效率、优化能源结构以及倡导绿色消费，在发展中实现节能减排。

低碳经济通过构筑"社会–经济–生态"的动态平衡发展模式,解决经济发展中的高碳瓶颈与污染物排放问题。低碳经济主要包括低碳能源体系、低碳产业结构、低碳技术创新、低碳城市建设、低碳交易市场、低碳政策保障、低碳示范工程等多方面内容[197, 198]。通过在上述方面进行低碳转型,就能够成功应对当前能源发展对全人类提出的挑战,而这恰恰与节能减排的目标相吻合。

低碳经济成为"第五次全球产业浪潮"席卷全球,在我国的经济发展与社会进步过程中,低碳经济渗透到每个环节,已成为我国经济走向健康、可持续发展路径的必要前提。实现可持续发展也就是实现能源–经济–环境(energy-economy-environment,3E)系统的协调发展,当前,我国能源结构和经济发展水平决定了低碳经济的发展目标应以降低能源消耗强度和碳排放强度为主。节能减排分别从资源和环境两个角度出发,对能源消耗和污染物排放进行有效控制,进而在经济可持续发展前提下实现二者的协调发展。

3.3 节能减排的低碳效应

3.3.1 理念效应

进入21世纪以来,全球温室效应已引起世界各国的普遍关注,由此引发的能源短缺、生态恶化、粮食危机等一系列问题已经对各国经济发展和全人类的生存构成了严重威胁。只有正确看待气候变化及环境问题,合理引导经济、环境、社会三者和谐发展,坚持"绿色、生态、发展"的节能减排理念,不断转变经济发展模式,才能实现新的突破和变革。

节能减排的理念在政策制定方面最先体现出来,我国在改革开放初期,就制定了节能减排相关的政策法规。据不完全统计,1978~2012年国务院、环境保护部、全国人民代表大会委员会等40多个机构联合或独立颁布的节能减排政策多达1 080条[199]。这些政策在政策制定层面对节能减排进行了合理规划,为节能减排既定目标的实现打下了坚实的基础。不同的政策从不同的角度对节能减排进行了政策指导,我国"十一五"和"十二五"期间颁布节能减排方面的相关政策主要涉及政治问责、技术选择、政治态度、政策补贴、排放核查和信贷政策等方面,旨在强化钢铁等高耗能工业的节能减排效果。上述政策实施的同时也使污染物排放尤其是二氧化碳等"高碳"污染物的排放得到了有效的控制,在实施节能减排的同时实现了低碳效应[200]。

同时,节能减排理念是一个宽泛的概念,涉及社会生产、人民生活、经济发展、环境保护等多个领域。将低碳理念渗透到社会生活的各个环节是实现节能减排战略效应最重要的手段。要实现从"高碳理念"向"低碳理念"的转变,就需要对公众意识流变进行塑造和强化。实现节能减排要从转变政府的管理理念、企业的发展理念、居民的生活消费理念等方面入手，树立科学发展理念、绿色经营理念和环保理念，形成人与自然协调发展的生态文明价值观，形成绿色发展的内在动力，促进全社会践行节能减排。

3.3.2　战略效应

经济发展过程中，需要面对能源环境的承载力与经济发展方式相互协调的问题。中国作为能源消费大国，面临着重大的能源安全问题。节能减排作为低碳经济发展的主要路径选择，具有极其重要的战略效应。从经济学的外部性分析，节能减排已成为我国政府部门的战略决策内容，同时也具有巨大的发展空间。在经济发展遇到环境约束的状态下，政府需要从战略决策的高度来进行决策和调整。在市场经济中，企业法人和自然人只有在制度层面下，从环境保护的角度综合考量能源-经济-环境系统的协调发展，节能减排才有可能从单一的某个部门、企业转变为全社会的共同责任，进而最大限度地发挥政府在市场经济中的作用。同时，在节能减排实现的各个环节，包括能源结构调整、产业结构调整和环境保护、节能环保技术创新等都有赖于政府的宏观规划和行政引导。因此，推进节能减排的过程同时显现节能减排的战略效应。

实施节能减排就是要求人们从高能耗资源、高污染环境和高损害生态的非可持续发展模式向资源能耗少、环境污染小和生态损害低的可持续发展模式转变。实现节能减排需要实施能源战略、产业战略、技术战略等，其中，实施有效的能源战略是实现节能减排的最关键环节。

实施能源战略包括以下途径：①不断优化能源结构，降低煤炭、石油等化石能源的消费比重。传统工业高度依赖化石能源，直接导致温室效应和环境恶化，因此只有调整能源结构降低高碳能源的消耗比重，才能尽快减少温室气体排放，实现绿色发展。②着力提高能源利用效率，调整城市能源消费结构。提高能源利用效率是最高效的减少污染排放的手段，目前世界各国都将提高能源利用效率作为应对气候变化的核心目标。③发展新型清洁能源，实现能源供应多元化。以核能、水电、风能、太阳能、地热能和生物质能为主的新能源已经开始广泛应用到生产生活中，新能源具有清洁、无污染的特性，极大推动节能减排的实现。能源战略的实施在有效实现节能减排目标的同时也促进了从高碳经济向低碳经济的过渡。

3.3.3　技术效应

我国要想实现节能减排的目标，技术是关键。从长远的角度来看，目前与未来的技术创新与应用以及技术发展战略部署将对我国有效控制碳排放量、发展低碳技术、实现低碳经济产生重大的影响。

为了实现低碳经济目标，我们要保障关键技术开发与应用顺利实施，发展低碳技术在我国的经济发展道路上堪比一次"弯道超车"，我们既要抓住这次机遇也要全面应对研发与实施方面的困难，快速、健康地实现我国的低碳经济。但我国目前低碳经济的发展状况并不是很乐观，大量低碳技术的核心问题亟待解决，低碳技术的自主创新道路仍然困难重重，我们要披荆斩棘、克服困难，开启我国低碳经济发展的大门。在低碳技术核心层面的研发路径选择上，要结合我国市场的实际需求变化，分析当前技术研发的优势与弊端，扬长避短，选择一条符合我国低碳经济发展的技术创新路径，具体如表3.1所示。

表 3.1　主要行业实现节能减排的关键技术及技术单元

序号	所处行业	关键技术	技术单元
1	重点耗能行业	工业节能技术	
		高效煤炭清洁发电技术	超临界和超超临界发电技术、二氧化碳捕集和封存技术
		交通运输行业节能技术	传动系统技术、发动机技术和整车轻量化技术、混合动力汽车技术、新型轨道交通技术
		建筑行业节能技术	半导体照明技术、建筑维护结构保温技术、区域热电联供技术、能源管理系统
2	新能源和可再生能源产业	太阳能产业相关技术	太阳能光伏发电技术、高效薄膜太阳能电池
		风能产业相关技术	
		核电和核聚变技术	新型核电技术和核废料处理技术、核聚变技术
		第二代生物能源技术	
		氢能利用技术	
		水电技术	
		污水处理行业相关技术	
		大气污染治理行业相关技术	
		固体废物利用行业相关技术	

应对气候变化是推进节能减排与发展低碳经济的共同目标，加上全球环境的治理与人类生活休戚相关，因而其治理具有的特殊性与复杂性非同一般。这就必然需要在世界各国之间协调环境约束与发展空间的矛盾冲突。众所周知，发达国家对低碳经济进行垄断控制的主要途径是话语权、规则制定权、资源控制权等，其中核心手段是低碳技术以及以技术为依托的节能减排各项标准。我国要想在国际技术竞争中赢得有利地位，必须发展节能减排，实现低碳技术效应。

3.3.4 规模效应

规模效应属于经济学的研究范畴，所谓规模效应就是由于规模扩大而带来的经济效益提高，也就是说规模扩大之后要使效益大于或等于盈亏平衡点。但是规模并不是一味地扩大，越大越好，规模扩大不合理会产生信息传递内容失误、传递速度过慢以及信息管理不利等负面影响，造成"规模不经济"现象。在企业的总成本核算中，包括固定成本与变动成本，企业的生产规模扩大就会使变动成本增加，但是对固定成本没有影响，因此产品的单位成本就会降低，实现利润上涨，这个过程是从经济学中的边际成本递减规律中推算出来的。节能减排需要在众多领域中实现，并非单独是某一个范畴的任务，要同时在产业、环境、能源等领域内开展节能减排工作，同时，推进节能减排也需要政府、企业和社会各界的多方投入，因此，其对区域经济社会发展必然会产生巨大影响[201]。通过将低碳元素引入节能减排产生以下经济效应，具体表现为基础设施建设、扩大低碳市场容量和产业结构升级。一方面，在政府各项环保政策的作用下，低碳产业必然对传统产业产生挤出效应，进而实现经济的合理转型；另一方面，通过加大对节能减排领域的投资，会指引资金流动走势，其规模化也能够进一步实现增加就业机会、促进相关产业发展等经济效应。

综上所述，节能减排的低碳效应包括理念效应、战略效应、技术效应和规模效应，如图3.1所示。

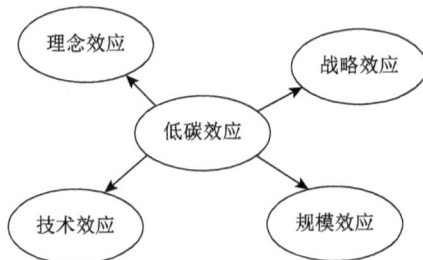

图 3.1 节能减排的低碳效应

3.4 节能减排的低碳机制

3.4.1 动力与传导机制

所谓"动力"说的就是，一种能够使机械运转并做功的能量，也可解释为一种带动事物发展的力量，风力、电力等都属于动力范畴。"热从物体温度较高的部分沿着物体传到温度较低的部分，叫作传导[202]。传导是热传递的三种方式（传导、对流和辐射）之一。"动力与传导机制本质上描述的是事物运动变化的内在关系，具体可描述为在事物发展的全过程中，各种动力的作用机理与传递过程。

节能减排的低碳动力与传导机制是指在节能减排行动全过程中，各种低碳动力贯穿所有环节的传导机制与作用原理，其活动本质可理解为一种转化力，其将节能减排的动力转化为低碳经济发展的助推力，并在节能减排实现进程中采取的措施所产生的低碳效应，而这种效应通过节能减排的各个环节显现出来，产生内在联系并发挥作用。

《"十二五"节能减排综合性工作方案》中明确指出，"进一步形成政府为主导、企业为主体、市场有效驱动、全社会共同参与的推进节能减排工作格局"。企业尤其是高能耗、高排放、高污染企业是实施节能减排的主体。动力可以分为内生原因产生与外生原因产生两种类型，内生原因产生的叫内生动力，就是说任何事物的运动变化发展中，内部会产生一种推动事物前进的力量；外生原因产生的叫外生动力，就是说在事物变化发展的外部，可以造成一种改变事物发展的力量。这种划分动力的方法是按照动力的本质进行划分的，是对动力进行其他划分行为的基础。因此，本书研究的低碳动力可以根据以上方法划分为内生动力与外生动力。

内生动力简单地说就是产生于节能减排主体内部的动力。内生动力具有内生性、单一性。节能减排的内生动力为竞争动力、科技发展动力。在节能减排实施过程中，外生动力是节能减排行为主体的外部对实施过程的一种助推力量，促进节能减排的实现，这种外生动力由节能减排的利益相关者与外界环境形成。利益相关者说的是社会公众与政府，他们在推动企业实施节能减排方面做出了巨大贡献并深入参与其中，在节能减排可以为社会带来经济利益与环境保护的优势驱动下，社会公众参与到节能减排活动中。节能减排的外生动力为政府引导动力、全社会参与动力。

内生动力基础包括市场竞争行为、科技进步行为作用下产生于企业内部的动力。市场竞争行为是指为了保持竞争中的优势地位，在发展绿色经济的大趋势下，企业自主参与节能减排行动，采取措施提升节能减排能力，从而增强核心竞争力，赢得市场竞争份额。由市场这只"看不见的手"直接推动企业开展节能减排，是最原始的驱动力。正是这种驱动力，促使节能减排实现，同时使低碳目标得以实现。

技术进步行为是指为不断提升企业竞争能力，而开展的技术升级、新技术研发等行为，技术进步在实施节能减排的进程中，显得尤为重要。以往高污染、高能耗、高排放的生产模式对环境造成了极大的破坏，在保持经济发展和人类生活水平基础上的节能减排就必然要通过采用新技术，提高能源效率，尤其是化石能源的利用效率，而先进的能源利用技术可以极大程度地提高能源效率，减少污染物排放。

外生动力主要包括政府导向行为、全社会参与行为作用下产生于企业外部的动力。政府导向行为是指政府部门在制定政策时，实施税收及其他财政补贴政策，引导企业加速推进节能减排进程的行为。在这一过程中，政府是起决定性作用的一方，但同时其相关政策的引导和促进，使得企业更具有节能减排的意识，也使其具备更充分的条件参与到节能减排中来。因此，政府的政策引导直接成为实现节能减排的外生动力，而在完成这一过程的同时，低碳目标也随之达成。

全社会公众参与行为是指将节能减排渗透到社会生活的每个环节和每个参与者的生活中去，这样必然会产生全社会推进节能减排的良好氛围。在节能减排外部环境压力的驱使下，企业也必然会因受到来自外界的压力而加入到节能减排的活动中来。因此，全社会公众参与行为也成为驱动企业进行节能减排的外在动力。

两个以上（包含两个）的系统对彼此产生作用与影响使系统之间产生联合的行为，就是耦合。耦合是各系统之间彼此依靠、互相融合、助推发展的良性互动。企业节能减排的实施就是内生行为与外生行为相互耦合作用的结果，因此二者构成了相互影响、相互关联的开放、共生的系统，内生动力与外生动力彼此影响、相互博弈进而形成推动企业节能减排的联合动力。内生行为与外生行为二者同时对节能减排产生影响的机制为耦合机制。

耦合机制的作用所具有的一定的基础即耦合基础。企业节能减排外生动力通过某种路径转化为内生行为之后才会对节能减排行为产生影响、起到推动作用，二者之间是满足辩证关系的，这种关系恰恰为它们之间建立耦合关系形成了前提条件。企业节能减排的实施过程也会反馈到外生行为，对外生行为产生作用，以推动产生新的行为，这也为节能减排内生动力与外生动力二者建立耦合机制奠定基础。

建立企业节能减排内生动力与外生动力的耦合机制需要遵从以下三个步骤：首先，企业节能减排的助推力产生于外部，外生动力主要来自技术进步对整个行业产生的压力、市场竞争对行业内部产生的压力、社会公众参与行为对企业节能减排的间接推动、政府采取各种规章制度对节能减排的要求，这些都会对企业的节能减排行为产生影响，推动耦合机制的形成，增加企业的经济利益，使企业对节能减排效果的认识度增加，从而产生内部驱动力；其次，企业在外生动力的驱使下最终形成内部行为，实施节能减排，带来企业经济效益，产生节能减排成果，同时又会反作用到外生动力，形成耦合机制；最后，在节能减排的内生动力与外生动力耦合机制的作用下，企业的节能减排行为会扩大政府与社会公众的社会效益与环境效益，进一步支持政府与社会公众的参与行为，同时改善市场竞争机制，推动科技发展。

3.4.2   激励与约束机制

美国管理学家贝雷尔森（Berelson）和斯坦尼尔（Steiner）所理解的激励含义如下：从人类行为活动角度看，这是一种内心的状态表达，是在人类的内心活动中对所有想要得到的、希望争取的、迫切希望实现的等一切将内心需求转化成行为的动力。人的一切行为都是有目的的，也就是说动机产生了行为，这是一种精神状态的反映，它会使人的行为做出积极的表现。

在激励机制方面，美国为了缓和能源资源的限制，大力发展高新技术、鼓励科学技术产业；德国采用了资源能源回收利用、循环发展的方式；日本采用了精准生产、制造的方式发展科技。绝大部分措施都对资源能源的依赖现状有所改变，综合各国针对能源资源短缺的应对办法，目前较为普遍的就是通过发展循环经济实现资源能源效率的提高，达到零排放。各国政府纷纷对发展循环经济、回收利用资源推行税收优惠政策，同时对节约资源的行为给予财政支持。我国政府在借鉴国外先进经验的同时，也积极采取适合中国国情的节能减排激励机制，主要包括2005年颁布《促进产业结构调整暂行规定》，实施调整产业结构、促进产业升级的有关政策；2006年颁布《国家鼓励的资源综合利用认定管理办法》等资源综合利用的优惠政策；2006年国务院下发了《国家中长期科学和技术发展规划纲要（2006—2020年）》，鼓励自主创新，并提出了一系列的相关优惠政策推动相关科技发展。在实施税收激励、加快引进消化吸收再创新等方面，2002年颁布《中华人民共和国清洁生产促进法》推进清洁生产采用积极的财政税收政策，颁布《"十一五"十大重点节能工程实施意见》等鼓励节能的有关优惠政策。2006年发布《"十一五"十大重点节能工程实施意见》，并且通过制定节能产品目录的方式，对新的节能产品、产业给予鼓励。对重点行业进行重点管理，确保节能减排目标的实现[203]。

在约束机制方面，各国相继对本国的法律法规进行修订完善，借助法律力量对企业的行为进行约束限制，在各国相关法律中代表性较强的有德国的《循环经济法》与《限制废车条例》以及日本的《推进建立循环型社会基本法》与《家用电器回收法》。西方各国针对节能减排所采取的措施主要依靠征收税费来实施，主要包括生态税、新鲜材料税、征收填埋和焚烧税、实行"绿色税制"改革等方面。同时充分利用舆论的监督宣传作用进行约束，充分发挥社会团体在节约资源、保护环境方面的强大作用，积极鼓励社区开展废物回收活动、协助政府立法、开展节能减排宣传和教育。我国政府也积极采取措施，构建节能减排的约束机制，正文中引用图3.2。

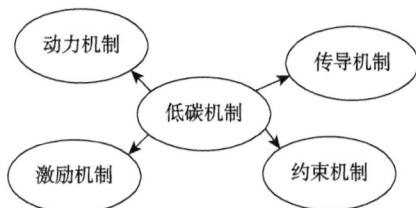

图 3.2　节能减排的低碳机制

第 4 章 我国节能减排的现状及趋势

4.1 我国节能减排的现状分析

4.1.1 我国高耗能行业节能减排现状

当前我国的高能耗、高污染行业集中在能源密集型行业，主要包括钢铁行业、石油和化工行业、有色金属行业以及水泥等行业。这些行业同时又是经济发展的支柱型行业，因此，有效控制这类行业的能耗和污染物排放是实现我国节能减排目标的重要内容。

1. 钢铁行业

钢铁行业是经济发展的支柱行业，伴随着经济的飞速发展，我国的钢铁产量逐年提升，尤其是进入21世纪以来，粗钢产量年均增长率达到了18.5%，总产量约占世界钢产量的一半[204]。随着国家对节能减排逐步加强重视，我国钢铁工业主体工艺装备水平得到大幅提高，进而钢铁工业能效显著提升，大中型钢铁企业吨钢综合能耗从1990年的1.611吨标准煤/吨钢，下降到2005年的0.741吨标准煤/吨钢，年平均降低5.04%[205]。尽管能源消耗总量增加，但增幅逐年缩小。

众所周知，我国钢铁行业面临产能过剩、能源供应紧张、环境排放压力等诸多外部问题，同时钢铁行业自身也存在行业集中度低、高成本产品所占比例高、工艺技术装备和管理水平有待提高等多个方面的问题。我国重点钢铁企业的平均能耗比国外仍高30%以上，高炉−转炉流程的能耗是电炉流程的2倍以上，二氧化碳排放是电炉流程的3.8倍，而我国的电炉钢所占比例增长缓慢[205]。我国钢铁行业的节能减排潜力巨大，因此如何解决生产过程中二次能源回收利用水平低、技术创新能力较弱、政策不完善、法规不健全等制约性问题是钢铁行业能否完成节能减排目标的关键。

2. 电力行业

我国电力行业的能源消耗和CO_2排放量呈逐年上升态势。电力系统利用一次性能源煤用量占全国用煤的70%以上，而煤电的CO_2排放占发电总排放比例95%以上；发电产生的CO_2排放总量大且增长迅速。2005年，电力行业的碳排放相比1980年增加了5.57倍[206]；全国CO_2总排放量的一半以上来自于发电行业消耗的化石能源，2005年我国的电力碳排放系数为0.222 95千克/千瓦时，远高于发达国家。

"十二五"期间，国家"以大代小"的燃煤火电机结构调整的措施，针对节能减排在技术上给予了大量的支持、在管理上提供了多种途径，推动智能电网的开发利用，在供电的所有环节（发、输、配、用）中的各个过程都达到"去碳化"，最终实现电能的清洁生产、高效使用。以低碳发电技术为手段，采用风力发电、光伏发电等可再生能源发电以及碳捕捉与封存的常规火力发电，构建低碳电力技术发展机制，以实现电力行业的节能减排目标。

3. 石油和化工行业

石化行业在能源生产和能源消费两方面均是主力，我国的化学工业每年的能源消耗量占全国消费总量的10%~20%，年耗电量占全国工业用电量的15%左右。同时石化行业的碳排放量在所有工业部门中居第三位，仅次于电力行业与钢铁行业，并且综合能源占全国总量的13%，占工业能源总量的18%。我国能源统计数据显示，2010年我国全行业的碳排放总量为8.63亿吨，化工行业年"三废"排放量分别占全国排放总量的16%、7%和5%。因此，石油和化工行业的节能减排任务十分艰巨。

"十二五"期间，国家实施节约石油工程与开发替代能源项目、热点区域联产工程与工业锅炉改造项目、余热余压利用工程等十大节能工程。到2010年，我国石化行业节约能源共计1 268万吨标准煤。

4. 水泥行业

中国水泥行业的能源消耗和CO_2排放仅次于电力行业，由于我国目前的技术水平有限，每生产6吨水泥所需要的热耗与国际高水平相比高出15%，所需电耗比国际水平高出10%。我国水泥行业的增长速度居世界第一，尽管国家采取了控制措施，但水泥产量依然飞速上涨，2010年的水泥产量与2000年相比增加了12.75亿吨，年平均增长率超过了12%，全国人均产量接近1吨，与发达国家在20世纪70年代的人均产量相当，因此我国的水泥产能处于极度饱和状态。同时，2009年水泥制造行业的单独能源消费量就超过了1.5亿吨标准煤，超过了整个工业部门能源消费总量的10%；生产水泥所需排放的CO_2总量超过了9亿吨，占全国CO_2排放量的13%以上。

水泥的生产原料石灰石、黏土均来自于自然环境，其生产过程消耗了大量的不可再生资源，因此水泥行业的节能减排就需要从清洁生产、科技创新、工艺创新等方面实施改造措施。实现水泥行业节能减排的具体措施包括采用替代燃料、余热综合利用、减少水泥熟料用量、高浓度CO_2的收集浓缩技术、混凝土CO_2高效预养护技术、尾气CO_2提纯工业用碱技术等。

5. 有色金属行业

我国的有色金属工业是重要的基础原料产业同时又是我国大的能源消费产业，根据2009年我国能源消费量数据统计指标来看，有色金属工业消耗的能源总量超过了8 300万吨标准煤，占全国能源消耗总量的比重达到了4.3%，单独电力消耗量就占全国总量的6.5%。在消耗大量能源的同时，还产生大量的尾砂，每年约产生尾砂7 000多万吨、废石上亿吨，并且还占用了大量的土地，产生大量含有重金属的工业废水、废气、废渣。

在有色金属工业生产过程中，从采、选、炼到最后的加工出产，冶炼是整个生产过程中废气排放量最大、能源消耗量最多的环节，只冶炼一个环节的能源消耗量就占到了全生产过程的80%。"十一五"期间国家大力实施科技创新、加大科技投入、升级产业结构、提高有色金属综合利用效率、全力发展再生有色金属产业、大力发展和推广节能减排技术，使有色金属行业的能耗和三废排放量均得到有效降低。例如，2010年将"氧气底吹熔炼–鼓风炉还原炼铅"新工艺、应用在电解铝生产方面，使电解铝与氧化铝的综合能耗与2006年相比分别下降了4.5%与26.92%。因此，我国有色金属工业有望实现"2015年当年节约895万吨标煤，节能率7.1%"的"十二五"节能目标。

4.1.2　我国政府开展节能减排采取的措施

为了实现节能减排的目标，我国制定实施了一系列保证措施，从直接与间接两个层面促进目标的实现，表4.1列出了我国颁布的相关法律法规。

表 4.1　我国政府颁布的节能减排法律法规一览表

序号	发布时间	发布单位	名称
1	1997 年	全国人民代表大会常务委员会	中华人民共和国节约能源法
2	1999 年	国家经济贸易委员会	中国节能产品认证管理办法
3	1999 年	国家经济贸易委员会	重点用能单位节能管理办法
4	2000 年	交通部	交通行业实施节约能源法细则
5	2000 年	全国人民代表大会常务委员会	中华人民共和国大气污染防治法
6	2002 年	全国人民代表大会常务委员会	中华人民共和国清洁生产促进法
7	2002 年	全国人民代表大会常务委员会	中华人民共和国环境影响评价法
8	2004 年	全国人民代表大会常务委员会	中华人民共和国固体废物污染环境防治法
9	2005 年	国家建设部	民用建筑节能管理规定

续表

序号	发布时间	发布单位	名称
10	2006 年	国家发展和改革委员会等	"十一五"十大重点节能工程实施意见
11	2006 年	国家发展和改革委员会、科技部	中国节能技术政策大纲
12	2007 年	国家发展和改革委员会	可再生能源中长期发展规划
13	2008 年	国家发展和改革委员会	中国应对气候变化国家方案
14	2007 年	国务院	节能减排综合性工作方案
15	2008 年	国务院	中国应对气候变化的政策与行动
16	2014 年	全国人民代表大会常务委员会	中华人民共和国环境保护法
17	2015 年	环境保护部	突发环境事件应急管理办法

上述法律法规的颁布,不仅表明了我国政府大力推进节能减排的决心和勇气,而且从国家制度的层面为节能减排工作的开展铺平了道路。随后,我国政府相继出台政策措施以落实国家节能减排的目标。

实施十大重点节能工程、千家企业节能行动和节能产品惠民工程。2010年政府工作报告中明确指出,"所有燃煤机组都要加快建设并运行烟气脱硫设施"。同时,山西、贵州等资源型省区也明确对新建项目进行严格的节能环保审查,从源头对节能减排进行管控。

实现差别电价,抑制高能耗产业盲目扩张。2004年我国规定了6个高能耗企业实行差别电价,实践证明差别电价的实施对遏制高耗能行业盲目发展、改善能源效率、保持经济协调稳定发展起到了促进作用。2005年,国家发展和改革委员会制定并颁布了《产业结构调整指导目录》,同时实行差别电价。

实施绿色金融,解决节能行业融资难问题。我们对绿色金融的理解,就是在对环境进行评估的过程中,把金融机构也纳入评估流程,保护环境也成为金融行为的前提,同时将资金流引向低碳产业,从而带动经济向可持续增长方式的转型。发达国家的经验是以金融机构为节能服务投资主体,专业公司作为技术支持。

实施税收减免优惠,增加节能减排行业的吸引力。对符合条件的环境保护、节能节水项目,对企业购置用于环境保护、节能节水、安全生产等专用设备,对资源综合利用,对节能服务公司实施合同能源管理项目实施税收优惠政策。

4.1.3　我国节能减排的实施内容

结构节能减排,包括产业结构和能源结构两方面的节能减排。产业结构节能减排即发展低能耗、低污染的先进制造业和现代服务业，降低传统制造业在国民经济中的比重，或将其转移至其他国家或地区。欧美等发达国家已完成了产业结构调整，并抢占了新兴绿色行业的技术制高点。我国面临劳动力素质低、技术水平落后的国情，在今后相当长的一段时间内仍要扮演"传统制造业大国"的国际分工角色。能源结构节能减排即清洁能源的利用，是指用天然气、太阳能、水利、风力发电等清洁能源替代煤炭、石油等化石能源。截至2012年9月，我国风电装机容量达到了5 000多万千瓦，水电装机容量达到2 500多万千瓦，可再生能源上网电量更是达到了将近9 000亿千瓦时，与2011年相比分别增长37%、7%与28%。

技术节能减排，即采用先进技术手段，提高能源利用效率，降低污染物的排放。由于我国发电量的80%是煤炭发电，而且全国燃煤发电的平均能源转换效率低于40%，由此可见煤炭利用方面的节能减排潜力巨大。因此，推进技术创新、实现煤炭的洁净利用和高效传输是推进节能减排的重要内容。

制度节能减排，即在管理制度层面推动节能减排，主要通过制定节能减排的各项宏观政策，组织各项专项规划的制定落实，同时加速淘汰高耗能、高排放的落后产能，不断推进节能减排的科技创新，加强舆论引导，大力提倡低碳化消费。

4.1.4　我国节能减排的总体成效显著

为了实现既定目标，我国积极落实节能减排工作，在加大科技研发力度、调整产业结构、促进低碳产业发展、节能增效等方面采取了一系列措施，并取得了显著成效。

节能减排已经被纳入我国的基本国策，在"十一五"期间就制定了节能方面与减排方面的双重目标，节能方面要求单位GDP能源消耗要下降20%左右；减排方面要求主要污染物排放的约束性指标减少10%。"十二五"期间也制定了这方面的目标，节能方面要求单位GDP能源消耗量下降15%；减排方面要求主要污染物排放总量下降10%左右。

1. 科技研发能力显著增强，采取有效措施应对气候变化

我国出台了一系列政策措施，并将科技发展的核心限定在环境保护与优化能源，同时将环境保护率先开展的焦点确定为世界范围内的环境变动与应对策略，并在重大战略与政策方面进行了重点部署；同时加强人才和基地建设，建成一批国家级科研基地，并构建国家气候监测网等大型观测网络体系；持续加大对气候变化问题研究的资金投入，近年来通过国家科技计划投入的气候变化科技经费逾25亿元；将科技研发重点定位于温室气体排放的控制，生物与工程固碳技术，含碳能源的清洁，高效开发利用，二氧化碳的捕集、利用与封存技术，等等；重点

实施应对气候变化领域的科技研究与示范推广工作，主要包括推动节能与新能源汽车的使用，煤层气开采，天然气水合物开采、清洁、炼焦工艺与装备开发等技术，鼓励进口节能产品技术及设备。

2. 产业结构不断优化升级，有效发展循环经济

调整产业结构是实现节能减排的关键步骤，为此我国政府拟定和执行了一系列专门计划与相关产业政策，有效推动产业结构的优化升级，促进经济向"低投入、低消耗、低排放、高效率"的低碳经济转型。

我国经济发展的现状决定了目前第二产业占国民经济的比重较大，但是随着国家对节能减排问题的重视和不断采取的有效措施，产业结构中服务业比重在稳步增长。2010年上半年我国服务业增加值占GDP的比重为42.9%，比2009年提高了1.3%。根据能源研究所的研究分析，要实现低碳经济，我国的产业结构仍需进行调整，到2050年，第二产业比重进一步下降到33%左右，第三产业比重提升至64%左右；高技术产业得到大力发展，信息、生物、新能源等一批促进节能减排的新兴产业快速发展；加快淘汰落后产能，到2009年上半年关停小火电机组1 389万千瓦，累计已淘汰小火电5 407万千瓦，"十一五"期间，淘汰了小火电7 200万千瓦，同时新增大型机组27 093万千瓦，每度电标准煤耗由2005年的0.375千克降低到2010年的0.335千克，降低幅度达到10.4%，火电煤耗标准达到国际领先水平；高能耗、高排放行业得到有效遏制，2008年我国出台的4万亿经济刺激计划中，有2 100亿元用于节能减排、改善生态，另外3 700亿元用于技术改造和调整能源密集型工业结构。

3. 能源消耗系数逐渐下降，清洁能源获得长足发展

我国节能减排工作取得了显著成效。"十二五"期间全国单位GDP能耗降低19.1%，基本完成了"十二五"规划纲要中确定的节能减排目标。在能源消耗方面，"十二五"期间，我国能源消费总量保持稳步增长，能源消费弹性系数呈逐步下降的态势，数据表明虽然能源消费以煤炭为主的现状短期内难以改变，但是经济发展对化石能源的依赖度降低，终端能源消费结构得到有效调整，清洁能源使用量不断上升，节能减排效果明显。在建筑节能减排方面，"十二五"期间完成居住建筑的节能改造1.8亿平方米，投入资金244亿元，可节约标准煤4 000多万吨，减少二氧化碳排放量近1亿吨。

清洁能源在生产和使用过程中不产生有害物质排放，因而这是促进节能减排的有效途径。近年来，我国各类清洁能源的利用率不断提高，清洁能源发电比重逐年上升，正文中引用表4.2~表4.4。

表 4.2 "十二五"期间的一次能源消费总量与结构

年份	能源消费总量/万吨标准煤	占能源消费总量的比重/%		
		煤炭	石油	天然气
2009	235 997	70.9	19.8	2.6
2010	258 678	71.2	19.3	2.9
2011	280 510	71.2	18.9	3.4
2012	291 448	70.4	18.3	3.7
2013	306 649	70.5	17.9	3.9
2014	325 000	70.9	16.6	4.4

表 4.3 "十二五"期间的经济发展与能源消费弹性系数

年份	能源消费比上年增长/%	电力消费比上年增长/%	GDP 比上年增长/%	能源消费弹性系数	电力消费弹性系数
2009	10.5	13.4	11.2	0.94	1.18
2010	9.5	14.5	12.6	0.77	1.14
2011	8.3	14.3	14.1	0.6	1.02
2012	3.8	5.5	9.5	0.42	0.59
2013	5.1	7.1	9.1	0.58	0.78
2014	5.8	13	10.2	0.58	1.27

表 4.4 2011~2014 年各类能源发电比例一览表（单位：%）

电力类型	2011 年	2012 年	2013 年	2014 年
核电	1.30	1.2	1.1	1.20
火电	80.40	78.7	77.6	77.00
水电	17.70	18.8	19.5	19.40
其他	0.60	1.3	1.8	2.4

4.2 我国节能减排的难点问题及战略步骤

4.2.1 我国节能减排的难点问题

节能减排技术落后，能源效率较低。世界银行的研究表明，影响发展中国家节能减排效率的诸多因素中，技术因素的影响力最大。而我国高能耗行业的工艺和技术装备落后，直接导致能源效率低下。目前我国燃煤工业锅炉运行平均效率为65%左右，比国际先进水平低15%~20%。中小电机平均效率为87%，火电机组平均效率为33.8%，比国际先进水平低6%~7%[207]。

创新结构调整困难重重。我国能源消耗强度居高不下的原因之一是优质能源比重偏低。要优化我国能源结构，短期可以通过提高煤炭质量、提高并采用清洁利用技术；长期可以通过加快清洁能源和可再生能源的发展利用。

高耗能行业难以遏制。高耗能产品的旺盛需求导致该行业难以进行控制。"十二五"期间各种工业产品产量呈逐年增加态势。尽管我国政府推出各项措施遏制高耗能行业的扩张，但由于各国经济建设的快速发展对钢铁等高能耗产品的硬性需要，导致高耗能行业的扩张速度难以在短期内下降。

落后产能淘汰存在诸多障碍。我国政府已将淘汰落后产能作为节能减排的重要抓手，但是在具体贯彻落实过程中，却遇到诸多障碍。中央地方二级政府的发展目标存在分歧；大型企业与中小型企业、国有企业与民营企业的价值观念不一致；市场竞争机制的不完善使落后产能存在生存空间，这些障碍仍阻碍着节能减排进程的顺利推进。

区域经济发展的不均衡性，导致欠发达地区节能减排任务更加艰巨。我国各地区的单位GDP能耗差异是长期经济社会发展多方面因素的累加效应。一个地区的经济发展水平与单位GDP能耗呈负相关关系。同时，区域经济结构也决定该地区的GDP能耗水平，根据我国2008年的国民经济指标可以看出，只有西藏、海南与北京的二产比重在30%以下，其余大部分地区的二产比重均大于45%。最后，资源型城市的经济发展较非资源型城市更加粗放。因此，不同区域面临的节能减排任务也不尽相同，需要结合该区域的实际情况，因地制宜。

清洁能源发展缓慢，缺乏有力支持。包括太阳能、地热能、风能、海洋潮汐能在内的"绿色能源"在我国的开发利用远远落后于发达国家。由于缺乏有力的政策、资金和技术支持，一些资源潜力巨大、技术基本成熟具有产业化条件的风力发电、太阳能综合利用等清洁能源的利用还未形成规模。

为推动经济持续健康的发展，转变发展方式、变革发展路径势在必行，而节能减排是实现这个目标的必由之路，未来评价一国经济发展水平高低的关键指标将会是环境养护力度与能源利用程度。但是，在实施过程中出现的资源占用问题，可能会导致经济产出下降、竞争力变弱等负面效应，几次金融危机的出现，增加了产生这些问题的概率。

已有研究显示，在实施节能减排的初级阶段，可能会较大地损耗潜在投入，但是随着节能减排阶段的逐步推进，潜在投入的损耗将会越来越少，最后将会低于潜在产出增长，出现波特假说的双赢发展情形。节能减排的实施过程中出现双赢发展情形在重工业中的体现与轻工业相比会更加明显。从长远的角度来看，节能减排的实施将会高质量地完成降低环境污染这个目标，将在未来的20年内实现我国经济的双赢发展。

4.2.2　我国节能减排的战略步骤

在能源–经济–环境体系中，环境是经济发展的基础条件，经济发展与环境保护相辅相成，能源作为环境和经济的中间环节，既是环境的一部分，又是经济增长必要的投入要素。一方面，经济增长对能源依存度高，另一方面经济发展又促进能源的大规模开发利用。当前能源发展战略已由关注能源系统的供需平衡，转向关注能源与生态环境和人类社会的协调可持续发展这一更深层次的问题。

我国在推行可持续绿色低碳发展战略时，需要跨越三个"零增长"阶段。预计经过50年的时间，使我国经济发展模式更加规范合理、低碳环保。

第一阶段，实现人口数量与规模的"零增长"，与此同时提高人口素质，改善人口结构。面对相对稀缺的自然资源，人类只有控制不断扩大的需求，实现"可持续低碳消费"，才可能将人类文明延续。针对我国人口基数大、高素质人口比例低的现状，我国提出要用30年的时间，力争到2030年实现人口数量和规模的"零增长"，同时大力发展科教事业提高人口素质并改善人口结构。

第二阶段，实现资源投入和资源消费双向"零增长"，提高资源利用效率，创造极大的社会财富。21世纪，人类财富的集聚建立在对资源无节制消耗的基础上。如果不加控制，持续对自然进行掠夺，人类将面临资源匮乏的困境。因此，在有效控制人口增长的基础上，应加大科技投入，提高资源利用效率；减少资源消耗，改变资源消费模式，争取到2040年前后，实现资源投入和资源消费的双向"零增长"。

第三阶段，实现生态环境恶化速度"零增长"，加大环保力度，提高生态环境质量。经历了前两个阶段后，预计到2050年实现我国生态环境持续恶化速度的"零增长"。届时，我国经济发展将全面达到中等发达国家水平，整个国民经济中科技进步的贡献率达70%以上，中国人均寿命达到85岁，单位资源消耗所创造的价值较2000年提高10~12倍，实现能源、经济、社会的协调和可持续发展。

第 5 章 基于低碳经济的我国节能减排影响因素及其层级结构与作用路径

5.1 基于低碳经济的我国节能减排影响因素

面对激烈的国际竞争，发展低碳经济是我国应对全球化经济的必然选择。与此同时，节能减排已成为融合经济、能源、技术、生态、地理等多个研究领域的新兴交叉学科，在低碳经济的要求下其内涵和外延上得到了深化和扩展，这样就使得该领域的研究更加复杂和迫切。因而对基于低碳经济的节能减排影响因素间的结构关系与制约作用的分析，具有重要的理论和实践意义。

基于低碳经济的节能减排包括节约能源消耗和降低碳排放量两个方面，同时又要兼顾行业、企业、政府、经济社会环境等方面的因素。基于上述分析，本书分析归纳出以下16个基于低碳经济的我国节能减排影响因素，正文中引用表5.1。

表 5.1 基于低碳经济的我国节能减排影响因素

一级指标	二级因素	影响因素
低碳经济约束下的节能减排目标	能源消耗	总能耗（X_1）
		高碳能源使用比例（X_2）
		能耗强度（X_3）
	CO_2 排放	CO_2 排放量（X_4）
		CO_2 排放强度（X_5）
	产业结构与企业行为	产业结构（X_6）
		企业发展模式（X_7）
		节能减排意识（X_8）
		企业规模（X_9）
		管理水平（X_{10}）
		低碳技术创新水平（X_{11}）

续表

一级指标	二级因素	影响因素
低碳经济约束下的节能减排目标	经济社会发展与环境治理	经济发展水平（X_{12}）
		社会福利（X_{13}）
		环境治理水平（X_{14}）
	制度与社会环境	社会文化氛围（X_{15}）
		政策制定与实施（X_{16}）

5.2 基于ISM模型的影响因素层级结构研究

5.2.1 ISM 理论

系统ISM，是美国教授Warfield在1973年提出的一种系统分析方法。该模型属于概念模型，主要用于分析复杂系统问题。其理论基础是有向图模型和布尔矩阵，通过将复杂的系统分解为若干子系统，从而构成一个多级递阶的结构模型。此模型以定性分析为主，对于变量众多且结构复杂的系统，借助该模型可以更好地理清各子系统之间的结构关系。

ISM的工作程序如图5.1所示。

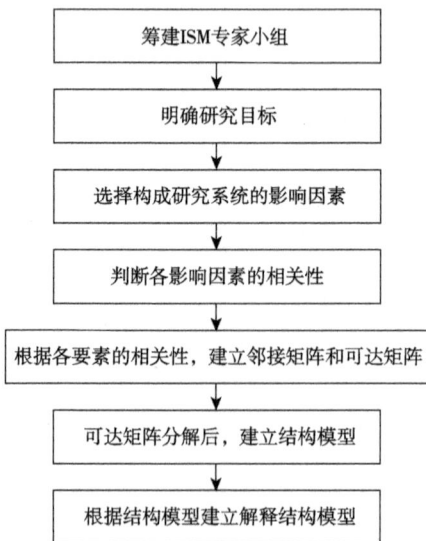

图 5.1　ISM 的工作流程图

ISM模型是分析复杂关系结构的有效方法，其优势在于能将系统各要素间错综复杂的关系分解成若干个子系统，并构建多级递阶的结构模式[208, 209]。本书选取了低碳经济节能减排的16个影响因素（表5.1），由于各影响因素之间相互交叉、相互影响，与此同时各因素又相互联动、相互依赖，从而构成复杂的网状结构关系，所以本书通过构建低碳经济下节能减排影响因素的ISM模型来分析各影响因素的结构关系及作用路径。

5.2.2 ISM 模型关联矩阵分析

ISM模型的关联矩阵分析根据相关领域专家组的判断，来确定各影响因素之间的两两关系，从而确立各影响因素相互作用的逻辑关系。通过两两因素的逻辑关系得出相应的关联矩阵（structural self-interaction matrix，SSIM），如表5.2所示。

表 5.2 关联矩阵

元素	16	15	14	13	12	11	10	9	8	7	6	5	4	3	2
1	H	H	E	E	E	F	F	F	H	F	F	H	H	E	H
2	G	F	E	E	E	G	H	H	E	H	H	E	E	H	
3	F	F	H	H	H	F	F	F	F	H	H	E	H		
4	H	H	H	E	E	F	H	F	G	F	F	E			
5	F	F	H	H	H	F	F	H	F	F	F				
6	F	F	H	H	H	F	F	F	E	E					
7	H	H	H	H	H	H	E	H	G						
8	F	F	E	H	H	F	E	H							
9	F	F	E	H	E	H	G								
10	F	F	H	E	E	H									
11	G	F	E	E	E										
12	F	F	G	G											
13	F	F	G												
14	F	F													
15	H														

本节用E、F、G、H四个符号来表示低碳经济下节能减排的各影响因素间的相互关系。其中E、F、G、H符号的意义如下：若影响因素 i 对于因素 j 存在直接或间接的影响，但 j 对 i 却没有影响，则此时关联矩阵（i，j）处标注为"E"；若影响因素 j 对于因素 i 存在直接或间接的影响，但 i 对 j 却没有影响，则此时关联矩阵（i，j）处标注为"F"；若影响因素 i 与因素 j 之间存在相互的影响关系，则关联矩阵（i，j）处标注为"G"；若影响因素 i 对于因素 j 相互之间都不存在影响关系，则关联矩阵（i，j）处标注为"H"。

5.2.3　ISM 模型可达矩阵分析

本节利用ISM模型并通过对有向图的关联矩阵进行逻辑运算，从而得到可达性矩阵，然后对可达性矩阵进行层次分解，最终分解成层次清晰的多级递阶形式。在对ISM模型的可达矩阵进行分析时，需要将上述的关联矩阵（表5.1）转化成布尔矩阵，这个转化的布尔矩阵称为初始可达矩阵（initial reachability matrix，IRM）[209]。其具体转化原则如下：

（1）若关联矩阵中（i, j）为E，则IRM中（i, j）为数字1，（j, i）为数字0；

（2）若关联矩阵中（i, j）为F，则IRM中（i, j）为数字0，（j, i）为数字1；

（3）若关联矩阵中（i, j）为G，则IRM中（i, j）为数字1，（j, i）为数字1；

（4）若关联矩阵中（i, j）为H，则IRM中（i, j）为数字0，（j, i）为数字0。

根据上述四个原则获得初始可达矩阵，如表5.3所示。

表 5.3　初始可达矩阵

元素	1	2	3	4	5	6	7	8	9	10	11	12	13	14	15	16
1	1	0	1	0	0	0	0	0	0	0	0	1	1	1	0	0
2	0	1	0	1	1	0	0	1	0	0	1	1	1	1	0	1
3	0	0	1	0	0	0	0	0	0	0	0	0	0	0	0	0
4	0	0	0	1	0	0	0	1	0	0	0	1	1	0	0	0
5	0	0	0	0	1	0	0	0	0	0	0	0	1	0	0	0
6	1	0	1	1	1	1	1	1	0	0	0	1	1	1	0	0
7	1	0	1	1	1	0	1	0	0	1	0	1	1	1	0	0
8	0	0	1	1	1	0	0	1	0	1	0	1	1	1	0	0
9	1	0	1	0	0	0	0	0	1	1	0	1	0	0	0	0
10	1	0	1	0	0	0	0	0	1	1	0	1	1	0	0	0
11	1	1	1	1	1	0	0	1	0	0	1	1	1	1	0	1
12	0	0	0	0	0	0	0	0	0	0	0	1	1	0	0	0
13	0	0	0	0	0	0	0	0	0	0	0	0	1	0	0	0
14	0	0	0	0	0	0	0	0	0	0	0	0	0	1	0	0
15	0	1	1	0	1	0	0	1	1	1	1	1	1	1	1	0
16	0	1	1	0	1	1	0	1	1	1	1	1	1	1	0	1

可达矩阵能够反映各影响因素间所有复杂的结构关系，对IRM进行布尔运算，可以获得ISM模型的最终可达矩阵（final reachability matrix，FRM）。

设 A=IRM，M=FRM。

$$M=(A+I)^r=(A+I)^{r+1}\ne(A+I)^{r-1} \tag{5.1}$$

经计算r=5，得到的最终可达矩阵如表5.4所示。

表 5.4 最终可达矩阵

元素	1	2	3	4	5	6	7	8	9	10	11	12	13	14	15	16	影响性
1	1	0	1	0	0	0	0	0	0	0	0	0	1	1	1	0	0	5
2	0	1	0	1	1	0	0	1	0	0	1	1	1	1	0	1	9
3	0	0	1	0	0	0	0	0	0	0	0	0	0	0	0	0	1
4	0	0	0	1	1	0	0	1	0	0	0	1	1	1	0	0	5
5	0	0	0	0	1	0	0	0	0	0	0	0	0	0	0	0	1
6	1	0	1	1	1	1	1	1	0	0	0	0	1	1	0	0	10
7	1	0	1	0	1	0	1	1	0	0	0	0	1	0	0	0	7
8	0	0	1	1	0	1	0	1	1	0	0	0	1	0	0	0	7
9	1	0	1	0	0	0	0	1	1	0	1	0	1	0	0	0	6
10	1	0	1	0	1	0	0	0	0	1	1	0	1	0	0	0	7
11	1	1	1	0	1	0	0	0	1	1	1	0	1	1	0	0	11
12	0	0	0	0	0	0	0	0	0	0	0	1	1	1	0	0	3
13	0	0	0	0	0	0	0	0	0	0	0	1	1	1	0	0	3
14	0	0	0	0	0	0	0	0	0	0	0	1	1	1	0	0	3
15	0	1	1	0	1	1	1	0	1	1	1	1	1	1	1	0	12
16	0	1	1	0	1	1	1	0	1	1	1	1	1	1	0	1	12
依赖性	6	4	9	6	10	3	3	8	4	6	4	12	11	12	1	3	

FRM不仅能够清楚地表明各影响因素间的直接关系，也能很好地反映出影响因素间的间接关系，并为对各影响因素间的相互关系进行定量分析提供了有效依据。如表5.4所示，因素1的影响性为5，依赖性为6，这说明因素1能够对5个因素（包括自身）产生直接或间接的影响，同时依赖于6个因素（包括自身）发挥作用。

5.2.4 基于低碳经济的节能减排影响因素层级结构研究

通过最终可达矩阵，可将16个因素划分在不同的层级分区。表5.5~表5.10是各因素的层级分区，其中每个表都包含了5列，即元素、可达集合、先行集合、交集和层级。交集与可达集合包含相同元素的所在行即为所求，也就是说，该行元素就分布于该层级。如表5.5所示，第3行、第5行、第12行、第13行、第14行的交集与可达集合一致，则影响因素3、5、12、13、14位于层级Ⅰ。去掉位于层级Ⅰ的元素所在行，继续重复表5.5过程，直到将所有元素都分到各层级上，剩余五个层级如表5.6~表5.10所示。

表 5.5　层级 I

元素	可达集合	先行集合	交集	层级
1	1, 3, 12, 13, 14	1, 6, 7, 9, 10, 11	1	
2	2, 4, 5, 8, 11, 12, 13, 14, 16	2, 11, 15, 16	2, 11, 16	
3	3	1, 3, 6, 7, 8, 10, 11, 12, 13, 14, 15, 16	3	I
4	4, 5, 8, 12, 13	2, 4, 6, 7, 8, 9, 11	4, 8	
5	5	2, 4, 5, 6, 7, 8, 10, 11, 15, 16	5	I
6	1, 3, 4, 5, 6, 7, 8, 9, 10, 12, 13, 14	6, 15, 16	6	
7	1, 3, 4, 5, 7, 8, 10	6, 7, 8	7, 8	
8	3, 4, 5, 7, 8, 10, 14	2, 4, 6, 7, 8, 11, 15, 16	4, 7, 8	
9	1, 4, 9, 10, 12, 14	9, 10, 15, 16	9, 10	
10	1, 3, 5, 9, 10, 12, 13	7, 8, 9, 10, 15, 16	9, 10	
11	1, 2, 3, 4, 5, 8, 11, 12, 13, 14, 16	2, 11, 15, 16	2, 11, 16	
12	12, 13, 14	1, 2, 4, 6, 9, 10, 11, 12, 13, 14, 15, 16	12, 13, 14	I
13	12, 13, 14	1, 2, 4, 6, 10, 11, 12, 13, 14, 15, 16	12, 13, 14	I
14	12, 13, 14	1, 2, 3, 5, 6, 8, 9, 11, 12, 13, 14, 15, 16	12, 13, 14	I
15	2, 3, 5, 6, 8, 9, 10, 11, 12, 13, 14, 15, 16	11, 15	11, 15	
16	2, 3, 5, 6, 8, 9, 10, 11, 12, 13, 14, 16	2, 11, 16	2, 11, 16	

表 5.6　层级 II

元素	可达集合	先行集合	交集	层级
1	1	1, 6, 7, 9, 10, 11	1	II
2	2, 4, 8, 11, 16	2, 11, 15, 16	2, 11, 16	
4	4, 8	2, 4, 6, 7, 8, 9, 11	4, 8	II
6	1, 4, 6, 7, 8, 9, 10	6, 15, 16	6	
7	1, 4, 7, 8, 10	6, 7, 8	7, 8	
8	4, 7, 8, 10	2, 4, 6, 7, 8, 11, 15, 16	4, 7, 8	
9	1, 4, 9, 10	9, 10, 15, 16	9, 10	
10	1, 9, 10	7, 8, 9, 10, 15, 16	9, 10	
11	1, 2, 4, 8, 10, 16	2, 10, 15, 16	2, 10, 16	
15	2, 6, 8, 9, 10, 11, 15, 16	15	15	
16	2, 6, 8, 9, 10, 11, 14, 16	2, 11, 16	2, 11, 16	

表 5.7 层级Ⅲ

元素	可达集合	先行集合	交集	层级
2	2, 8, 11, 16	2, 11, 15, 16	2, 11, 16	
6	6, 7, 8, 9, 10	6, 15, 16	6	
7	7, 8, 10	6, 7, 8	7, 8	
8	7, 8	2, 6, 7, 8, 11, 15, 16	7, 8	
9	9, 10	9, 10, 15, 16	9, 10	Ⅲ
10	9, 10	7, 8, 9, 10, 15, 16	9, 10	Ⅲ
11	2, 8, 11, 16	2, 11, 15, 16	2, 11, 16	
15	2, 6, 8, 9, 10, 11, 15, 16	15	15	
16	2, 6, 8, 9, 10, 11, 16	2, 11, 16	2, 11, 16	

表 5.8 层级Ⅳ

元素	可达集合	先行集合	交集	层级
2	2, 8, 11, 16	2, 11, 15, 16	2, 11, 16	
6	6, 7, 8	6, 15, 16	6	
7	7, 8	6, 7, 8	7, 8	Ⅳ
8	7, 8	2, 6, 7, 8, 11, 15, 16	7, 8	Ⅳ
11	2, 8, 11, 16	2, 11, 15, 16	2, 11, 16	
15	2, 6, 8, 11, 15, 16	15	15	
16	2, 6, 8, 11, 16	2, 11, 16	2, 11, 16	

表 5.9 层级Ⅴ

元素	可达集合	先行集合	交集	层级
2	2, 11, 16	2, 11, 15, 16	2, 11, 16	Ⅴ
6	6	6, 15, 16	6	Ⅴ
11	2, 11, 16	2, 11, 15, 16	2, 11, 16	Ⅴ
15	2, 6, 11, 15	15	15	
16	2, 6, 11, 16	2, 11, 16	2, 11, 16	

表 5.10 层级Ⅵ

元素	可达集合	先行集合	交集	层级
15	15	15	15	Ⅵ
16	16	16	16	Ⅵ

通过各因素的层级分布（表5.5~表5.10）和关联矩阵（表5.2），可以得到基于低碳经济的我国节能减排影响因素的层次结构图，如表5.11所示。

表 5.11　基于低碳经济的中国节能减排影响因素的层次结构

所在层级	包含影响因素
I	X_3 能耗强度、X_5 CO_2 排放强度、X_{12} 经济发展水平、X_{13} 社会福利、X_{14} 环境治理水平
II	X_1 总耗能、X_4 CO_2 排放量
III	X_9 企业规模、X_{10} 管理水平
IV	X_7 企业发展模式、X_8 节能减排意识
V	X_2 高碳能源使用比例、X_6 产业结构、X_{11} 低碳技术创新水平
VI	X_{15} 社会文化氛围、X_{16} 政策制定与实施

表5.11可以看出，低碳约束下我国节能减排的主要影响因素是ISM分析中的第五层级和第六层级的指标，即X_2、X_6、X_{11}、X_{15}、X_{16}，上述5个主要影响因素对其余11个因素直接或间接产生影响。由于社会文化氛围、政策制定与实施属于外生环境变量，高碳能源使用比例、产业结构、低碳技术创新水平则属于内生变量，因此可以认为内生变量X_2、X_6、X_{11}是低碳经济下我国节能减排最重要的影响因素，影响着我国节能减排的效果以及政策措施的执行效率。

5.3　影响因素的作用路径分析

在采用ISM模型理清了各因素结构关系的基础上，为了更清楚地表明各层级各影响因素对系统的作用效果，本节利用MICMAC来分析各影响因素对系统的作用路径。

MICMAC在分析各因素间的影响性和相依性基础上，透过层次结构以及因素作用路径来反映各因素对系统的作用效果，一般来说，所有影响因素被分布在四个象限，即自主区、依赖区、连接区以及独立区，如表5.12所示。

表 5.12　各因素相互作用分布情况

象限	第一象限	第二象限	第三象限	第四象限
区域名称	自主区	依赖区	连接区	独立区
该象限所具有的特征	弱影响性和弱依赖性	弱影响性和强依赖性	强影响性和强依赖性	强影响性和弱依赖性

根据最终可达矩阵（表5.4）各因素的影响性与依赖性构建我国低碳经济节能减排影响因素作用路径分析图（图5.2）。

图5.2中，第一、二、三、四象限分别代表自主区、依赖区、连接区以及独立区。根据影响因素作用路径分析图以及表5.11的层级分析结果可以得到以下结论：①第三象限无影响因素，表明所有因素对于整个系统而言是相对稳定的。②II、III、IV层级的因素都位于自主区，说明这些因素（X_1、X_4、X_9、X_{10}、X_7、X_8）的依赖性及影响性都相对较弱，决策者可根据需要选择这些因素来制定有针对性的

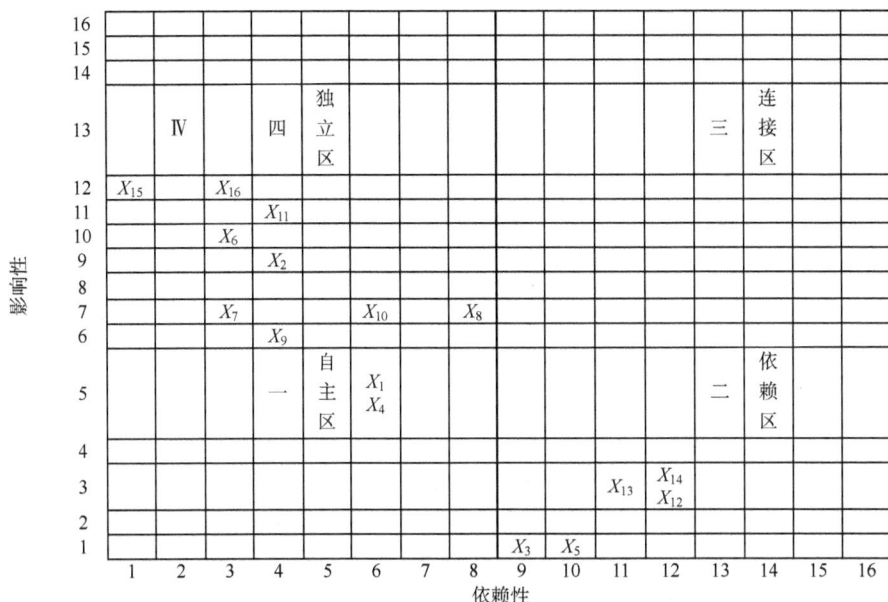

图 5.2　基于低碳经济的我国节能减排影响因素作用路径分析图

节能减排措施。③Ⅰ层级的因素都落在依赖区，这说明X_3、X_5、X_{12}、X_{13}、X_{14}属于效果类因素，这五个因素发挥作用时，具有较强的依赖性，在制定节能减排政策和措施时需要充分了解和挖掘更深层次原因，并综合考虑多方面因素。④Ⅴ、Ⅵ层级的因素落在独立区，说明X_2、X_6、X_{11}、X_{15}、X_{16}是主要影响因素，这些因素是起到关键作用的决定性因素，同时他们对系统的辐射影响作用在很大程度上能抑制其他因素对系统的影响作用，带动这些因素趋于利好方向，对于整个系统来说起到巨大推动作用。

第6章 基于低碳经济的我国节能减排绩效评价

能源和环境约束对我国低碳经济发展具有十分重要的意义。长期以来我国的经济增长以粗放式为主，经济的高速增长具有明显的高投资、高能耗和高排放基础上的"高碳"特征，如果没有TFP的持续增长，边际报酬递减规律必将使这种要素驱动型的增长无法长期维持。因此，本章在评估资源约束环境污染对经济增长和能源排放在经济发展中的作用的基础上，全面评价节能减排的绩效，为节能减排政策的制定和实施提供支持。

我国政府早在1980年就明确提出能源节约政策，随着20世纪90年代可持续发展概念的提出，我国政府下决心进行环境治理，关停并转了大量能源和排放密集型中小企业，这导致我国工业单位产值和二氧化碳绝对排放量首次出现大幅下降；2006年国家"十一五"发展规划中首次提出降低能源强度的约束性指标。本章重点分析了我国能源效率和碳排放变化趋势，从而对基于低碳经济的我国节能减排绩效进行评价。

6.1 基于低碳经济的节能减排绩效评价体系构建

6.1.1 基于低碳经济的节能减排绩效评价体系构建原则

从低碳经济的视角出发，构建节能减排绩效评价体系，将涉及经济、能源和环境多方面因素，因此在构建评价体系时，应遵循必要的原则，从而实现综合、全面、动态的绩效评价目标。

1. 科学性原则

我国节能减排绩效主要通过定量分析和定性分析进行评价。定量分析是通过制定科学的评价体系，运用翔实的统计数据，按照合理的程序，运用数学工具建立评价模型，进行绩效评价。定性分析主要依靠评价者主观经验，结合多方面的因素，对评价对象的性状特点等方面进行主观评价。定性分析和定量分析在绩效评价中互相作用，缺一不可。

2. 完备性原则

我国节能减排绩效评价包括内部评价和外部评价两部分。要实现评价体系的完备性就需要将内部评价与外部评价结合起来，以期全方位、多角度地进行评价。内部评价就是由实施节能减排的企业进行评价，由于企业是节能减排具体执行方，因此其参与绩效评价具有一定的优势。但同时由于受到局部利益影响，在评价时企业往往会忽略负面因素，淡化负面影响，无法做出客观、公正的评价。外部评价就是由第三方独立机构进行评价，这样的专业机构具有丰富的实践经验、较高的专业技术水平，对节能减排绩效评价的结果更加客观。但是，第三方进行评价时，缺乏对节能减排具体项目系统、全面的了解，获取数据资料存在一定困难。因此，难以从节能减排的各个方面得出客观结论。

3. 可操作性原则

可操作性是指所设计的绩效评价体系应具有便于测量、便于比较和便于控制的特征。进行节能减排绩效评价既要从研究的目的和需要出发，又要考虑具体操作过程中数学建模的复杂性和数据的可得性。因此，绩效评价体系应简明清晰、容易操作、便于实现。所设计的绩效评价体系要既能在统计数据的基础上通过科学方法聚合生成，又能在不同时间和区域广泛适用，同时该体系也应具有一定的稳定性，其绩效结果能通过采取必要的措施而得到提升。

6.1.2　基于低碳经济的节能减排绩效评价体系构建过程

在考虑低碳经济的节能减排绩效评价体系时，需要将发展低碳经济的具体要求纳入考核中，同时也要考虑节能减排的效果，因此节能减排绩效评价体系所需考察的内容较多。本节将从能源效率和碳排放两方面进行研究，具体流程如图6.1所示。

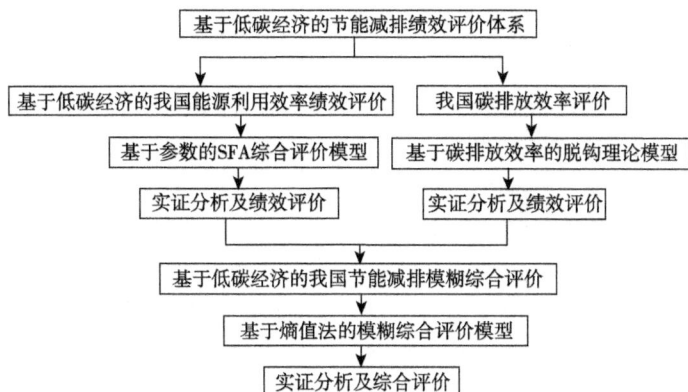

图 6.1　基于低碳经济的我国节能减排绩效评价体系

6.2　我国能源效率评价

6.2.1　全要素能源效率研究

针对能源效率问题，国内外学者已进行大量的研究，主要研究集中在对能源效率的影响因素分析与该因素对能源效率的影响作用的测量及相关方面。其中，又分为单要素研究和全要素研究两大流派。

早期的能源效率影响因素研究主要是单要素研究。Patterson通过对能源效率的定义及各种指标进行详细阐述，使用国际上较为流行的单要素能源效率指标，即产生单位GDP所消耗的能源，来考量能源消费与GDP产出的关系[210]。蒋金荷通过对单要素能源效率与经济结构关系的研究提出相应对策[211]。吴巧生和成金华则将计量模型引入我国工业化与能源消费关系的测量中[212]。史丹考察了我国不同地区能源效率的差异情况，对能源效率赋予了新的含义，同时评价了各地区的减排潜能，最后研究了能源消费结构、能源效率、人均GDP、产业结构及资源禀赋之间的关系[213]。齐志新等研究工业结构变化对能源效率的影响[214]。尹宗成等重点研究FDI、人力资本与科技研发三者对能源效率的影响[215]。樊茂清等研究技术改造、引入替代要素及对外贸易对能源强度的影响[216]。杨中东研究经济周期波动与重工业化发展对我国制造业能源效率的影响[217]。陈军、成金华从内生理论和人文化与能源效率相结合的新视角对我国能源利用问题提出解决对策[218]。杨继生通过比较国内外能源相对价格差异，研究其对能源效率的影响[219]。夏炎等将生产能耗综合指数作为测量能源效率的指标，对我国能源效率进行测量[220]。单要素能源效率的优点是指标计算简单、便捷，缺点是不能表达可以代替能源的其他要素所产生的效果，因而忽略了其他影响能源效率的因素。

目前更多的学者则将全要素能源效率作为研究指标，来考虑能源效率问题。Hu和Wang首先使用全要素能源效率指标研究了我国能源效率问题[221]。魏楚、沈满洪采用DEA方法对我国的能源效率和影响因素进行分析，针对能源结构调整对能源效率的改善问题进行研究，并采用我国省际面板数据进行实证分析[222, 223]。曾胜和黄登仕则采用1980~2007年的数据对我国能源消费与经济增长和能源效率的关系进行实证分析[224]。李国璋和霍宗杰重点考察了我国全要素能源效率及其收敛性[225]。然而，虽然已将其他生产要素纳入指标进行综合考量，但是大多数研究仍将劳动和资本两种生产要素作为一种生产要素直接纳入所采用的模型进行计算，导致测算出的全要素效率值无法真实体现能源的作用。

此外，在研究方法上，国内外学者大多数仍沿用传统的DEA方法，在考量能源效率时，如果对环境污染因素排除不计，那么我们所研究的能源效率在我国经济可持续发展与节能减排的大环境下并不具备参考价值，并且在这种条件下计算得出的能源效率也不够准确[226]。国内学者在对能源效率进行研究时，把二氧化碳等环境污染因素加入DEA模型进行综合计算，并通过适当调整得出环境约束下的能源效率，从而使评价更具科学性[227]。但是这种将污染物作为一种投入，或取其倒数纳入计算模型，将其转换成"合意的产出"的方法，与实际生产过程背离，无法全面衡量能源效率。

本章的研究从以下两个方面有所创新：①运用基于参数的SFA方法测试2004~2014年环境约束下的我国区域全要素能源效率；②引入能源污染综合指数，用于衡量能源污染在我国各省经济发展过程中对环境的影响。

6.2.2　随机前沿分析评价模型

根据Aigner等[228]、Meeusen和van den Broeck[229]的研究成果，随机前沿分析评价模型的一般形式为

$$y_{it} = f\left(x_{it}; \beta\right) \times \exp\left(v_{it} - u_{it}\right) \tag{6.1}$$

其中，y为产出；$f(\cdot)$为生产边界；x为投入；β为估计参数。误差项为u、v，v为随机干扰项，服从$N\left(0, \sigma_V^2\right)$分布；$u \geq 0$，为个体产生的效果，含义是技术非效率项。Battese和Coelli[230]提出假设，u服从$N\left(u, \sigma_u^2\right)$，也就是非负截尾正态分布，即

$$u_{it} = \exp\left|-\eta \times (t - T)\right| \times u_i \tag{6.2}$$

其中，η为u对时间变量影响所做出的反应，$\eta > 0, \eta = 0$，$\eta < 0$分别表示递增、不变和递减反应，且v、u二者相互独立。

用TE来表示技术效率，具体表达的含义是实际产出与边界产出二者期望的比值，表达式为

$$TE_{it} = \exp(-u_{it}) \tag{6.3}$$

u与TE之间关系见表6.1。

表 6.1　u 与 TE 的关系表

$u=0$	TE=1	生产单元处于生产边界上，称为技术有效
$u>0$	TE<1	表示生产单元处于生产边界下方，称为技术无效，即存在技术非效率

Battese和Coelli推出了BC模型，该模型对计算个体技术效率做了深入的研究，并以此为平台，提升了分析技术非效率的影响因素的能力[230]。Battese和Coelli在改进的BC模型中，提出了技术非效率u服从非$N\left(m_{it}, \sigma_{2u}\right)$、各种影响因素为$m$这两个假设前提，表达式为

$$m_{it} = \delta_0 + \boldsymbol{\delta} \times Z_{it} \tag{6.4}$$

其中，δ_0为常数；Z_{it}为技术非效率产生影响的因素；$\boldsymbol{\delta}$为Z_{it}的系数向量。当某个

因素对TE有正向影响时，$\delta<0$，可以促进技术水平的提升，反之则有负向影响，对技术水平有抑制作用，见表6.1。

6.2.3　数据及变量说明

本节选取的数据均来源于近十年的《中国统计年鉴》《中国能源统计年鉴》《中国环境统计年鉴》《中国工业经济统计年鉴》以及中国资讯行数据库。考虑到数据的可获得性，本节以我国30个省（自治区、直辖市）为研究对象选取各省（自治区、直辖市）规模以上的工业企业的相关数据（由于西藏数据不全，未列入分析范围），由于某些省份存在部分数据不详现象，根据学者们研究的习惯做法，将该数据的前一期与后一期的数据取平均数作为当期的数据。文中使用的投入产出变量具体内容如下。

（1）合意产出。本书选取2004~2014年开始的各省份GDP数值。

（2）非合意产出。综合以往文献资料发现，学者们在进行研究时对非合意产出值的确定所选用的指标往往不同。何文强、汪明星在进行非合意产出时，将工业废气纳入核算[231]。袁晓玲等在研究时提出，把二氧化硫、工业三废等六种排放物综合计算成一个污染排放指数纳入核算[227]；本书认为能源消耗过程中的主要污染排放物是二氧化碳与二氧化硫，因此我们将这两个污染排放物纳入非合意产出进行计算。

（3）能源投入。考虑到不同省份的能源消费结构有显著的差异，采用能源折算系数将不同省份的各种能源消耗量折算成能源消费总量。

（4）劳动投入。在查阅大量文献的基础上发现，劳动力素质可以用受教育年限这一指标来衡量[231, 232]。理论上，必要劳动时间无疑是衡量劳动生产率的首选指标，我们考虑到这一指标数据不全，会影响到综合计算，因此选取从业人员数这一指标来衡量劳动力投入。

（5）资本投入。本节采用大多数文献通用的"永续盘存法"估算各省的实际资本存量，公式为

$$k_{it} = I_{it} + (1-\delta_i)k_{it-1} \qquad (6.5)$$

其中，k_{it}为资本存量；i为地区；t为第t年；I_{it}为投资；δ_i为i地区第t年的固定资产折旧率。本节借鉴张军等的研究成果选择固定资本形成总额作为当年投资指标[233]。

6.2.4　实证结果及数据分析

本节在生产函数的选择上，采用较为常用的对数型柯布-道格拉斯生产函数，基于样本数据，运用参数的SFA方法测算了2004~2014年我国各省份的全要素能源效率。表6.2是2004~2014年我国30个省（自治区、直辖市）的全要素能源效率。

表 6.2　2004~2014 年我国 30 个省（自治区、直辖市）的全要素能源效率

年份	2004	2005	2006	2007	2008	2009	2010	2011	2012	2013	2014	均值
北京	1.000 0	0.970 8	0.958 8	0.963 4	1.000 0	0.964 4	0.949 2	1.000 0	0.933 7	0.948 5	1.000 0	0.971 7
天津	1.000 0	0.892 1	0.856 6	0.835 4	0.851 6	1.000 0	0.744 1	1.000 0	0.785 2	0.857 4	0.762 3	0.871 3
河北	0.756 8	0.712 5	0.685 1	0.669 2	0.631 2	0.600 2	0.586 6	0.752 3	0.541 2	0.611 2	0.562 2	0.646 2
山西	0.952 3	0.908 4	0.831 6	0.751 1	0.685 5	0.684 4	0.785 2	0.652 3	0.585 1	0.698 5	0.618 5	0.741 2
内蒙古	0.652 4	0.865 1	0.752 1	0.841 5	0.762 5	0.951 4	0.854 7	0.765 8	0.758 9	0.825 1	0.847 1	0.807 0
辽宁	0.741 2	0.752 6	0.851 4	0.846 2	0.952 4	0.752 1	0.741 6	0.685 2	0.752 3	0.795 3	0.689 5	0.778 2
吉林	1.000 0	1.000 0	0.851 4	0.874 1	0.802 6	0.775 8	0.832 9	0.857 7	0.685 2	0.869 5	0.754 1	0.845 8
黑龙江	1.000 0	1.000 0	0.875 6	0.965 8	0.685 4	0.745 8	0.693 2	0.845 9	0.756 9	0.854 7	0.965 8	0.853 6
上海	1.000 0	0.856 9	0.758 6	1.000 0	0.875 2	1.000 0	0.862 5	0.795 8	0.985 4	0.841 2	1.000 0	0.906 9
江苏	1.000 0	1.000 0	0.865 4	0.936 2	0.905 8	0.926 4	0.925 8	0.914 7	0.895 8	0.895 2	1.000 0	0.933 2
浙江	1.000 0	0.965 8	0.896 5	0.875 6	0.941 2	0.963 2	0.875 2	0.945 6	0.854 9	0.942 1	0.912 5	0.924 8
安徽	0.752 1	0.762 3	0.852 1	0.741 2	0.798 5	0.691 6	0.682 3	0.745 8	0.685 2	0.742 5	0.632 1	0.735 1
福建	0.866 5	1.000 0	0.854 1	0.985 2	0.912 5	0.920 4	0.935 1	0.921 4	0.921 5	0.896 3	0.963 2	0.925 1
江西	0.896 3	0.836 5	0.841 4	0.819 5	0.752 1	0.785 2	0.841 2	0.852 1	0.756 9	0.863 2	0.852 1	0.827 0
山东	1.000 0	0.952 1	0.948 5	1.000 0	1.000 0	0.941 5	0.985 2	0.957 4	0.925 8	0.985 4	1.000 0	0.972 4
河南	0.852 1	0.796 2	0.632 5	0.852 1	0.857 4	0.795 8	0.785 4	0.741 2	0.821 2	0.753 2	0.796 2	0.789 4
湖北	1.000 0	0.785 2	0.841 5	0.795 2	0.763 2	0.741 5	0.785 2	0.841 2	0.752 1	0.875 4	0.785 2	0.815 1
湖南	0.847 1	0.862 3	0.895 2	0.821 3	1.000 0	0.752 1	0.785 2	0.795 1	0.852 1	0.865 9	0.862 3	0.842 6
广东	1.0000	0.854 1	0.789 6	0.854 2	0.863 2	0.951 4	0.852 4	0.712 5	0.856 3	0.871 6	0.841 7	0.858 7
广西	0.758 9	0.852 4	0.963 2	0.974 1	0.874 1	0.854 7	0.862 5	0.912 5	0.921 4	0.974 2	0.941 5	0.899 0
海南	0.856 7	0.861 4	0.874 1	0.921 2	0.951 4	0.958 7	0.952 8	0.926 5	0.987 4	0.935 5	1.000 0	0.929 6
重庆	0.776 8	0.852 4	0.752 8	0.785 4	0.796 3	0.715 8	0.723 6	0.795 2	0.752 1	0.769 8	0.753 2	0.770 3
四川	0.852 1	0.751 2	0.862 3	0.847 1	0.861 9	0.872 3	0.855 2	0.875 3	0.896 6	0.896 7	0.793 1	0.850 9
贵州	0.680 5	0.692 7	0.537 9	0.582 1	0.698 4	0.663 5	0.458 1	0.675 8	0.368 4	0.652 8	0.671 9	0.607 5
云南	0.669 4	0.758 1	0.714 2	0.702 5	0.621 4	0.582 1	0.820 1	0.495 8	0.498 7	0.698 7	0.522 8	0.644 0
陕西	0.692 5	0.823 7	0.802 5	0.698 4	0.524 7	0.678 7	0.712 2	0.612 8	0.654 1	0.647 8	0.632 2	0.680 0
甘肃	0.658 4	0.780 7	0.769 6	0.723 5	0.681 0	0.619 8	0.588 7	0.598 7	0.554 1	0.635 8	0.568 9	0.652 7
青海	0.754 8	0.712 5	0.658 2	0.694 1	0.758 4	0.695 2	0.782 8	0.659 8	0.625 4	0.758 4	0.771 3	0.715 5

年份	2004	2005	2006	2007	2008	2009	2010	2011	2012	2013	2014	均值
宁夏	0.412 5	0.485 6	0.478 5	0.496 3	0.472 5	0.465 0	0.478 9	0.452 3	0.412 5	0.489 6	0.496 1	0.467 3
新疆	0.574 7	0.602 6	0.568 8	0.555 1	0.578 9	0.523 5	0.632 5	0.594 2	0.581 2	0.518 3	0.525 8	0.568 7
平均	0.833 5	0.831 6	0.794 0	0.813 5	0.795 3	0.785 8	0.776 4	0.779 4	0.745 3	0.799 0	0.784 1	0.794 3

就全国平均数据分析，情况不容乐观。我国2004~2014年的全要素能源效率平均为0.7968，说明在劳动力和资本投入不变的前提下，我国能源效率仍有一定的提升空间。历年变化趋势表明，全国全要素能源效率始终处于小幅下降的趋势，尽管中间有微小幅度的增加，但并未保持上升态势，反而继续走低，说明我国整体能源消耗状况仍处在高能耗、低产出的粗放型经济发展阶段。节能减排的压力之大，可见一斑。

从地域划分来看，由于研究方法和指标选取的不同，2004~2014年各地区全要素能源效率的平均值从高到低依次为0.885 4（东部沿海地区）、0.793 2（中部地区）、0.764 7（东北地区）、0.835 8（西部地区），这与杨万平和袁晓玲[234]的结论不一致。

样本期间四大板块区域的变化趋势也有所不同。首先，东部沿海地区和中部地区的全要素能源效率以2011年为转折点经历了先降后增的过程，而东北地区和西部地区则始终处于平稳下降的状态。一方面表明在2011年，经济增速放缓、能源需求减少，同时国家出台"十二五"规划纲要加大节能减排力度，使我国东北沿海地区和中部地区的全要素能源效率一路走低的趋势在2011年出现拐点，后逐渐小幅上升；另一方面表明在"西部大开发"和"振兴东北老工业基地"的政策扶持下，东北和西部地区的基础设施建设投入持续增加，重工业稳步发展，石油、建材等重化工业加速发展，进而导致所在地区能耗和污染物排放不断增长。

具体从各省（自治区、直辖市）来看，结果表明2004年有三分之一的省（自治区、直辖市）达到了生产边界，到2014年却仅剩六分之一的省（自治区、直辖市）达到生产边界，充分说明我国21世纪初全要素能源效率不断下降的事实，这与王兵等[235]的结论相一致。由于处理方法选取的不同，仅有北京、天津在2011年达到了生产边界，这与曾贤刚[236]得出的结果有部分偏差，奥运会的召开使上述两地的环境治理力度加大，节能减排效果明显。同时，吉林、黑龙江、上海、江苏、浙江、山东、广东、湖北和海南这9个省（自治区、直辖市）某些年份的效率平均值超过了0.83，出现在生产边界上，与其他省（自治区、直辖市）相比全要素能源效率相对较高，平均值最低的是宁夏仅为0.465 0，且历年均排名靠后。值得关注的是能源大省山西位居中流，这也从侧面反映出山西省自然资源的优势并没有被充分发挥，能源综合利用技术和节能减排能力有待提高。

6.2.5　环境约束下的能源综合污染指数

本节将能源综合污染指数（energy comprehensive pollution index，ECPI）定义为每消耗单位能量，所产生的综合污染物。其中的污染物主要包括废气、废水、工业烟尘、工业粉尘，以及固体废物。ECPI综合表征区域经济发展过程中能源消耗对环境污染的影响水平，ECPI值越大，该地区经济发展中环境污染程度越高；ECPI值越低则环境污染程度越低。运用转换市场化指数的方法，将上述单个污染物指标转换为综合污染指数。采用因子分析（factor analysis）抽取数据，使用主成分分析法确定各因子权重从而得出ECPI。采用主成分分析法能发挥其客观性的优势，即由数据自身特征确定权重而不是根据人为主观判断确定权重。在具体计算过程中，对全部数据都进行了巴特利特球体检验，零假设为全部有关矩阵都为相关矩阵，并且所选取的数据均在显著性为1%的水平上拒绝了零假设。数据处理后得出的结果显示，所选数据均可以做因子分析。在因子个数的确定上，选取了累计方差贡献率超过85%（包括85%）的因子。在选取因子（u_i）个数之后，结合本书的研究目的，将数据全部在[0,1]之间进行取值，根据式（6.6）进行计算。

$$ECPI_i = u_i \times 0.3 + 0.7 \tag{6.6}$$

通过计算得出ECPI，见表6.3。

表 6.3　2004~2014 年我国 30 个省（自治区、直辖市）的能源综合污染指数

年份	2004	2005	2006	2007	2008	2009	2010	2011	2012	2013	2014	均值
北京	0.45	0.48	0.44	0.43	0.43	0.42	0.43	0.40	0.43	0.37	0.38	0.42
天津	0.53	0.55	0.58	0.54	0.62	0.66	0.56	0.55	0.64	0.62	0.63	0.59
河北	0.50	0.53	0.52	0.49	0.56·	0.53	0.52	0.50	0.62	0.62	0.53	0.54
山西	0.63	0.65	0.78	0.70	0.62	0.71	0.69	0.60	0.65	0.63	0.65	0.66
内蒙古	0.68	0.65	0.60	0.63	0.64	0.68	0.62	0.81	0.69	0.73	0.70	0.68
辽宁	0.60	0.60	0.64	0.54	0.55	0.51	0.55	0.54	0.51	0.51	0.59	0.56
吉林	0.71	0.68	0.59	0.61	0.57	0.56	0.58	0.56	0.61	0.58	0.62	0.61
黑龙江	0.69	0.74	0.62	0.60	0.71	0.68	0.70	0.62	0.69	0.70	0.77	0.68
上海	0.51	0.52	0.52	0.55	0.49	0.47	0.49	0.46	0.45	0.43	0.45	0.49
江苏	0.48	0.51	0.53	0.50	0.46	0.51	0.53	0.51	0.53	0.50	0.52	0.51
浙江	0.53	0.49	0.59	0.43	0.49	0.47	0.49	0.54	0.46	0.49	0.50	0.50
安徽	0.57	0.64	0.59	0.68	0.59	0.57	0.54	0.53	0.57	0.58	0.57	0.58
福建	0.52	0.50	0.54	0.53	0.52	0.48	0.51	0.49	0.54	0.54	0.53	0.52
江西	0.58	0.60	0.57	0.48	0.63	0.69	0.68	0.63	0.62	0.63	0.60	0.61

年份	2004	2005	2006	2007	2008	2009	2010	2011	2012	2013	2014	均值
山东	0.46	0.54	0.50	0.49	0.53	0.54	0.58	0.54	0.55	0.56	0.54	0.53
河南	0.53	0.63	0.61	0.58	0.55	0.59	0.62	0.57	0.60	0.59	0.58	0.59
湖北	0.49	0.54	0.52	0.49	0.56	0.63	0.53	0.51	0.61	0.62	0.61	0.56
湖南	0.63	0.62	0.64	0.63	0.69	0.66	0.60	0.58	0.59	0.60	0.62	0.62
广东	0.50	0.48	0.54	0.58	0.55	0.58	0.53	0.51	0.56	0.55	0.56	0.54
广西	0.58	0.53	0.62	0.53	0.52	0.54	0.49	0.49	0.63	0.67	0.69	0.60
海南	0.60	0.61	0.64	0.56	0.54	0.53	0.53	0.50	0.53	0.52	0.53	0.55
重庆	0.52	0.61	0.55	0.67	0.55	0.59	0.55	0.53	0.59	0.64	0.63	0.59
四川	0.46	0.51	0.49	0.53	0.71	0.56	0.64	0.62	0.55	0.64	0.65	0.58
贵州	0.81	0.89	0.85	0.86	0.80	0.82	0.81	0.66	0.83	0.78	0.74	0.80
云南	0.54	0.57	0.54	0.62	0.56	0.57	0.55	0.53	0.54	0.55	0.56	0.56
陕西	0.69	0.60	0.67	0.65	0.64	0.62	0.59	0.58	0.55	0.49	0.52	0.60
甘肃	0.66	0.67	0.64	0.64	0.61	0.66	0.63	0.60	0.63	0.63	0.64	0.64
青海	0.85	0.74	0.70	0.77	0.68	0.72	0.73	0.67	0.75	0.71	0.72	0.73
宁夏	0.67	0.68	0.75	0.81	0.71	0.72	0.70	0.64	0.74	0.69	0.68	0.71
新疆	0.81	0.66	0.68	0.65	0.56	0.63	0.86	0.67	0.67	0.68	0.70	0.69

　　表6.3表明，2004~2014年ECPI均值榜上排名前十的省份分别为贵州、青海、宁夏、新疆、黑龙江、内蒙古、山西、甘肃、湖南、江西；不难发现上述十个省份均处于我国东北、西北、西南地区。对于西部地区的省份来说，历史和地理因素的综合作用，使其经济发展水平较为落后，环境污染物的排放未能得到有效控制，导致生态环境比较脆弱。而黑龙江、吉林这些位于东北的省份虽然具有较好的自然资源条件，但是由于仍处于经济粗放式发展阶段，在消耗等量能源的情况下，产生更多的污染物。环境污染的治理未能发挥应有作用，能源效率不高。值得引起关注的是，自2011年起25个省（自治区、直辖市）的ECPI开始下降，表明全球金融危机对我国经济发展产生了一定的影响，进而抑制了能源消耗，使得ECPI出现下降趋势。然而这并不是技术进步和生产效率提高所引发ECPI减少，故随着全球经济复苏，我国经济也开始呈上升趋势，ECPI又会有所反弹。

6.3　我国碳排放效率评价

6.3.1　基于碳排放效率的脱钩理论模型

　　脱钩理论是一种衍生理论，以资源消耗与污染物排放降低量为基础，研究对象是环境污染与经济发展两者之间的定量关系，并对数据进行横向比较，用一种简便直观的定量方式将我国的污染物排放量对经济发展的影响表示出来，为研究我国经济增长与碳排量之间的关系指出了新的方向。脱钩描述的是经济发展与环境污染之间的一种分离状态；相对脱钩指的是经济增长速度要大于环境污染的增长速度；绝对脱钩指的是当经济持续增长时，环境污染增长稳定且缓慢甚至呈下降趋势，与其他同类研究方法相比，脱钩理论在研究经济发展与碳排放之间的关系时可以在历史趋势分析的基础上进行愿景探究，因为它更多考虑的是经济发展的时间序列与碳排放之间的关系，同时能够适当地针对我国目前国情提出碳减排目标，对我国的经济发展更具有指导意义。我国近几年一直在进行低碳建设，在管理、技术及政策等方面进行了全面指导，旨在实现碳排放与经济增长的绝对脱钩。

本节针对我国5个首批低碳试点省的碳排放绩效进行研究，采用脱钩理论探讨了碳排放与经济发展的关系。IPCC撰写的各国温室气体清单指出，全球气候温室气体排放中二氧化碳最为重要，从IPCC报告中可以得知，二氧化碳的主要来源有工业生产、能源消耗、废弃物发酵、燃料消费、农林土地使用等，其中，在工业国家能源消耗产生的二氧化碳排放量达到了二氧化碳总排放量的90%以上，因此能源消耗成为碳排放的首要排放形式，在以上分析的基础上，我们选用能够更为准确地表达研究意义的能源消耗产生的碳排放量取代地区碳排放量进行研究。

IPCC报告指出碳排放的计算方式主要有三种：第一，将所有不同类型的能源消费部门按照从下到上的方法进行排列，然后分类计算；第二，取消默认的按照排放因子进行分类的部门算法，采用实测地区与相关行业的排放因子进行分类的部门算法；第三，以能源消耗的统计数据为基础，采用从上到下的方式先计算能源表观消费量，然后再深入衡量碳排放量。尽管有以上多种方法可以测算碳排放量，但是受数据可获得性的限制，我国目前大部分碳排放研究中所使用的计算方法都是以能源静观消费量为基础的[237~239]。排除数据的可获得性，采用基于表观消费量的这种计算方法可以对能源进行分类，然后计算各类能源的热值、碳氧化率及排放因子，因此能够更为精准地计算碳排放量：

$$E_{CO_2} = \sum_{hi} \left(E_i \cdot V_i \cdot F_i \cdot O_i \right) 44/12 \tag{6.7}$$

其中，E_{CO_2} 为二氧化碳排放总量；V_i 为第 i 种能源的低位热值；E_i 为第 i 种能源的表观消费量；O_i 为第 i 种能源的氧化率；F_i 为第 i 种能源的碳排放因子。

数据来自2000~2014年共15年的《中国能源统计年鉴》，但是我国的能源统计数据都采用的是能源的终端计算量，并不包含碳排放产生过程中的发电及供热，所以我们需要对原始数据进行修正，将供热及发电时所产生的能源消耗计入消费能量，并将非燃料消耗的能源排除：

$$E_i = E_{fi} + E_{hi} + E_{ti} - E_{mi} \tag{6.8}$$

其中，E_{mi}为第i种能源的非燃料消耗能源量；E_{ti}为第i种能源的发电产生能源消费量；E_{hi}为第i种能源的发热产生能源消耗量；E_{fi}为第i种能源的终端消费量；E_i为第i种能源的表观消费量。根据《中国能源统计年鉴》确定能源低位热值V_i；根据IPCC中的默认因子确定碳排放因子F_i。我们的假设前提是$O_i=1$，就是说燃料全部完全燃烧。

6.3.2　脱钩分析

根据脱钩理论，用脱钩指数来判别脱钩状态，并按照经济合作与发展组织（Organization for Economic Co-operation and Development，OECD）提出的脱钩方法定义，对所有数据都进行归一化处理：

$$Y_i = E_i / E_1 \tag{6.9}$$

$$G_i = GDP_i / GDP_1 \tag{6.10}$$

其中，E_1与E_i分别为第一年与最后一年的碳排量；GDP_1与GDP_i分别为第一年与最后一年的GDP值。然后，定义脱钩指数为

$$D_i = (Y_i - 1) / (G_i - 1) \tag{6.11}$$

依照脱钩理论，根据脱钩指数的不同可分为未脱钩与脱钩两种状态，可以将其进一步细化为弱脱钩、强脱钩、负脱钩等多种状态。本节对脱钩类型的划分是按照王兵和刘光天[240]、陆钟武等[241]的划分方式，从强脱钩到衰退脱钩依次划分6种状态。这6种状态从强到衰退表示经济增长和碳排放总量逐渐从理想状态转化到关系恶化的悲观状态，从强脱钩到弱脱钩是从可持续发展状态到还算乐观的状态，剩下的状态都是不能持续发展的状态，本书的研究框架设计是以经济的持续增长为前提的，当D_i值越小这种状态越适合经济的可持续增长。

6.3.3　研究结果及分析

参考2000~2014年的《中国能源统计年鉴》及《中国统计年鉴》，选用IPCC排放因子，依据式（6.7）、式（6.8）计算5个低碳试点省能源消费的碳排放量（表6.4）。按照式（6.9）~式（6.11），核算2000~2014年5个低碳试点省的脱钩指数（D_i）见表6.5。

表 6.4　2000~2014 年部分年份低碳试点省份能源碳排放核算

年份	2000	2002	2004	2006	2008	2010	2012	2014
辽宁	27 239	26 605	24 456	24 548	30 330	34 365	43 608	44 320
陕西	8 026	7 673	6 724	6 760	8 532	11 941	15 561	17 505
湖北	16 976	17 396	17 531	16 992	20 477	23 677	29 106	29 405
广东	19 522	20 408	22 355	25 023	29 624	38 514	45 439	46 570
云南	5 785	6 698	6 253	6 995	9 940	14 616	17 362	17 530

表 6.5　2000~2014 年部分年份低碳试点省份脱钩判别

年份	2000	2002	2004	2006	2008	2010	2012	2014
辽宁	-0.33 强脱钩	-0.27 强脱钩	0.02 弱脱钩	0.01 弱脱钩	0.21 弱脱钩	0.26 弱脱钩	0.33 弱脱钩	0.18 弱脱钩
陕西	0.38 弱脱钩	0.33 强脱钩	-0.35 强脱钩	0.03 弱脱钩	0.06 弱脱钩	0.30 弱脱钩	0.33 弱脱钩	0.32 弱脱钩
湖北	-0.59 强脱钩	-0.04 强脱钩	0.06 弱脱钩	0.21 弱脱钩	0.30 弱脱钩	0.30 弱脱钩	0.36 强脱钩	0.30 弱脱钩
广东	0.50 弱脱钩	0.35 弱脱钩	0.45 弱脱钩	0.46 弱脱钩	0.49 弱脱钩	0.54 弱脱钩	0.49 弱脱钩	0.45 弱脱钩
云南	0.50 弱脱钩	0.38 弱脱钩	0.20 弱脱钩	0.60 弱脱钩	0.81 弱脱钩	0.89 弱脱钩	0.75 弱脱钩	0.60 弱脱钩

由表6.5可知，总体上碳排放与经济发展呈现弱脱钩状态，碳排放绩效也就是经济增长和碳排放总量的关系较为乐观，中国5个低碳试点省15年间增长比率直线上升，与起始年份相比增加了1倍。根据上面从脱钩指标的角度进行的判断来看，GDP增长速度大大超出碳排放量的上升速度。所以，在我们的研究年限期间内5个低碳试点省全部为弱脱钩状态，但辽宁、陕西、湖北三省先呈现强脱钩趋势，随着碳排放量增速的不断提高转为弱脱钩。从起始年开始D_i值的逐渐变大说明了碳排放的增长速度要快于经济增长速度，到2012年D_i值逐渐变小又显示了碳排放增长速度有所减缓，意味着我国的节能减排取得了一定的成绩。

6.4　基于低碳经济的节能减排模糊综合评价分析

6.2节和6.3节对我国30个省（自治区、直辖市）的能源效率以及碳排放效率进行了绩效评价，本节在此基础上，选取我国2010~2014年30个省（自治区、直辖市）基于低碳经济的节能减排数据，结合第5章节能减排影响因素层级分析，采用熵值权重模糊综合评价法，建立评价指标体系进行综合评价分析，使得研究更加全面科学。

6.4.1　基于低碳经济的节能减排绩效指标体系建立

根据第5章对节能减排影响因素的层级结构分析，本书将节能减排绩效定为一级指标，再对一级指标进行细分，经过筛选得出二级指标为能源节约、二氧化碳减排、经济社会发展水平。低碳经济下节能减排绩效指标体系及衡量尺度如表6.6所示。

表 6.6　低碳经济下节能减排绩效指标体系及衡量尺度

一级指标	二级指标	三级指标	四级指标	单位	备注
节能减排绩效 A	能源节约 B_1	能源节约现状 C_1	单位GDP能耗 D_1	吨标准煤/万元	能耗为2014年实际值

一级指标	二级指标	三级指标	四级指标	单位	备注
节能减排绩效 A	能源节约 B_1	能源节约现状 C_1	单位工业增加值能耗 D_2	吨标准煤/万元	能耗为 2014 年实际值
		能源节约效果 C_2	单位 GDP 能耗降低率 D_3	%	能耗降低率以 2013 年为基准年的累积降低率，其数值"+"表示降低，"−"表示提高
			单位工业增加值能耗降低率 D_4	%	
	CO_2 减排 B_2	CO_2 减排现状 C_3	单位 GDP CO_2 排放量 D_5	吨/万元	CO_2 排放量为 2014 年实际排放量
			单位工业增加值 CO_2 排放量 D_6	吨/万元	
		CO_2 减排效果 C_4	单位 GDP CO_2 排放降低率 D_7	%	CO_2 降低率为以 2013 年为基准年的累积降低率，其值"+"表示降低，"−"表示提高
			单位工业增加值 CO_2 排放降低率 D_8	%	
	经济社会发展与环境治理 B_3	经济社会发展水平 C_5	人均 GDP D_9	万元	指标均以 2014 年实际值为准
			人均居民可支配收入 D_{10}	万元	
			人均能源消费量 D_{11}	千克标准煤	
		环境治理 C_6	环保投入 D_{12}	万元	
			废气治理设施数 D_{13}	套	
			关闭小化工企业数 D_{14}	个	
			绿色等级企业所占比例 D_{15}	%	

6.4.2 权重的确定

为更加客观真实地反映数据本身数值，避免主观因素的影响，本节指标权重的确定采用的是熵值法。

1. 数据处理与熵值计算

（1）根据研究的需要，本节所选取数据的单位不同，为了避免研究结果受不同量纲的影响，对数据进行无量纲化处理。根据本节所选取的研究指标，将这些指标分为小优指标与大优指标两类。无量纲化处理如下：

$$y_{ij} = \frac{k_{ij} - \min k_{ij}}{\max k_{ij} - \min k_{ij}} \text{（小优处理）}$$

$$y_{ij} = \frac{\max k_{ij} - k_{ij}}{\max k_{ij} - \min k_{ij}} (\text{大优处理})$$

其中，y_{ij} 为指标经济处理后的取值；k_{ij} 为第 i 个省（自治区、直辖市）的第 j 个指标 $(i = 1, 2, \cdots, 30; \ j = 1, 2, \cdots, 15)$，原始数据见附表1。

（2）原始数据经过处理之后，便可进行熵值计算：

$$m_j = -\frac{1}{\ln n} \sum_{i=1}^{n} \frac{y_{ij}}{\sum\limits_{i=1}^{n} y_{ij}} \ln \frac{y_{ij}}{\sum\limits_{i=1}^{n} y_{ij}}$$

其中，m_j 为第 j 项处理后指标计算得出的熵值；$n=30$，本节选取我国30个省（自治区、直辖市）的节能减排绩效指标进行综合评价。各指标数据见附表1~附表3。

得出熵值之后，可以计算各指标之间的差异系数，最后确定权重。差异系数为

$$f_j = 1 - m_j$$

由公式可以看出当 m_j 越大时 f_j 越小，当 m_j 越小时 f_j 越大；这说明指标的熵值越大对综合绩效评价影响越小，熵值越小对综合绩效评价影响越大。

2. 计算各指标权重值

第 j 项指标的权重可以表示为：

$$W_j = \left(1 - m_j\right) \Big/ \sum \left(1 - m_j\right)$$

根据上述熵值与权重的计算公式，将节能减排的绩效指标代入公式可以得出各指标的权重：

$W_{(能源节约)} = （0.046\ 92,\ 0.063\ 24,\ 0.038\ 76,\ 0.055\ 08）$

$W_{(二氧化碳减排)} = （0.058\ 32,\ 0.066\ 96,\ 0.041\ 04,\ 0.049\ 68）$

$W_{(发展水平与治理)} = （0.098\ 02,\ 0.152\ 54,\ 0.074\ 24,\ 0.056\ 26,\ 0.045\ 82,\ 0.064\ 38,$ 0.088\ 74）

某一指标权重数值的大小表示该指标在整个评价体系中的相对重要性，权重数值越大，该指标越重要；权重数值越小，该指标在整个评价体系中的重要性相对越弱。

在能源节约指标层中，权重最大的指标是单位工业增加值能耗，权重数值为0.063 24，这表明单位工业增加值能耗在评价我国的能耗节约效果时最为重要，解释能力较强，对能耗节约效果的评价最为贴切；其次是单位工业增加值降低率、单位GDP能耗与单位GDP能耗降低率，权重分别为0.055 08、0.046 92、0.038 76，表明这些指标在能源节约绩效评价中的解释作用逐渐降低。在 CO_2 减排指标层中，权重最大的指标是单位工业增加值 CO_2 排放量，权重数值为0.066 96，这表明单位工业增加值 CO_2 排放量在该指标层中最为重要，在节能减排绩效评价体系中解释能力较强；其次重要的是单位GDP CO_2 排放量，权重为0.058 32，说明当单位GDP

CO_2排放量越低时，减排效果越好。第三个指标层为经济社会发展水平与环境治理指标层，在该指标层中解释能力最强的是居民支配收入，这个指标越大不仅说明经济发展水平越高，同时还可以用来解释环境治理效果，当人均支配收入越高，人们对环境质量的要求也随之提高，对环境治理的积极性就越高，治理的效果就会越好；人均GDP与绿色等级企业比例等指标对经济发展水平与环境治理评价影响的解释效果较好。

6.4.3 节能减排绩效综合评价分析

本节基于二氧化碳的节能减排绩效进行综合评价，目的在于评价各省（自治区、直辖市）节能减排效果的优劣，判断哪些省份在节能减排实施过程中取得了较好的成绩。对评判各省（自治区、直辖市）的节能减排效果优劣，目前并没有明确的定量界限。因此，本节采用模糊综合评价法，结合绩效评价指标体系中各指标权重，对我国的节能减排绩效进行综合评价。

1. 评价要素

（1）因素集合：在进行模糊综合评价时首先要建立因素集，本节选取15个节能减排的绩效评价定量指标，这些指标组成子因素集合，将这15个指标按照影响对象建立因素集，分别为能源节约、CO_2减排以及经济社会发展与环境治理。因素集为$X = \{X_1, X_2, X_3\}$；子集为$X = \{X_{1j}, X_{2j}, \cdots, X_{mj}\}$。其中，$X_{mj}$表示的是单位GDP能耗等显变量的指标。

（2）评语集合：在进行模糊综合评价时需要建立评语集，评语集包含了所有指标评价的级别。

（3）隶属函数：在数据的无量纲化处理时已经建立了隶属函数，结合隶属函数，得出$R_{p \times q}$的（$p=15$表示的是评价指标个数；$q=30$表示的是评价对象）模糊评价矩阵如下。

$$R = \begin{bmatrix} r_{11} & r_{12} & \cdots & r_{1q} \\ r_{21} & r_{22} & \cdots & r_{2q} \\ \vdots & \vdots & & \vdots \\ r_{p1} & r_{p2} & \cdots & r_{pq} \end{bmatrix}$$

其中，r_{pq}为各指标的隶属度。将模糊评价矩阵按照指标权重层进行分块：

$$R_{15 \times 30} = \begin{bmatrix} R_1 \\ R_2 \\ R_3 \end{bmatrix}$$

其中，R_1表示能源节约指标层，在这一层中指标有4个，评价对象为我国的30个省（自治区、直辖市），所以R_1是一个4×30的矩阵；R_2表示CO_2减排指标层，在这一层中指标有4个，评价对象为我国的30个省（自治区、直辖市），所以R_2是一个4×30的矩阵；R_3表示经济社会发展与环境治理指标层，在这一层中指标有7个，评价对象为我国的30个省（自治区、直辖市），所以R_3是一个7×30的矩阵。

2. 模糊综合评价

根据前面确定的权重W，以及模糊矩阵R，构建综合评价模型：

$$A = W \cdot R = \begin{pmatrix} W_1 & W_2 & W_3 \end{pmatrix} \cdot \begin{bmatrix} R_1 \\ R_2 \\ R_3 \end{bmatrix} = \begin{pmatrix} A_1 & A_2 & A_3 \end{pmatrix}$$

能源节约绩效评价结果、CO_2减排绩效评价结果以及经济社会发展与环境治理绩效评价结果分别为B_1、B_2与B_3：

$$B_1 = \begin{pmatrix} w_1 & w_2 & w_3 & w_4 \end{pmatrix} \cdot \begin{bmatrix} r_{11} & r_{12} & \cdots & r_{1,30} \\ r_{21} & r_{22} & \cdots & r_{2,30} \\ r_{31} & r_{32} & \cdots & r_{3,30} \\ r_{41} & r_{42} & \cdots & r_{4,30} \end{bmatrix}$$

$$B_2 = \begin{pmatrix} w_1 & w_2 & w_3 & w_4 \end{pmatrix} \cdot \begin{bmatrix} r_{11} & r_{12} & \cdots & r_{1,30} \\ r_{21} & r_{22} & \cdots & r_{2,30} \\ r_{31} & r_{32} & \cdots & r_{3,30} \\ r_{41} & r_{42} & \cdots & r_{4,30} \end{bmatrix}$$

$$B_3 = \begin{pmatrix} w_1 & w_2 & w_3 & w_4 & w_5 & w_6 & w_7 \end{pmatrix} \cdot \begin{bmatrix} r_{11} & r_{12} & \cdots & r_{1,30} \\ r_{21} & r_{22} & \cdots & r_{2,30} \\ \vdots & \vdots & & \vdots \\ r_{71} & r_{72} & \cdots & r_{7,30} \end{bmatrix}$$

根据公式计算得到能源节约、CO_2减排、经济社会发展水平与环境治理三个指标的权重为Q=（0.204 3，0.216 5，0.579 2），表明这三个指标在我国基于低碳经济的节能减排综合绩效评价中所占的比重。从权重数值可以看出，经济社会发展与环境治理在节能减排绩效评价中所占的比重最大，达到57.92%；其次是CO_2减排与能源节约。对我国节能减排效果影响较大的是经济社会发展与环境治理，随着我国经济社会发展水平的不断提高，居民对环境质量要求随之提高，加快了我国节能减排的步伐，同时也监督了我国节能减排实施过程，近几年我国的环境治理取得了一定的成绩，国家对这方面的投入也非常大，通过宏观调控、监督管理、淘汰落后产能、降低高排放设备使用率等手段，对我国的CO_2减排任务做出了巨大的贡献，加快了节能减排的速度，经济社会发展与环境治理也成为我国节能减排绩效评价中最具解释力的指标。

根据能源节约评价结果、CO_2减排评价结果以及经济社会发展与环境治理评价结果，得出模糊评价矩阵 $F_{3\times30}$，将上文计算所得的权重 Q 代入评价模型计算：

$$Y = Q \cdot F = \begin{pmatrix} Q_1 & Q_2 & Q_3 \end{pmatrix} \cdot \begin{bmatrix} F_1 \\ F_2 \\ F_3 \end{bmatrix} = \begin{pmatrix} Y_1 & Y_2 & \cdots & Y_{30} \end{pmatrix}$$

由此得出我国30个省（自治区、直辖市）基于二氧化碳节能减排绩效综合评价结果：

Y=（0.799 207，0.802 608，0.161 780，0.062 922，0.245 518，0.203 255，0.125 254，0.081 701，0.403 888，0.609 792，0.544 979，0.593 979，0.536 819，0.620 006，0.392 442，0.303 874，0.299 196，0.101 332，0.691 674，0.299 552，0.734 990，0.069 451，0.069 122，0.029 155，0.068 248 7，0.713 163，0.099 037，0.061 91，0.105 414，0.002 193）

根据对我国30个省（自治区、直辖市）的节能减排绩效综合评价结果可知，在30个省（自治区、直辖市）中评分较高的是天津、北京、海南、陕西、广东等，绩效综合评分分别为0.802 608、0.799 207、0.734 990、0.713 163、0.691 674，说明我国这五个省（直辖市）的节能减排工作取得了较大的成绩，做得比较成功，但是黑龙江、山西、贵州、青海、新疆这五个省（自治区）的节能减排绩效评价成绩并不高，说明这些地区需要进一步努力，深入开展节能减排工作。从节能减排绩效评价结果可以发现，节能减排绩效评价较好的地区在地域、政策管理等方面做得比较突出，节能减排绩效评价结果较差的地区是一些能源消费量大的省（自治区、直辖市），同时也受到地域关系的影响，节能减排效果并不理想。

第7章 基于低碳经济的我国节能减排路径

节能减排是我国实现低碳经济转型的主要途径。根据第5章的影响因素分析可知，产业结构、能源结构、低碳低技术创新水平是影响节能减排的关键因素。因此，本章从产业结构调整、能源结构优化、低碳技术创新三个方面设计了节能减排的实现路径，并对节能减排路径的实现途径进行了深入分析。

7.1 基于低碳经济的节能减排路径理论设计

7.1.1 基于低碳经济的节能减排路径设计原则

1. 安全性原则

随着经济持续快速增长，我国对能源的需求日益增大。能源供应安全问题已成为经济和社会发展迫切需要解决的问题。因此，安全性是实现低碳发展和节能减排的前提。

节能减排的安全性包括以下两个方面。一方面是不可再生能源的供应安全性。众所周知，煤炭、石油、天然气既是我国的传统能源，又是不可再生能源，能源结构中三者所占比重高达90%以上。当前传统能源的供需矛盾已非常突出，频频出现的"煤荒""电荒"已说明进行节能减排已迫在眉睫。另一方面是可再生能源的供应可靠性。可再生能源主要包括水能、风能、核能和太阳能等，我国的可再生能源资源储量十分丰富，但是由于技术、资金等多方面原因，目前可再生能源的利用效率不高。不同类型能源的安全性也不尽相同，水能、风能存在不稳定性，核电存在辐射风险性。因此，可再生能源的利用安全性是节能减排进程中必须考虑的方面。

2. 环保性原则

进入21世纪以来，我国工业再次出现重化工化现象，能耗和温室气体排放量不断飙升，工业污染防治和CO_2排放控制成为节能减排的主要内容。2008年底我国4万亿元的经济投资中，绿色项目的资金占38%，投资规模仅次于韩国和欧盟，在绝对规模上，我国绿色投入已位居世界第一，总额达到2 210亿美元。《中国环境与发展国际合作委员会年度政策报告2008》指出，节能减排是满足能源、环境和气候变化调整前提下实现低碳经济和可持续发展的唯一途径。2009年我国政府首次确定了到2020年碳排放强度在2005年基础上减少到40%~45%的约束性指标。所以说，节能减排是一项绿色革命，谁占据能源技术和低碳技术的制高点，谁就主导新一轮经济增长方式。

3. 经济性原则

实现节能减排的另一个重要的原则是在满足经济社会发展和人民消费需求的前提下，尽可能降低经济成本。这里的经济性是指节能减排过程中产出的节能产品和提供的节能服务及其他减排成果所耗费的资源最低。经济性重点衡量要素投入和使用过程中的利用和节约水平以及要素结构的合理性。进行低碳经济下的节能减排路径规划时，经济性是一项重要的考核指标。

4. 可操作性原则

节能减排是一项涉及能源、环境和社会发展的综合系统工程，因此，在进行低碳经济下节能减排规划的同时，应当考虑规划的可操作性。综合实际的环境、技术、能源等多方面的约束，进行有效规划使其优化结果具有实践性。目前，在有关工业产能进行技术改造的过程中，占比较大的是能效水平处于中游的产能。如果要在短时间内快速淘汰这部分产能显然不太可能，从经济角度来说也并不合理。此外，这部分居于中游的产能对能效的提升具有不同程度的作用，有利于促进我国节能减排技术的进步与发展。

我国水电大规模开发具有开发技术与资源潜力的优势，但同时面临着居民移民安置、环境生态保护、开发难度大等多方面的问题和挑战，不能在短时间内快速进行开发并有效利用。与此同时，火电发电污染物的排放较为严重，需要在电源规划时降低火电机组所占比例，但也要利用火电机组供电安全性高、便于调节的优点，因此在电源规划时需要综合分析各项指标并考虑技术与环境的综合要求，使其更具有可操作性。

7.1.2　基于低碳经济的节能减排路径设计思路

基于低碳经济的节能减排主要有以下三条路径：一是进行产业结构调整，在保证国民经济稳步增长的前提下，对产业结构进行有效调整；二是进行能源结构优化，合理减少不可再生能源的投入，增加对可再生能源的利用；三是进行低碳技术创新，在能源投入一定的情况下，最大限度地减少污染物的排放，即提高能源的利用率。本章将对能源结构优化问题做重点讨论。

1. 产业结构调整路径

在实现低碳经济的过程中既要保持经济增长的既定目标，又要实现节能减排的长期目标，面对资源要素供给不断紧缩的必然趋势，只有采取结构减排与技术减排二者互相配合的路径，才能保证实现经济社会协调、稳定发展，人民生活水平日趋提高这一发展目标。产业结构调整路径主要分以下三个阶段：第一阶段，在产业技术升级的初级阶段，产业结构调整适宜选择以调整产业结构为主要内容的社会需求调整路径；第二阶段，在产业技术调整为主的高级阶段，产业技术作为内生性变量促进经济增长，内生经济增长具有一定的承受能力，能够实现结构调整方式的逐步转变，同时以污染排放程度和能源消耗为导向，推进节能减排绩效的快速实现；第三阶段，产业结构优化调整的均衡阶段，这一阶段目的是建立实现收入增长、经济发展与环境资源保护相互协调的长效机制，产业结构优化调整应考虑采取经济、社会、环境相互协调的可持续发展路径，提高环境规制政策实施的有效性和效率，强化产业发展及配套机制，建立过剩产能正常退出机制。

2. 低碳能源结构优化路径

为了实现"社会-经济-能源"系统的低碳发展目标，进行能源规划至关重要。能源结构指的是某一单位在一定时间内消耗的所有能源占经济运行中消耗的总能源的比重。2007年，在中国一次能源结构中，煤炭消费所占比重高达72.5%，石油消费比重为17.0%，天然气消费比重为3.0%，核电所占比重仅为7.5%。能源结构规划是根据某一区域在一定时间内的经济发展目标预期,在符合一定的可靠性、安全性水平的前提下，试图找到一个最经济、最合理的能源结构配置方案，既确保实现经济平稳运行的预定目标，又满足环境保护需要，实现社会总效益最大化。

基于低碳经济的能源结构优化通过引入低碳要素，综合环境、能源和经济发展等多方面的约束条件，对能源结构优化的内容加以扩充。因而，目标函数的组成与结构更为复杂。基于低碳发展的能源规划模式从整体的视角（即"大能源系统"维度）出发，结合环境资源的可持续发展、绿色运行发展与全球变暖的演化趋势的各类影响因素，构建"能源-经济-环境"三方面相互影响、相互协调的能源规划模型，从新的角度探讨能源规划问题。

3. 低碳技术创新路径

低碳技术主要是指提高能源开发利用效益和效率，有效减少CO_2排放，遏制不可再生能源浪费的技术，包括工业生产节能技术，清洁煤技术，可再生能源利用技术，建筑节能技术，低碳交通技术和CO_2的捕捉、封存和利用技术。基于低碳发展的技术创新主要是在能源利用的过程中引入新工艺、新技术，目的是减少污染物及CO_2的排放量。国际能源署从环境友好的技术中识别出17项与低碳经济发展相关的低碳技术，这些低碳技术可分为三大类：第一类是节能高效利用技术；

第二类是减碳技术,以二氧化碳捕集与封存技术为主;第三类是风电和太阳能光伏发电技术。这些新技术的开发和运用能够有效推进低碳发展和节能减排的进程。

7.1.3 低碳经济的节能减排路径理论模型与研究假设

1. 构建低碳经济的节能减排路径的理论模型

本节结合第5章低碳经济的节能减排影响因素分析以及路径设计思路,从产业结构调整、能源结构优化、低碳技术创新对节能减排绩效三个方面的影响出发,构建基于低碳经济的节能减排路径的理论模型(图7.1)。

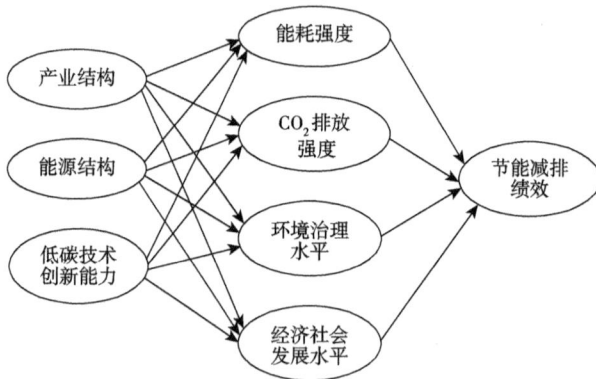

图 7.1 节能减排路径的理论模型

2. 提出理论假设

根据以上节能减排路径的理论模型,提出以下16个假设。

H₁:产业结构对能耗强度有显著影响。产业结构变动直接决定能耗强度的高低,能耗强度高的产业在我国经济中占有较大的比重并且上升较快,因此假设产业结构对能耗强度有显著影响。

H₂:产业结构对CO_2排放强度有显著影响。产业结构影响能源消耗总量和经济能耗强度,工业生产影响能源的直接消耗及产生的直接CO_2排放,产品生产过程中通过大量中间投入品间接消耗能源并由此产生间接CO_2排放,因此假设产业结构对CO_2排放强度有显著影响。

H₃:产业结构对环境治理水平有显著影响。产业结构调整对经济增长的影响基于环境治理水平的双门槛效应,只有环境治理水平跨越一定的门槛后,产业结构调整的经济增长效应才能充分发挥。因此,假设产业结构对环境治理水平有显著影响。

H₄:产业结构对经济社会发展水平有显著影响。衡量经济社会发展水平最重要或最核心的指标是产业结构。三次产业的比重和结构不单是一个产业结构问题,而且反映了社会的整体发展水平，三次产业比重直接决定或影响社会资源的利用、土地利用效率、社会生态环境等要素。因此，假设产业结构对经济社会发展水平有显著影响。

H_5：能源结构对能耗强度有显著影响。能源结构是影响能耗强度变动的重要因素，能耗强度受能源结构的冲击效应较大。因此，假设能源结构对能耗强度有显著影响。

H_6：能源结构对CO_2排放强度有显著影响。我国的能源消费结构较为单一，以煤炭资源为主，通过调整以煤炭资源为主的单一能源结构，可以降低CO_2排放水平。因此，假设能源结构对CO_2排放强度有显著影响。

H_7：能源结构对环境治理水平有显著影响。我国的能源消费结构是以煤炭资源为主的较为单一的能源结构。这导致了碳排放水平较高，环境污染严重，对环境治理水平的要求也随之提高。因此，假设能源结构对环境治理水平有显著影响。

H_8：能源结构对经济社会发展水平有显著影响。产业结构的调整，可以提高经济社会发展水平，完善能源消费结构可以促进产业结构的调整。因此，假设能源结构对经济社会发展水平有显著影响。

H_9：低碳技术创新水平对能耗强度有显著影响。低碳技术创新极大降低碳排放量、降低能耗、减少污染物排放，从而影响能耗强度。因此，假设低碳技术创新水平对能耗强度有显著影响。

H_{10}：低碳技术创新水平对CO_2排放强度有显著影响。低碳技术创新水平越高，低碳技术就越先进，CO_2排放强度就会越低。因此，假设低碳技术创新水平对CO_2排放强度有显著影响。

H_{11}：低碳技术创新对环境治理水平有显著影响。低碳技术创新水平的提高，能够降低能耗、减少污染物排放，从而提高环境治理水平。因此，假设低碳技术创新对环境治理水平有显著影响。

H_{12}：低碳技术创新对经济社会发展水平有显著影响。低碳技术创新可以提高低碳技术发展水平，降低能耗、减少污染物排放，完善能源消费结构可以促进产业结构的调整，提高经济社会发展水平。因此，假设低碳技术创新对经济社会发展水平有显著影响。

H_{13}：能耗强度对节能减排绩效有显著影响。能耗强度越大越能提高资源利用效率，降低能耗，减少污染物的排放，提高节能减排绩效。因此，假设能耗强度对节能减排绩效有显著影响。

H_{14}：CO_2排放强度对节能减排绩效有显著影响。CO_2排放量的大小直接影响能耗强度的高低，进一步影响节能减排绩效的好坏。因此，假设CO_2排放强度对节能减排绩效有显著影响。

H_{15}：环境治理水平对节能减排绩效有显著影响。环境治理水平的高低，直接反映了环境污染的严重程度,进一步体现了污染物排放强度。因此,假设环境治理水平对节能减排绩效有显著影响。

H$_{16}$：经济社会发展水平对节能减排绩效有显著影响,反映经济社会发展水平高低的一个重要指标就是环境治理水平。因此,假设经济社会发展水平对节能减排绩效有显著影响。

7.2 实证研究——结构方程模型

7.2.1 变量与数据说明

根据低碳经济的节能减排实现路径的理论模型可知,本书所构建的结构方程模型有八个潜变量,分别为产业结构、能源结构、低碳技术创新水平、能耗强度、CO_2排放强度、环境治理水平、经济社会发展水平以及节能减排绩效。其中,产业结构、能源结构、低碳技术创新水平属于解释变量,能耗强度、CO_2排放强度、环境治理水平、经济社会发展水平则为中间变量;节能减排绩效是被解释变量。各个潜变量之间又存在相互作用与依赖的关系(图7.1),同时各个潜变量还需要不同的显变量来测度,因此,本书在相关文献的基础上,对显变量进行选取,其结果如下。

(1)潜变量"产业结构"的显变量包括工业产业所占比例X_{11}、第三产业所占比例X_{12}、产能过剩行业比例X_{13}。

(2)潜变量"能源结构"的显变量包括煤炭能源使用比例X_{21}、石油能源使用比例X_{22}、新能源(光能、风能等)使用比例X_{23}。

(3)潜变量"低碳技术创新水平"的显变量包括R&D经费投入X_{31}、科技人员占总从业人员比例X_{32}、当年低碳技术专利申请数X_{33}、发明专利比例X_{34}。

(4)潜变量"能耗强度"的显变量包括单位GDP能耗M_{11}、单位GDP能耗降低率M_{12}、单位工业增加值能耗M_{13}、单位工业增加值能耗降低率M_{14}。

(5)潜变量"CO_2排放强度"的显变量包括单位GDP二氧化碳排放量M_{21}、单位GDP二氧化碳排放量降低率M_{22}、单位工业增加值CO_2排放量M_{23}、单位工业增加值CO_2排放量降低率M_{24}。

(6)潜变量"环境治理水平"的显变量包括环保投入M_{31}、废气治理设施数M_{32}、关闭小化工企业数M_{33}、绿色等级企业所占比例M_{34}。

(7)潜变量"经济社会发展水平"的显变量包括人均GDP M_{41}、居民可支配收入M_{42}、人均能源消费数量M_{43}。

(8)潜变量"节能减排绩效"的显变量包括能源利用效率Y_{11}、碳排放效率(即碳排放与经济增长的脱钩性)Y_{12}、环境污染指数Y_{13}。

本书以我国30个省（自治区、直辖市）规模以上工业企业（由于西藏数据不全，未列入分析范围）为研究样本，指标数据主要来源于2015年《中国统计年鉴》《中国环境统计年鉴》《中国工业经济统计年鉴》，以及中国资讯行数据库等。其中，除Y_{11}、Y_{12}、Y_{13}，其他显变量指标用2014年实际值来衡量；而能源利用效率Y_{11}、碳排放效率Y_{12}、环境污染指数Y_{13}指标参照第6章的计算结果数值。

7.2.2 建立结构方程模型路径图

根据低碳经济的节能减排理论模型与确定的各潜变量中的显变量指标结果，构建基于低碳经济节能减排路径的结构方程模型（图7.2）。其中，椭圆代表潜变量，长方形代表显变量指标。

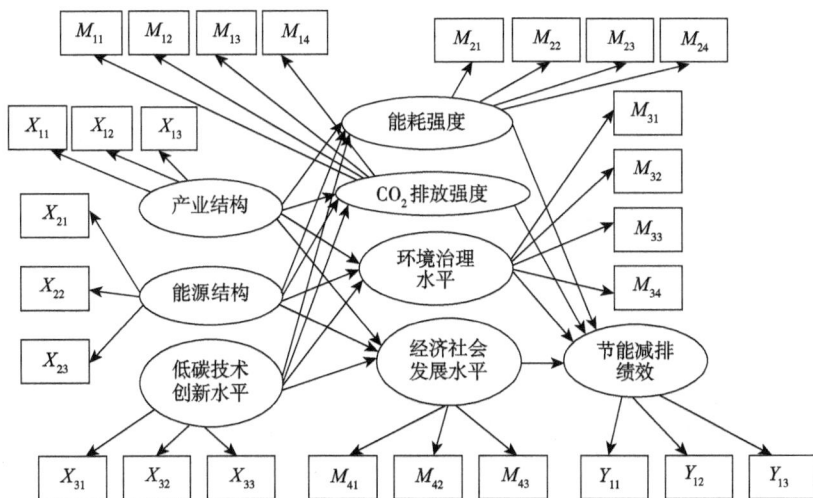

图 7.2 初始结构方程模型路径图

7.2.3 初始拟合评价

本书根据初始结构方程模型路径图（图7.2），利用Amos 7.0软件测试了720个实证数据，获得的初始模型分析结果如表7.1与表7.2所示，根据数据结果可知，H_6的显著性概率P=0.191>0.05，路径系数（-0.271）为负数，与理论假设不符；在拟合优度分析中，部分初始模型的拟合效果并未达到良好拟合的要求，整体来看，初始模型的拟合效果并不理想，模型还需要进一步修正。

表 7.1 初始模型回归系数分析表

假设	路径假设	标准化路径系数	C.R.	P	是否支持假设
H_1	产业结构→能耗强度	0.502	6.298	***	支持
H_2	产业结构→CO_2排放强度	0.178	2.246	0.007	支持

续表

假设	路径假设	标准化路径系数	C.R.	P	是否支持假设
H_3	产业结构→环境治理水平	0.266	2.813	0.002	支持
H_4	产业结构→经济社会发展水平	0.354	3.488	***	支持
H_5	能源结构→能耗强度	-0.271	1.732	0.191	不支持
H_6	能源结构→CO_2排放强度	0.501	6.297	***	支持
H_7	能源结构→环境治理水平	0.223	2.341	0.008	支持
H_8	能源结构→经济社会发展水平	0.292	3.089	***	支持
H_9	低碳技术创新水平→能耗强度	0.429	5.455	***	支持
H_{10}	低碳技术创新水平→CO_2排放强度	0.496	6.285	***	支持
H_{11}	低碳技术创新水平→环境治理水平	0.243	2.629	0.004	支持
H_{12}	低碳技术创新水平→经济社会发展水平	0.515	6.482	***	支持
H_{13}	能耗强度→节能减排绩效	0.362	4.556	***	支持
H_{14}	CO_2排放强度→节能减排绩效	0.391	4.924	***	支持
H_{15}	环境治理水平→节能减排绩效	0.585	7.013	***	支持
H_{16}	经济社会发展水平→节能减排绩效	0.419	4.994	***	支持

表 7.2　初始模型拟合优度指标分析表

拟合指标	拟合数值	判断标准	拟合效果
CMIN/DF	2.157	CMIN/DF <3，且越小越好	拟合效果良好
GFI	0.898	GFI>0.9，且越接近1拟合效果越好	拟合效果较好
RMR	0.046	RMR<0.05，且越接近0拟合效果越好	拟合效果良好
RMSEA	0.019	RMSEA<0.1，且越接近0拟合效果越好	拟合效果良好
AGFI	0.873	AGFI >0.9，且越接近1拟合效果越好	拟合效果较好
NFI	0.821	AGFI >0.9，且越接近1拟合效果越好	拟合效果较好
CFI	0.832	AGFI >0.9，且越接近1拟合效果越好	拟合效果较好
IFI	0.815	AGFI >0.9，且越接近1拟合效果越好	拟合效果较好

7.2.4　模型修正

　　根据初始模型的拟合结果可知，该结构模型拟合效果较好，但在验证模型假设时，有一条路径（能源结构→能耗强度）没有通过，即在显著水平$P=0.05$的条件下，H_5不被支持，需要考虑通过删除此路径来对模型进行修正。修正模型的分析结果见表7.3和表7.4。根据回归系数分析结果（表7.3）可知，修正模型的所有假设路径在0.05的水平上均具有统计的显著性，即在显著水平$P=0.05$的条件下，所有假设都得到支持。同时，根据修正模型拟合优度的指标计算结果（表7.4）可知，除NFI（0.898）外，其他所有指标的数值都达到了统计要求，虽然NFI没有达到大于0.9的要求，但是十分接近。综合以上分析，可以认为结构方程模型通过拟合检验，修正后的模型获得确认。

表 7.3　修正后模型回归系数分析表

假设	路径假设	标准化路径系数	C.R.	P	是否支持假设
H_1	产业结构→能耗强度	0.516	6.488	***	支持
H_2	产业结构→CO_2排放强度	0.258	2.480	0.005	支持
H_3	产业结构→环境治理水平	0.269	2.992	0.001	支持
H_4	产业结构→经济社会发展水平	0.365	4.674	***	支持
H_6	能源结构→CO_2排放强度	0.529	6.632	***	支持
H_7	能源结构→环境治理水平	0.248	2.635	0.004	支持
H_8	能源结构→经济社会发展水平	0.360	4.543	***	支持
H_9	低碳技术创新水平→能耗强度	0.480	5.798	***	支持
H_{10}	低碳技术创新水平→CO_2排放强度	0.517	6.489	***	支持
H_{11}	低碳技术创新水平→环境治理水平	0.268	2.822	0.002	支持
H_{12}	低碳技术创新水平→经济社会发展水平	0.540	6.661	***	支持
H_{13}	能耗强度→节能减排绩效	0.392	4.928	***	支持
H_{14}	CO_2排放强度→节能减排绩效	0.415	4.989	***	支持
H_{15}	环境治理水平→节能减排绩效	0.613	7.532	***	支持
H_{16}	经济社会发展水平→节能减排绩效	0.502	6.298	***	支持

表 7.4　修正后模型拟合优度指标分析表

拟合指标	拟合数值	判断标准	拟合效果
CMIN/DF	2.225	CMIN/DF <3，且越小越好	拟合效果良好
GFI	0.913	GFI>0.9，且越接近 1 拟合效果越好	拟合效果良好
RMR	0.048	RMR<0.05，且越接近 0 拟合效果越好	拟合效果良好
RMSEA	0.009	RMSEA<0.1，且越接近 0 拟合效果越好	拟合效果良好
AGFI	0.931	AGFI >0.9，且越接近 1 拟合效果越好	拟合效果良好
NFI	0.898	AGFI >0.9，且越接近 1 拟合效果越好	拟合效果较好
CFI	0.906	AGFI >0.9，且越接近 1 拟合效果越好	拟合效果良好
IFI	0.910	AGFI >0.9，且越接近 1 拟合效果越好	拟合效果良好

7.2.5　假设检验

根据上述分析结果可知，本书的大多数假设得到了样本数据的验证，只有H_5没有通过假设检验，这表明能源结构与能耗强度没有显著的关系。总的来说，本书中提出的16个研究假设中共有15个假设通过了检验，如表7.5所示。

表 7.5 原假设检验结果

假设	假设路径	是否支持假设
H_1	产业结构对能耗强度有显著影响	支持
H_2	产业结构对 CO_2 排放强度有显著影响	支持
H_3	产业结构对环境治理水平有显著影响	支持
H_4	产业结构对经济社会发展水平有显著影响	支持
H_6	能源结构对 CO_2 排放强度有显著影响	支持
H_7	能源结构对环境治理水平有显著影响	支持
H_8	能源结构对经济社会发展水平有显著影响	支持
H_9	低碳技术创新水平对能耗强度有显著影响	支持
H_{10}	低碳技术创新水平对 CO_2 排放强度有显著影响	支持
H_{11}	低碳技术创新对环境治理水平有显著影响	支持
H_{12}	低碳技术创新对经济社会发展水平有显著影响	支持
H_{13}	能耗强度对节能减排绩效有显著影响	支持
H_{14}	CO_2 排放强度对节能减排绩效有显著影响	支持
H_{15}	环境治理水平对节能减排绩效有显著影响	支持
H_{16}	经济社会发展水平对节能减排绩效有显著影响	支持
H_5	能源结构对能耗强度有显著影响	不支持

7.2.6 结果分析

通过对假设检验结果的分析，可以得到实现低碳经济节能减排的三条可行性路径。

（1）通过产业结构的调整降低能耗强度、降低 CO_2 排放强度、提高环境治理水平、提高经济社会发展水平，从而实现节能减排绩效；

（2）通过能源结构优化降低 CO_2 排放强度、提高环境治理水平、提高经济社会发展水平，从而实现节能减排绩效；

（3）通过低碳技术创新降低能耗强度、降低 CO_2 排放强度、提高环境治理水平、提高经济社会发展水平，从而实现节能减排绩效。

7.3 基于低碳经济的我国节能减排路径实现

根据上述节能减排路径的结构方程分析可知，通过产业结构调整路径、能源结构优化路径、低碳技术创新路径都可以最终实现节能减排绩效。那么，这三条路径的实现途径以及具体的实现措施是怎样的呢？这还需要进一步的阐述和说明。因此，本节在节能减排路径验证分析的基础上，从社会环境、居民行为、企业行为、政策制度、经济环境、技术环境等方面来分析低碳经济的节能减排路径实现的有效途径。

7.3.1　产业结构调整路径实现

1. 产业结构调整与节能减排行为 CGE 模型的设定

1）企业行为分析

在模型中，企业之间为完全竞争关系，各企业的产出水平以市场均衡条件下利润最大化的原则为依据，企业的生产技术遵循规模报酬不变的假设前提。假设企业生产行为由两阶段嵌套而成，每一个生产阶段也都是以利润最大化为原则。第一阶段，资本要素和劳动力要素与产出的关系符合柯布-道格拉斯生产函数的形式，形成复合要素生产函数，通过两种要素的投入产生产出增加值。第二阶段，中间投入与复合要素（资本要素和劳动力要素）以列昂惕夫生产函数的形式生产最终产品。

第一阶段中第 j 个企业的行为：

$$\max_{Y_j, F_{h,j}} \text{imize} \, \pi_j^y = p_j^y Y_j - \sum_h p_h^f F_{h,j} \tag{7.1}$$

约束于

$$Y_j = b_j \prod_h F_{h,j}^{\beta h, j} \tag{7.2}$$

其中，p_j^y 为第一阶段复合要素（资本与劳动力复合要素）价格；π_j^y 为企业生产复合要素所获得的利润；p_h^f 为第一阶段第 h 类复合要素的价格；$F_{h,j}$ 为第一阶段所投入的生产要素的数量；Y_j 为第二阶段中复合要素的数量；b_j 为复合要素生产函数规模系数（TFP）；$\beta h, j$ 为复合要素生产函数的投入弹性系数。其中，模型假设企业的 TFP（复合要素生产函数规模系数）每年提高的比例为 ts，即 $b_j = (1 + \text{ts})^t \cdot b_j o$，以此来实现技术增长的内生增长机制。第二阶段企业行为如下：

$$\max_{Z_j, Y_j, X_{i,j}} \text{imize} \, \pi_j^z = p_j^z Z_j - (P_j^y Y_j + \sum_i p_i^q X_{i,j}) - \sum_i e_i X_{i,j} \tag{7.3}$$

约束于

$$Z_j = \min\left(\frac{X_{i,j}}{\alpha x_{i,j}}, \frac{Y_j}{\alpha y_j}\right) \tag{7.4}$$

其中，Z_j 为部门企业的产量；π_j^z 为第二阶段企业利润；p_j^z 为第 j 类产品的供给价格；p_i^q 为第 i 类复合商品的需求价格；$X_{i,j}$ 为作为中间投入的第 i 类复合商品的数量；$\alpha x_{i,j}$ 为中间投入的弹性系数；e_i 为投入品的污染排放的弹性系数；αy_j 为复合要素投入的弹性系数。

2）居民储蓄行为分析

居民作为所有生产要素的提供者具有十分重要的作用，假设居民的要素收入是以固定的储蓄倾向 SS^p 进行储蓄的，那么，居民储蓄 S^p 为

$$S^p = SS^p \sum_h p_h^f FF_h \qquad (7.5)$$

其中，FF_h 为居民的第 h 类要素禀赋；p_h^f 为第 h 类要素价格。居民收入扣除储蓄及支付的所得税 T^d 后，余下的就是居民的可支配收入。在可支配收入受到约束的情况下，居民可以通过消费来实现效用最大化，即

$$\max_{xp_1} imize\,UU = \prod_i X_i^{\alpha_i} \qquad (7.6)$$

约束于

$$\sum_i p_i^q X_i^p = \sum_h p_h^f FF_h - S^p - T^{kl} \qquad (7.7)$$

其中，UU 为居民消费效用；p_i^q 为第 i 类复合商品价格；X_i^p 为居民消费第 i 类的商品数量；α_i 为效用函数中份额的系数，满足 $0 \leqslant \alpha_i \leqslant 1$ 且 $\sum_i \alpha_i = 1$ 的条件。

3）政府行为分析

假设政府对居民征收要素所得税，其税率设为 t^d；对企业征收生产增值税，其税率设为 τ_j^z；对进口商品征收进口关税，其税率为 τ_i^m。因此，政府所获得的所得税收入为 T^d，即

$$T^d = \tau^d \sum_h p_h^f FF_h \qquad (7.8)$$

其中，FF_h 为居民的第 h 类要素的禀赋；p_h^f 为第 h 类要素的价格。政府所获得的增值税收入为 T_j^z，即

$$T_j^z = \tau_j^z p_j^z Z_j \qquad (7.9)$$

其中，p_j^z 为部门企业的国内生产价格；Z_j 为部门企业的国内产量。政府获得的关税收入为 T_i^m，即

$$T_i^m = \tau_i^m p_i^m M_i \qquad (7.10)$$

其中，M_i 为第 i 类商品进口数量；p_i^m 为第 i 类商品进口价格。假设政府所获得的所有税收收入具有固定储蓄倾向，即均以固定储蓄倾向 SS^g 进行储蓄，余下的可全部用来进行商品消费。那么，政府储蓄为

$$S^g = SS^g \left(T^{kl} + \sum_j T_j^z + \sum_j T_j^m - S^g \right) \qquad (7.11)$$

政府对第 i 类商品的消费行为可表示为

$$X_i^g = \frac{\mu_i}{p_i^q}\left(T^d + \sum_j T_j^z + \sum_j T_j^m - S^g\right) \tag{7.12}$$

其中，p_i^q 为第 i 类复合商品的价格；μ_i 为政府消费中第 i 类商品所占份额的系数，并满足 $0 \leqslant \mu_i \leqslant 1$，且 $\sum_i u_i = 1$。

4）国际贸易分析

由于许多商品在现实生活中既存在进口又存在出口的情况，所以，很难将国内外所有商品（包括国外进口商品、在国内生产用于国外出口的商品、国内生产供给国内的商品等）当作同质化商品来看待。考虑到国外进口商品、在国内生产用于国外出口的商品、国内生产供给国内的商品之间的异质性，一般依据阿明顿假设对 CGE 模型进行处理，运用 CES 函数把国内商品和进口商品进行合并，并将其综合视为国内消费的阿明顿复合商品，利用 CET 函数把企业产品转变成两类异质性的国内商品与出口商品。国内消费的第 i 种阿明顿复合商品的数量为 Q_i，其数量受利润最大化的影响，即

$$\underset{Q_i, M_i, D_i}{\text{max imize}}\, \pi_i^q = p_i^q Q_i - \left[(1 + \tau_i^m)p_i^m M_i + p_i^d D_i\right] \tag{7.13}$$

约束于

$$Q_i = \gamma_i (\delta m_i M_i^{\eta i} + \delta d_i D_i^{\eta i})\frac{1}{\eta^i} \tag{7.14}$$

其中，p_i^q 为第 i 类复合商品价格；π_i^q 为生产第 i 类阿明顿复合商品所获得的利润；p_i^d 为第 i 类商品的内销价格；p_i^m 为第 i 类商品进口价格；Q_i 为第 i 类复合商品数量；D_i 为第 i 类商品国内供给的数量；M_i 为第 i 类商品进口的数量；τ_i^m 为第 i 类商品进口关税税率；γ_i 为阿明顿复合商品生产函数下的规模系数；δd_i 和 δm_i 分别为基于阿明顿复合商品生产函数的国内和进口的供给份额的系数；η^i 为根据替代弹性 σ_i 计算的替代参数。用 σ_i 表示基于阿明顿复合商品生产函数的国内商品和进口商品之间的替代弹性，即

$$\sigma_i = -\frac{d(M_i / D_i)}{M_i / D_i} \left/ \frac{d(p_i^m / p_i^d)}{p_i^m / p_i^d}\right. \tag{7.15}$$

第 i 类商品的国内总产出如何向国内商品产出和出口商品产出进行分配转换的问题，同样由转换利润的最大化决定，即

$$\underset{Z_i, E_i, D_i}{\text{max imize}}\, \pi_i = \left(p_i^e E_i + p_i^d D_i\right) - \left(1 + \tau_i^z\right)p_i^z Z_i \tag{7.16}$$

约束于

$$Z_i = \theta_i (\xi e_i E_i^{\varphi_i} + \xi d_i D_i^{\varphi_i})\frac{1}{\varphi_i} \tag{7.17}$$

其中，p_i^e为第i类商品的出口价格；π_i为第i类商品的转换利润；p_i^z为第i种商品的国内生产价格；p_i^d为第i类商品的国内供给价格；E_i为第i类商品出口的数量；D_i为对国内生产第i类商品的需求数量；τ_i^z为第i类商品的增值税税率；Z_i为第i类商品的国内生产数量；θ为第i类商品转换函数的规模系数；ξd_i和ξe_i分别为第i类商品转换函数中国内和出口的供给所占份额的系数；φ_i为根据转换弹性所计算出的转换参数（$\varphi_i = (\psi_i + 1)/\psi_i, \psi_i \geq 1$）。用$\psi_i$表示生产转换函数中内销与出口间的转换弹性：

$$\psi_i = \frac{d(E_i/D_i)}{E_i/D_i} \bigg/ \frac{d(p_i^e/p_i^d)}{p_i^e/p_i^d}$$

5）市场出清、过剩产能以及宏观闭合条件

为使经济系统保持全局均衡的状态，应使CGE模型在所有主体的行为能够实现最优化的同时，保障所有市场达到供需均衡的状态，也就是实现商品市场（要素市场或货币资金市场）的出清。需要指出的是，市场出清的条件为阿明顿复合商品数量Q_i等于投资品、政府与居民最终消费、生产过程中的中间投入三者的总和，即

$$Q_i = X_i^p + X_i^g + X_i^v + \sum_j X_{i,j} \tag{7.18}$$

其中，要素市场的出清条件可表述为居民的要素禀赋等于所有企业生产投入要素的需求，即

$$\sum_j F_{h,j} = \mathrm{FF}_h \tag{7.19}$$

货币资金市场的出清条件可表述为所有的储蓄资金以及外币表示的货币储蓄（外汇储备）与当期的产能过剩存在固定的比例关系，即

$$X_I^V = \frac{\lambda_i}{p_i^q}(S^p = S^g + \varepsilon S^f) \tag{7.20}$$

其中，ε为汇率（本币对外币的汇率）；S^f为外汇储备；λ_i为第i类复合商品产能中的投资品配置的比例，满足$0 \leq \lambda_i \leq 1$且$\sum_i \lambda_i = 1$。产能的投资品配置比例减去生产过程的中间投入与消费的比例，其差值为相对过剩比例。相对过剩比例g是可以用来描述产业产能过剩程度的指标，即

$$g_i = \lambda_i - \left(X_i^p + X_i^g + \sum_j X_{i,j}\right) \bigg/ \sum_i \left(X_i^p + X_i^g + \sum_j X_{i,j}\right) \tag{7.21}$$

在对市场出清条件进行设定的前提下，可以使所构建的CGE模型能够获得均衡解，并保证模型中内生变量数与方程数相等。其具体的过程是：在所模拟的经济情景中加入一定的宏观闭合约束条件，即给定一些外生变量，通过控制模型中

内生变量的数量来模拟经济情景。本书将外生变量设定为居民所有要素禀赋与外汇储备。

2. 数据来源、参数校准及设定

CGE模型是以SAM（social accounting matrix，即社会核算矩阵）表为数据基础的，SAM表比投入产出表更全面，它在投入产出表的基础上增添了各类经济主体信息（如企业、家庭、政府及国际范围内一些地区的收支流），其经济系统的基期结构能够以平衡矩阵的形式被描述出来。本书所收集到最新的为2013年投入产出表，因此本书的CGE模型的基期SAM表依据2013年投入产出表的数据以及2008年、2013年的《中国统计年鉴》《中国能源统计年鉴》《中国环境年鉴》等资料来构建，并将其调整为2010年不变价，作为模拟的初始年度。除了单一账户（居民和政府账户）外，需要将投入产出表中其他的42个部门进行合并简化，可以依据产业特性将其简化为农业，石油采集及加工业，煤炭采选业，天然气采集及加工业，金属矿采选业，非金属矿采选业，纺织业，食品制造业，烟草加工业，木材加工与家具制造业，化学医药业，造纸印刷机文教用品制造业，金属冶炼制品业，非金属矿物制品业，电子通信仪器办公品制造业，机械设备制造业，其他制造业，水电、火电、风电及核电生产及供应业，批发零售与住宿餐饮业，交通运输仓储业，邮政业，建筑业，金融及房地产业，科教文卫社会服务业等24个部门[154]。由于编制SAM表时，数据来源不一，存在一定的统计误差，因此初始编制的SAM表并不平衡，可利用交叉熵（cross-entropy）的方法使编制的SAM表平衡[152]。

模型中存在不能依据SAM表中的数据直接进行校准的参数，包括商品阿明顿替代弹性及转换弹性，这时可以用GTAP（global trade analysis project，即全球贸易分析模型）数据对它们进行有效估算。同时，在CGE模型构建的理论框架中，CGE模型具有价格一阶齐次性的特征，所以必须确定一个固定的基准价格作为参照标准。大部分文献表明，在未来一段时间内，我国的劳动力市场供给将会保持不变或者可能会有下滑的趋势，因此，可以将给定的外生变量设定为劳动力供给，把劳动力价格视为其基准价格。

3. 经济发展情景及结构调整路径实现途径的设定

"十二五"中期，我国提出了应保障经济健康运行的、稳定增长的要求，在这样的约束条件下，本书将模型中模拟时间段（即2014~2020年）的年GDP平均增速设定为7.5%；由于在短时间内很难改变劳动力人口结构的变化趋势，可将模拟时间段的中国劳动力人口的平均增速设定为0；由于产业发展的内生机制是产业技术，因此本文用b_j对模型中各产业的TFP进行近似估算。同时，本书参考王美霞对TFP的测算及推动其增长内因的分析（即在1991~2002年，分产业TFP平均增长9.6%，主要是技术进步与技术效率提升共同影响的结果；在2003~2010年，分产业TFP平均增长7.4%，推动其增长的内因就是技术进步）将技术赶超情景、技术渐进情景这两种可能的情景作为未来三年产业技术成长的演进路线。其中，技术赶超情景的分产业TFP平均增长设定为9%，此情景从技术水平进步（外生的产业技术的换代升级）及技术效率（内生的学习与管理优化）两方面提升产业技术水平；技术渐进情景的分产业TFP 平均增长设定为7%，其主要依靠技术进步来提高产业技术水平，这种情景的技术进步是在劳动要素供给出现瓶颈及经济增长趋势缓慢的大背景下进行的，主要体现为外生的产业技术的换代升级，正文中引用表7.6。

表 7.6　不同的经济发展情景及产业结构调整路径实现途径的设定

不同情景与调整路径	具体设定内容
技术渐进情景	依靠外生的技术换代升级来提升产业技术水平（TEP 增速为 7%）
技术赶超情景	依靠外生的技术换代升级及内生的学习与管理优化带来的技术效率的提高来提升产业技术水平（TFP 增速为 9%）
总体环境	经济平衡增长（GDP 平均增速为 7.5%）、劳动力供给趋紧（劳动力零增长）
稳健型调整	依据细分产业的中间投入权重从低到高对产业结构进行渐进调整，尽可能降低产业结构变动对经济的影响程度
产能导向型调整	依据细分产业的产能过剩程度从高到低进行结构调整，实现对过剩产能调整效率的提高
减排导向型调整	依据细分产业污染排放程度从高到低进行结构调整，把环境资源保护作为调整的优先考虑因素

本书将产业结构调整的路径划分为四种类型，即稳健型调整路径、产能导向型调整路径、减排导向型调整路径以及均衡型调整路径。其中，稳健型调整路径依据细分产业的中间投入权重从低到高对产业结构进行渐进调整，同时要兼顾产业结构变动对经济的影响，应使其影响程度尽可能降低；产能导向型调整路径是根据细分产业的产能过剩程度从高到低进行结构性调整，目的是提高对较高过剩产能的调整效率；减排导向型调整路径是根据细分产业的污染排放程度从高到低进行结构性调整，并在结构调整过程中强调将环境资源保护作为优先考虑的因素；而均衡型调整路径综合考虑以上三方面的影响，并根据综合计算的权重从低到高进行渐进调整。

为探索不同情境下不同方式的产业结构调整对节能减排、社会福利的影响，本书首先在理论上提出不同类型产业结构调整路径的实现途径，如图7.3所示。

在实现途径路径图（图7.3）构建的基础上，为了验证和分析不同情境下不同方式的产业结构调整对节能减排和社会福利的影响，需要对其作用路径进行模拟。产业结构调整的路径模拟可以为不同经济发展情境下选择合适的产业结构调整方式提供可靠依据。由于产业结构调整最主要的任务就是平衡产能，实现对过剩产能的消化，因此，本章利用CGE模型，通过改变细分产业产能过剩相对比例（其数值设定为2%）对不同产业结构的调整路径进行模拟。本章通过技术渐进、技术

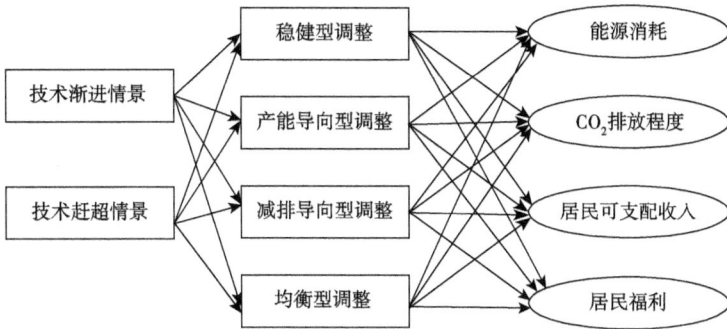

图 7.3　不同类型产业结构调整对于节能减排的实现路径图

赶超情景下产业结构调整路径对节能减排及社会福利的影响程度（表7.7和表7.8）来探索不同经济发展情境下产业结构调整路径实现的最优途径。

表 7.7　技术渐进情景下产业结构调整路径对节能减排及社会福利的影响

产业结构调整路径	关键指标	2014 年	2015 年	2016 年	2017 年	2018 年	2019 年	2020 年
稳健型调整路径	二氧化碳排放	1.136 0	0.889 1	0.845 4	0.796 0	0.790 6	0.747 7	0.731 9
	总能耗	1.001 0	0.785 2	0.880 0	0.846 9	0.833 9	0.807 2	0.792 8
	居民福利	1.696 4	1.278 2	1.934 0	1.934 5	1.906 1	1.937 7	1.043 2
	居民可支配收入	1.000 9	1.001 2	1.349 2	1.079 7	1.237 1	1.302 3	1.001 4
产能导向型调整路径	二氧化碳排放	0.890 2	0.709 9	0.915 9	0.888 8	0.888 0	0.862 1	1.310 0
	总能耗	1.873 3	1.030 7	1.916 8	0.893 9	0.882 7	0.860 8	0.890 7
	居民福利	1.696 4	1.627 8	1.934 0	1.934 5	1.906 1	1.937 7	1.043 2
	居民可支配收入	1.000 9	1.001 2	1.349 2	1.079 7	1.237 1	1.302 3	1.001 4
减排导向型调整路径	二氧化碳排放	0.948 6	0.986 6	0.817 8	0.766 5	0.767 1	0.729 4	0.753 5
	总能耗	1.381 8	0.967 8	0.832 0	0.788 5	0.772 4	0.743 3	1.235 9
	居民福利	1.696 4	1.278 2	1.934 0	1.934 5	1.906 1	1.937 7	1.043 2
	居民可支配收入	1.000 9	1.001 2	1.349 2	1.079 7	1.237 1	1.302 3	0.001 4
	化学需氧量排放	1.057 5	1.160 5	0.921 3	0.882 9	0.846 5	0.780 2	1.057 0
	氨氮排放	1.004 3	0.130 0	0.932 7	0.898 5	0.873 9	0.816 1	1.102 7
均衡型调整路径	二氧化碳排放	0.969 4	1.058 8	0.942 4	0.913 8	0.893 5	0.843 4	1.024 7
	总能耗	1.947 7	1.484 4	0.944 5	0.920 0	0.894 7	0.852 7	1.172 6
	居民福利	1.696 4	1.278 2	1.934 0	1.934 5	1.906 1	1.937 7	2.043 2
	居民可支配收入	1.000 9	1.001 2	1.349 2	1.079 7	1.237 1	0.302 3	1.413 0

注：以 2010 年为基期

表 7.8　技术赶超情景下产业结构调整路径对节能减排及社会福利的影响

产业结构调整路径	关键指标	2014 年	2015 年	2016 年	2017 年	2018 年	2019 年	2020 年
稳健型调整路径	二氧化碳排放	1.427 4	1.039 7	1.241 8	0.797 4	0.797 1	0.797 7	0.753 3
	总能耗	1.221 4	1.200 8	1.022 6	0.828 4	0.848 8	0.850 0	0.808 8
	居民福利	1.896 5	1.397 6	1.351 3	1.959 4	1.936 7	1.943 3	1.912 8
	居民可支配收入	1.000 8	1.001 1	1.001 2	1.016 4	1.360 2	1.057 8	1.237 0
产能导向型调整路径	二氧化碳排放	1.098 0	0.831 2	0.750 7	0.893 3	0.889 6	0.890 0	0.867 9
	总能耗	1.080 6	0.823 6	0.738 5	0.886 3	0.893 8	0.894 4	0.863 0
	居民福利	1.896 5	1.397 6	2.351 3	1.959 4	1.936 7	1.943 3	1.912 8
	居民可支配收入	1.000 8	1.001 1	1.012 0	1.016 4	1.360 2	2.057 8	2.237 0
减排导向型调整路径	二氧化碳排放	0.666 9	0.507 8	0.401 1	0.777 3	0.764 3	0.782 0	0.737 7
	总能耗	1.626 8	1.292 4	0.922 7	0.784 3	0.786 9	0.799 6	0.744 6
	居民福利	1.896 5	1.397 6	1.351 3	1.959 4	1.936 7	1.943 3	1.912 8
	居民可支配收入	1.000 8	1.001 1	1.001 2	1.016 4	1.360 4	2.057 8	2.237 0
	化学需氧量排放	1.277 0	0.952 8	1.034 1	0.872 3	0.855 2	0.826 6	0.699 7
	氨氮排放	1.219 7	1.127 0	0.962 8	0.894 4	0.875 5	0.851 5	0.753 9
均衡型调整路径	二氧化碳排放	1.182 2	0.868 0	0963 5	0.910 8	0.895 1	0.874 3	0.793 6
	总能耗	1.159 6	0.751 8	0.913 8	0.906 7	0.903 7	0.885 0	0.801 6
	居民福利	1.896 5	1.739 7	2.335 1	1.959 4	1.936 7	1.943 3	1.912 8
	居民可支配收入	1.000 8	1.001 1	1.001 2	1.016 4	1.360 2	1.057 8	1.237 0

注：以 2010 年为基期

根据路径模拟结果可知，上述所有类型的产业结构调整都会降低产业总能耗及环境污染排放程度，同时对于居民可支配收入与居民福利（即消费商品数量）的增加具有正面的促进作用。但是，在不同的经济发展情景下，产业结构调整的最优路径会有所不同，即不同的情境下，不同产业结构调整路径会对产业总耗能、污染排放程度、居民可支配收入及居民福利造成不同程度的影响。例如，以2015年的减排目标程度作为判断标准，技术渐进情景下相对较优调整路径是产能导向型，技术赶超情景下的相对较优结构调整路径是减排导向型，具体原因如下。

（1）在产业技术水平的提升主要依靠外生的技术进步（技术换代升级）实现时，在技术渐进情境下，技术水平的提升可获得小部分技术替代型的减排效应，但这时产业总能耗的下降幅度却并不明显，这说明依靠技术进步的产业结构调整对那些排污程度较高的产业的技术水平的提升作用并不大。同时，由于技术的换代升级，优先升级产业的产能过剩可得到一定程度的消化，而过剩产能的下降使居民的劳动收入在一定程度上增加，并伴随着居民消费偏好商品产能的显著增加，提高居民福利（消费商品数量增加）。因此技术渐进情景下的产业结构调整的较优路径应为产能导向型。

（2）在产业技术水平的提高主要依靠外生的技术进步（技术换代升级）和内生的技术效率（学习和管理优化）的共同作用来实现时，在技术赶超的情景下，减排导向性的产业结构调整路径更为合适。此时的经济增长能够延续其平稳增长趋势，总消耗与污染排放程度可以获得较大程度的减少，而这时社会福利增加主要来源于居民可支配收入的增加。因此，技术赶超情景下的相对较优结构调整路径是减排导向型。

与此同时，从均衡型调整路径的模拟结果来看，在两种技术增长（技术的情景渐进情景、技术赶超情景）下，均衡型的减排路径都是相对较优的选择。如果我们希望在逐步减少污染排放的同时保证社会福利的最大化增长，均衡型的调整路径可能是不错的选择，特别是如果能够采取合理的产业扶持政策，使产业技术水平的提升更多依赖内生技术效率的提升时，均衡型的产业结构调整路径可能会实现污染减排效应和社会福利提升效应双赢的目标。

4. 路径实现措施

数据结果表明，在实现低碳经济的过程中既要保持经济增长的既定目标，又要实现节能减排长效目标，面对资源要素供给不断紧缩的必然趋势，只有采取结构减排与技术减排二者互相配合的路径，才能保证经济社会协调、稳定发展，人民生活水平日趋提高这一发展目标的实现。

因此，在产业技术升级的初级阶段，产业结构调整适宜选择以调整产业结构为主要内容的社会需求调整路径。通过建立可持续消费模式、推动工业结构优化升级、优化投资结构、推动工业结构优化升级、提高资源利用效率、推动工业结构集约化，以及要素的重新配置，实现节能减排的阶段目标。而在产业发展的高级阶段，产业技术作为内生性变量促进经济增长，内生经济增长具有一定的承受能力，能够实现工业结构调整方式的逐步转变，同时以污染排放程度和能源消耗为导向，能够推进节能减排绩效的快速实现；此外，为实现减排绩效，需要提高准入标准，限制高耗能、高污染行业的企业进入；加强政策引导和扶持，鼓励绿色环保型行业的企业进入；推进传统工业的技术改造，大力发展高新技术产业，不断完善绿色技术创新体系。

最后，为了实现居民收入、经济增长与环境保护三者的协调发展，产业结构调整应采取更为均衡的发展路径，并建立平衡发展的长效机制。同时，也要提高工业利用外资水平，优化外商直接投资结构、鼓励工业企业对外投资；优化外贸产品结构，引导工业结构绿色化；制定绿色贸易政策，促进工业结构升级；完善环境规制体系，改革环境规制体制，提高环境规制政策实施的有效性和效率，强化产业发展及配套机制，建立过剩产能正常退出机制。

7.3.2　能源结构优化路径实现

优化能源结构就是要通过降低煤炭、石油等高碳能源的使用比例，实现低碳经济和节能减排。然而在经济快速增长产生能源刚性需求的大背景下，粗放型经济增长模式下低下的能源效率，以及煤炭具有的对电力较强的替代作用，加上中国资源禀赋的强烈导向作用，使单纯使用某种能源替代煤炭变得不切实际。因此需要采取其他途径和措施来优化能源结构，实现节能减排。

1. 能源结构优化宏观政策

1）政府强制性新能源政策

政府强制性新能源政策主要是指对能源生产者或消费者实施高度控制，通过行政干预直接对市场参与者的行为进行有效干涉，这类政策的优点是时效性高，立竿见影。例如，我国的"油改煤""关井压产"等限制性政策，又或者制定一定的标准来限制能源产品的市场准入等。以煤炭为例，当煤量不足时，政府可能会提倡"大矿小矿一起上"的政策；而煤量充足时，则可能会提出"关井压产"的限制性政策。但这些措施可能只考虑眼前利益，缺乏对长远发展战略的考虑，可能会带来很多问题。

2）市场手段为主、行政手段为辅的新能源政策

以市场手段为主、行政手段为辅的新能源政策主要是通过市场的作用间接影响市场参与者的行为，具体政策包括经济惩罚性政策与经济激励性政策[155]。

我国的能源经济惩罚性政策以"科斯定理"、"庇古税法"以及"排污许可证法"等为理论依据，以《中华人民共和国环境保护法》为法律依据，具体包括对超量排污的企业或个人进行经济性惩罚，以及对由于资源条件的差别而取得级差收入的企业或个人收取的燃油税、资源税等。这类政策不仅能够减少污染、保护环境，更重要的是能够减少企业的能源消费，促进企业实现技术进步。

我国对能源实施的经济激励性政策主要包括价格政策、税收政策、补贴政策以及优惠贷款政策，但政策实施的法律依据并不完善。虽然我国已借鉴发达国家市场经济的能源管理经验，颁布了一系列如《中华人民共和国电力法》《中华人民共和国煤炭法》《中华人民共和国节约能源法》等的能源法律法规，但法律体系不够完善，并没有形成完整的法律体系。目前经济激励性政策实施存在很多问题，如政策的实施缺乏一定法律依据，政策的出台落后于项目的实施，政策的实施缺乏前后连贯性以及石油、煤炭、水电、天然气、新能源等各种能源发展缺乏协调

一致性等，这些问题需要未来进一步解决。

2. 能源结构优化微观政策

1）光伏能源发展的政策建议

实现光伏能源发展应从以下三个方面入手。

（1）加强对光伏产业规划和战略的研究，有关光伏产业规划和战略如下。

第一，对目前我国有关光伏产业的现有规划进行梳理和分析，分析各项规划是否科学合理，并对各项规划的实施效果进行有效评估，与此同时对规划之间的协调性应予以重视，最后对各项规划内容进行统一，避免出现政策性混乱。

第二，基于全产业链的视角，对目前我国主要的光伏产业聚集的五大板块（包括长三角地区、珠三角地区、环渤海地区、中部地区及西部地区）分别在产业链中的地位及资源方面的优势和劣势进行系统分析，为各地区利用自身优势有针对性地进行发展提供依据，有效避免地方项目的盲目实施。

第三，各项规划的目标要尽快尽可能地细化，并尽快确定各规划不同阶段的详细目标，同时推动相关细则政策的尽快出台，确保不同阶段各目标的顺利实施，最后还需要对政策实施效果进行跟踪调查。企业当务之急，除了配合政府的各项行动外，还应该利用这次行业变革的机会，增强自身管理短板，建立、健全合理的管理机制，增强管理透明度，改善企业决策模式，用制度与流程保障决策的规范性，使企业的战略规划和战略投资能得到科学、细致的调查分析，从而确保有限的资源得到合理、充分的利用。

（2）政府扶持不能越位，具体如下。

第一，政府应避免直接参与企业决策，虽然政府拥有众多社会资源，可以促成多部门协助，推动新技术迅速形成生产力，但政府离技术前沿较远、难以把握市场的动向，加上政府投资项目缺乏营利性约束，使得政府容易看错方向，造成许多企业离开补贴就无法生存的现象。事实上，光伏行业也同样受到市场机制的约束，企业应该进行自主决策、独立承担盈亏责任。

第二，政府应帮助企业应对风险，我国政府应通过有效沟通来积极协调光伏企业与国外政府部门的关系[156]。同时，应对国内光伏企业出口行为进行有效规范，从而杜绝或减少违反国际贸易有关规定的出口行为，为中国光伏产业树立良好的国际形象。与此同时，为帮助企业应对风险，政府可组织相关企业建立产业对话平台，促进信息的有效交流；设立公平贸易的预警点，进而形成公平贸易的预警网络，降低风险的发生；积极应对贸易保护主义，通过协商消除贸易摩擦，保护和巩固国外市场。同时，政府提醒企业从全局角度出发，加强产业的安全防范意识，并增强风险抵御能力；积极关注国外市场竞争环境动向及相关产业政策，在遵守市场法则的前提下，拓展国外市场。

第三，政府应改变扶持方式，近年来我国从税收优惠、设备购置补贴、上网电价补贴、光伏项目补贴等多方面对光伏行业给予了很大扶持，但从实际效果来看，政府的扶持效果与预期目标相去甚远。我国对光伏项目的补贴主要为前端补贴，即补贴建设光伏电站，但这一政策在实际操作中弊端很多，如发电并网困难，导致项目补贴资金要拖延一两年之久才能到位，而国外的通常做法是进行后端补贴。

（3）加大力度开拓多元化市场，包括扩展国外市场和释放国内市场。

第一，大力拓展国际市场。目前，我国光伏市场严重依赖欧美市场，要想改变这一现状，可以考虑将我国光伏市场扩展到东南亚、北非、南非、中东、澳洲等新兴市场，从而促进我国光伏市场的发展。日本在2012年3月发生了震惊世界的福岛核泄漏事件，这促使日本下决心加大对新能源的投资，日本计划在2020年实现28吉瓦的太阳能发电；印度于2010年1月11号出台了国家太阳能发展计划（Jawaharlal Nehru National Solar Mission，JNNSM），印度计划在2022年基本实现20吉瓦并网发电的目标；沙特阿拉伯计划在2020年使国内可再生能源的比例上升到10%，尤其是要提高太阳能所占的比例。因此，我国光伏企业应积极关注新兴市场的发展动态，为我国光伏产业拓展新兴市场，从而形成多元化的国际市场。

第二，进一步释放国内市场。根据国家对光伏发电的相关规划，到2020年我国光伏发电装机将达1.05亿千瓦以上，国内光伏市场将迎来一个全新的发展时期。对此，应注意以下几个点：首先，落实并完善"上网电价"实施细则，并根据实际市场反应情况做出及时调整；其次，认真实施"金太阳工程""太阳能屋顶计划"等项目；再次，使分布式发电与并网发电系统的应用相结合，并以"下乡、支边、富民、治荒"为主要目标；最后，坚持开展小型光伏系统、结合建筑的光伏发电系统、离网光伏系统的有效应用。同时，应切实落实产业规划目标，逐步释放国内的光伏市场。

2）风电产业发展的政策建议

风电产业发展的政策建议包括以下五点。

（1）加强对高端人才的培养。风力发电组是一种技术密集型产品，涉及气象学、环境科学、空气动力学、结构力学、材料力学、计算机与控制技术、机电工程、电力电子等。从产业链的角度，中国需求的风电人才大概分为产品设计和研发人才、产品生产人才和风电场运营人才三类。具体措施如下。

第一，限制风电相关专业的本科生招生人数。实际上，一个装机100兆瓦的风电场共计需要约10个人，装机500兆瓦的风电场需要约30个人，也就是说风场的正常运营不需要很多人。中国风电的产能过剩，这也间接说明已经不需要生产方面的普通人才。据《可再生能源中长期发展规划》可知，到2020年之前，平均每年新增装机容量约2000兆瓦，那么风电场对人才需求的数量为每年100~500人，目前的本科招生计划已能满足未来一般层次的人才需求。具体的本科招生情况如下：

2008年，河海大学、河北工业大学分别招生35人、30人；2009年，长沙理工大学、兰州理工大学和内蒙古工业大学分别招生45人、70人和40人；2010年，东北电力大学、沈阳工业大学和长春工程学院共计招生110人；2011年，河北建筑工程学院、沈阳工程学院、西安理工大学和内蒙古农业大学招生共计130人；2012年，南京工业大学、吉林大学珠海学院、兰州交通大学招生共计95人。另外，2011年中国有18所高校新增了"新能源科学与工程"专业；2012年，南京大学、深圳大学、黄淮学院等高校增设了该专业。

第二，通过四种途径培养高端人才。风电高端人才的培养，有四种渠道：一是利用973计划、863计划、国家自然科学基金项目等各类风电科研项目的实施来培养博士、硕士，一般情况下，一个国家级项目的完成应该能培养出博士3~5人、硕士2~4人，其成效是显著的；二是吸引相关专业如飞机设计与制造等专业的人才从事风电技术、设备的研发；三是设立硕士、博士学位授权点，包括面向在职人员的工程硕士；四是各类短期培训，包括企业内部学校的学习。

（2）改革现有的科研体制，具体措施如下。

第一，整合国家现有科研项目基金的项目资助范围。将973计划与国家自然科学基金合并，专门进行风电技术的基础性研究；将863计划与国家科技支撑计划合并，做领先国际水平的前沿性研究；将中小企业创新基金和国家能源应用技术研究及工程示范项目合并，专门针对技术或成果转化的应用性、工程化进行研究；在其他类型的基金中取消对风电项目的资助。通过上述整合，不仅可以减少国家对风电项目的总体投入，还可以加大对单个项目的资助力度。

第二，建立国家风电公共研发平台。国家风电公共研发平台的职能是为风电项目开发提供各种试验平台，其中包括各种仪器设施的共用、各类科学数据及科技文献的共享。国家风电公共研发平台的建立不宜依托于某个企业，其建设的资金一般来源于政府投资，少部分也可来源于其他资本，同时为弥补企业或单位研发条件的不足，公共研发平台可实行有偿服务。同时，欧美已有政府架构的多个公共研究平台，如美国国家风能技术中心（National Wind Technology Center，NWTC）、欧洲风能研究院（European Academy of Wind Energy，EAWE），这些平台的运作经验值得我们借鉴。

第三，加强对项目的监控和考核。对项目的监控和考核主要包括三个方面：一是项目的财务审计，应该列出详细的经费清单和使用说明，以及原始票据或复印件；二是项目的目标审计及成果水平，需要对比国际先进水平的检索和说明；三是项目的人才培养情况，包括对项目组成员的科研能力跟踪调查等。

（3）加强对产业政策研究的管理，具体措施如下。

第一，成立国家风电产业政策研究中心。每年都有一些风电产业战略和政策方面的课题受到国家有关部门的资助，这些课题的成果确实有重大的理论价值和实践意义，但这些课题的周期较长（一般三年），难以及时得到研究成果，且项目承担单位分散在全国各地，沟通不方便。因此，有必要成立国家风电产业政策研究中心。该中心的职能是协助我国政府相关部门及时处理风电发展中战略规划以及政策实施等问题，如对外贸争端提出良好的解决方案、对世界范围内未来风电的发展趋势进行有效预测、对我国风电行业的环境要求以及发展方向提出针对性的建议等。

第二，产业政策系统性研究。本书从系统的角度对相关产业政策进行研究：一是对我国有关风电的产业政策进行梳理，分析每一项具体政策是否科学合理，并强调保持各项政策之间的协调性，最后对各项政策的实施效果进行有效评估；二是制定合理可行的新政策，如能源发展规划与各专项规划，并采用自下而上与自上而下相结合的方式，促进新政策有效实施。

（4）加快标准建设，推行产品质量认证。风电标准的建设应注意从以下几个方面进行。

第一，标准的前瞻性。要考虑当前标准与未来技术的兼容性问题。事实上，世界其他国家一直在努力研制更大容量、更加可靠、更具智能性的风电机组。

第二，标准的本土化与国际化。相关标准没有出台之前，我国主要采用欧洲标准，尤其是整机设计及部件的检测技术、检测手段等没有中国的标准。我国与欧洲的环境条件存在较大的差异，欧洲标准无法完全体现和适应中国的实际情况。只有建立适应我国风电资源特点的风电标准，才能提高我国风电设备制造行业的整体核心竞争力，在国际竞争中获得话语权。

第三，兼顾多方目标和利益。在风电安全检查的条件下，应兼顾各方目标和利益。例如，《风电场接入电力系统技术规定》对风电机组技术要求的高低决定着风电场、设备制造企业及电网公司的生产或管理成本。部分风电企业认为，该标准的征求意见稿对风电并网提出了过高的技术门槛，使部分风电场无法并网。另外，一些国外厂商也担心中国出台新的风电技术标准会影响其风电产品进入中国市场。

第四，建立检测和认证体系。根据国务院要求，设立权威的检测机构，完善认购体系，并由国家主管部门制定统一的认证准则，逐步实行强制认证制度，从而促进认证技术的进步与发展，实现认证能力的提高。

（5）逐渐减少财税补贴。2002~2008年，国家对风电的补贴额从1.38亿元上升到23.77亿元，每年都在大幅度增长，这确实极大地促进了我国风电的发展。然而，对风电进行补贴其实破坏了市场竞争原则，给一些即将淘汰的边缘小企业带来机会，同时又引发了国际贸易战，这些企业的产品或多或少都有些问题，给风电整体质量带来隐患。为了促使风电尽快形成与常规能源竞争的能力，应改变现有补贴方式，逐渐降低对风电相关产业的补贴力度，通过引入适当的评价标准和方法，将补贴变为奖励。

3）核电产业发展的政策建议

核电产业发展的政策包括以下几个方面。

（1）加强核原料战略采购管理。

日本媒体普遍认为，国际核电企业以日企为中心，正在逐步形成富士财团的日立-美国通用电气、三井财团的东芝-美国西屋电气、三菱财团的三菱重工-法国阿海珐三足鼎立的局面。美国、日本等国欲排挤中国，控制世界核原料库，已经形成了对铀矿资源的垄断。2030年，中国核电总装机容量预计达到1.3亿千瓦左右；按此计算，在2010~2030年，中国铀矿的累计需求量将达到28.4万吨之多。目前在国际铀矿市场上，基本上只有中核集团和中广核集团在孤军奋战。尽管2012年11月在内蒙古地区勘探发现百万吨世界级铀矿，但与世界产铀大国澳大利亚、加拿大、哈萨克斯坦等国相比还存在很大差距。铀矿建设一般需要10年以上的周期，这表示新发现的铀矿也难以在短期内大规模供应市场。尽管困难重重，我国企业也应走出国门，加大投入，积极寻求与相关国家企业合作的机会，一起勘探和开发国外资源并建立中国铀资源的储备体系。

（2）加强产业规划。

第一，加快对人才的培养。受国家核电产业发展战略的影响，中国在培养核技术人才上曾一度中断，专业技术人才的培养出现断层。2015年以前，中国每年需培养核电专业人才1 200人，其中包括核反应堆工程专业学生330人，核化工与核燃料工程专业学生350人，辐射防护与环境工程专业学生130人，核物理等基础学科专业学生90人，核地质与铀矿冶金专业学生140人。到2020年需要本科以上人才约13 000人，总需求量中本科生约占60%，硕士生约占30%，博士生约占10%。例如，一座百万千瓦级核电站需要400人，按这个标准计算的话，到2020年新增30座百万千瓦级核电站，则需要的核电人才将达1.2万人以上。

虽然从2006年中国开始积极发展核电，但到今天尚未建立完善的人才培养体系，因为培养人才的周期很长。以培养操纵员为例，培训高级操纵员至少需要7年时间，其中获得操纵员执照需要4年，获得高级操纵员执照则再需要3年，如果算上大学4年的学历，至少需要11年的学习和培训。目前我国大批新建核电项目陆续开工，而一批有经验的核专业技术人员及管理人员陆续退休，每年毕业的学生仍不能满足相应的需求，学科专业与核电发展的需求也不完全配套。

要加大对核技术人才培养的支持，扩大人才培养基数，并利用多种渠道拓宽培养途径：一是利用973计划、863计划、国家自然科学基金项目等各类核电科研项目的实施来培养博士、硕士；二是吸引相关专业的人才从事核电技术、设备的研发，以及进入核电安全管理领域；三是设立硕士、博士学位授权点，包括面向在职人员的工程硕士；四是利用企业相关的科研和管理平台进行高端人才的培养。

第二，加强资源的整合。中国核电资源分散、人才匮乏、研发能力不足，这些问题在研发设计、设备制造和运营管理环节都有所体现。中国核电设计能力只达到每年建成3~4台二代改进型核电机组，主要设备制造业也只能满足每年建成4台核电机组。由于引进了AP1000技术，进一步分散了已有的设计能力，而且中国还没有掌握百万千瓦级核电站涉及的一些关键设计技术，各省圈地建园产业分散，核电装备产业集群效应不足。因此，我们要向其他国家学习，整合产业，组建"国家队"，加强研发力量和资金投入。自1979年3月28日三哩岛核电站2号堆事故后，美国30年内没有建设新项目，但一直没有停止技术研发。西屋电气公司只保留了核电研发，经过20多年的努力，在AP600的基础上研发出了AP1000，把核电技术提升到了第三代。美国通过技术改造老旧机组，使其负荷因子从70%提高到90%，电站运行期限由40年延长至60年[242]。

第三，对发展目标的再考虑。《核电中长期发展规划（2005—2020年）》提出，到2020年核电的装机容量为4 000万千瓦，《"十二五"国家战略性新兴产业发展规划》将时间提前到2015年。但2011年日本福岛核电站泄漏事故，使世界各国意识到了核电站的潜在危险，于是各国核电站纷纷退役，我国发展核电站的中长期规划也被搁浅，到2015年核电站装机容器约为2 717万千瓦。

7.3.3 节能减排技术创新路径实现

1. 节能减排低碳技术创新路径实现的障碍分析

1）产业发展与技术创新的脱钩

产业发展超前压缩了技术创新空间。技术创新在产业发展中具有举足轻重的作用，在产业发展生命周期中，产品市场化的起点是科技创新，同时技术创新又推动了新兴产品的产生和新兴产业的发展，世界产业经济发展的进程决定了产业和科技的协调发展，能够进而实现产业经济的良性循环。

产业链布局的全球化趋势导致了国际分工的不断细化，欧美发达国家的经验表明，任何一项技术从产生到成熟直至产业化的整个生命周期，需要不同国家和地区的共同合作才能完成。而这其中，掌握核心科技的企业或国家在利益分配中，获得高额利润；那些缺乏核心技术或技术研发尚不成熟的国家，在参与新兴产业的国际分工时，往往由于技术创新落后于产业发展的速度，只能依靠资源优势从事加工制造环节，位居产业链的下游。

我国作为最大的发展中国家，在部分高科技领域也面临同样的困境。国家在大力发展战略性新兴产业的前提下，就必须提升对核心技术和装备的研发能力。为了与快速发展的国际产业相匹配，缩短科技研发周期、引进国外技术设备是有效的方法之一，而这就必然导致了我国自主创新能力受到束缚。长此以往，必然会影响我国在国际低碳产业链中的竞争优势，掌握核心科技已成为低碳产业竞争的"杀手锏"。

2）现有技术基础不适应低碳技术发展的需求

近年来，国家不断加大对科学技术的投入，国际竞争力得到提升，然而与世界发达国家相比仍存在较大差距。由于基础研发领域投入较少，导致与低碳产业密切相关的材料、控制等学科的基础技术研发能力薄弱。部分领域中的高科技创新一枝独秀，缺乏必要的产业化共生技术的支撑，无法实现科技成果转化。

最典型的是太阳能发电产业，由于缺乏光伏物理学科的理论支撑，光伏产业的核心技术尚未掌握，我国太阳能发电产业的关键材料长期依赖进口。

而发达国家对新能源和清洁能源的利用已经具有一定的规模。法国在核能开发利用上走在世界的前列。法国建设了大量的核反应堆，其全国电力供应的80%以上依靠核能，同时还向西班牙、比利时、瑞士和德国等邻国出口电力。法国目前使用的第三代压水式反应堆（European pressurized reactors，EPR）被学术界认为是当今世界最先进的核电技术，其发电成本比天然气还低30%。同时，风电、太阳能和生物质能是近年来发展最快的可再生能源。然而，我国在可再生能源的利用方面还有很多技术难题需要攻克。

3）低碳技术转化成本高

低碳发展是应对气候变化的根本途径，这一点已经成为全球共识。然而，在实践层面却不得不面临低碳技术转化难的困境。首先，代表高科技发展方向的低碳技术需要高额的投资；其次，与传统产业相比，低碳产业的生产成本较高，难以在短时间内实现商业化应用，为实现节能减排目标，按照IEA（International Energy Agency，即国际能源机构）的预测，我国到2050年在风能利用领域技术的投资额需达到1.1万亿美元；再次，在严密的技术保护下，技术引进过程中高额的转让成本，使其商业化缺乏必要的利润空间；最后，引进技术需要本土化过程，也使得低碳产业的发展成本不断增加。风力发电达到蓝图情景目标的累计投资需求如表7.9所示。

表 7.9　风力发电达到蓝图情景目标的累计投资需求（单位：10亿美元）

国家与地区	中国	印度	其他发展中亚洲经济体	非洲	拉丁美洲
2030 年	379	53	35	16	37
2050 年	1 116	152	114	78	291

2. 节能减排低碳技术创新路径实现措施

1）提高科技创新能力，积极开展低碳技术的研发

我国企业的科研持续能力决定着我国工业化转型和低碳经济能否实现。因此，我国政府应该通过多种手段，激励和引导企业加大低碳技术研发投入，有重点地

掌握核心低碳技术，提升低碳技术创新水平，建立低碳技术能源创新体系。与此同时，面对复杂的市场竞争，企业应开展先进低碳技术的研发工作，提高自主研发能力，充分利用国家在金融、税收等领域的优惠政策，在提高常规能源效率的基础上，积极研发新能源和可再生能源利用技术，使企业在未来市场竞争中具有低碳竞争优势。

2）自主研发与技术引进相结合，搭建国际合作平台

从世界范围来看，我国的低碳技术创新水平与发达国家存在很大差距，大多数核心技术仍掌握在发达国家手中。因此，我国不仅要依靠自身力量实现技术创新，还要学习和吸收国外先进的低碳技术，如生物固碳技术、碳捕获与封存技术等；同时，共同构建低碳技术国际合作平台，有利于我国与国外发达国家进行合作交流，形成合作共赢的局面。此外，在合作的同时，要特别注意并防止发达国家向我国进行"碳排放"转移。自主研发与技术引进的结合有利于国际产业链水平的提升，有利于实现先进制造业与生产性服务业的互动协同，使高耗能产业的比重大大降低，从而实现产业结构的优化[157]。

3）完善低碳经济发展保障制度，构建低碳技术创新政策体系

为实现发展低碳经济的目标，必须依靠技术创新，完善低碳经济发展保障制度。政府应在激励机制、科技投入、制度环境及人才培养等方面适时适度地进行全面创新，从而构建与之相配套的低碳技术创新政策体系。政策体系的构建包括四个方面：首先，建立政府低碳科技投入的支持机制，为企业进行低碳技术创新提供经济基础；其次，应加强技术创新管理水平，使技术创新管理水平与低碳经济发展方式相一致；再次，创造良好的制度环境，使政策框架设计与当前低碳经济发展的制度环境相适应；最后，培养低碳技术的创新型人才，实施低碳经济的人才战略。

第8章 能源结构的内涵与低碳效应

8.1 能源结构的内涵

能源结构是指能源总生产量或总消费量中各类一次能源、二次能源的构成及其比例关系。能源结构分为能源供给结构和能源消费结构。各类能源产量在能源总生产量中的比例，称为能源供给结构。能源消费结构又分为一次能源消费结构、终端能源消费结构和部门能源消费结构等：各类一次能源消费量在能源总消费量中的比例，称为一次能源消费结构；终端能源消费结构，也称能源消耗结构，是指能源直接消费品种的结构份额，主要包括煤炭（去除发电用煤）、石油、天然气和电力；各产业部门的能源消费结构，称为部门能源消费结构。能源市场消费模式直接影响着能源结构，而终端能源是能源市场的直接消费形式，因此本书主要从终端角度对能源消耗结构进行研究。

对能源结构优化内涵的理解可基于不同的角度。从能源规划的角度来看，由于能源规划是依据一定时期的国民经济和社会发展规划，预测相应的能源需求，从而对能源的结构、开发、生产、转换、使用和分配等各个环节做出的统筹安排，因此能源结构优化应以社会经济的可持续发展，以及能源-经济-环境的协调发展为前提。从能源利用的角度来看，能源效率包括能源技术效率和能源配置效率：能源技术效率是指在能源投入给定时，实现能源产出水平的最大化，或者给定能源产出水平使能源投入最小化；能源配置效率是指各能源品种价格既定时，通过合理配置能源结构实现能源投入最小化。根据魏楚和沈满洪的研究[242]，这里的能源效率即能源技术效率。此时的能源结构优化是指在一定的技术和资源约束下，综合运用市场调节和政府宏观调控合理配置各能源品种的消费比例，以促进能源效率的提高。从能源产出角度来看，能源产出既包括社会经济效益又包括环境效益，能源结构优化须以在促进社会经济发展的同时降低对环境造成的影响为目的。

能源结构是能源系统工程的重要组成部分，能源结构子系统是一个较复杂的系统，涉及社会经济生活的方方面面，不仅受经济系统的影响，还受节能和碳排放的约束，尤其是在追求能源-经济-环境协调发展的低碳经济背景下。低碳经济主要通过低碳化进程得以实现。低碳化，即碳生产能力的不断提高，主要包括能源消费导致的碳排放减少和单位产出所需能源消耗降低。基于低碳经济的能源结构优化是指在遵循能源发展规划的基础上，以社会经济的可持续发展及能源-经济-环境的协调发展为前提，合理配置各能源品种的消费比例，在提高能源效率的同时，达到降低二氧化碳排放的目标。

8.2 能源结构对低碳经济的作用

低碳经济是一种以低能耗、低污染、低排放为特征的可持续发展模式。能源结构主要通过能源总量、经济总量、产业结构、人口等4个介质对低碳经济产生影响。

1. 能源总量

低碳经济系统的稳定运行离不开充足的能源支撑，能源投入是经济发展的重要保障。能源结构反映了能源投入的配置方式，能源结构的变动将通过改变能源效率影响能源投入，进而影响低碳经济的发展。根据有关专家分析，我国各能源品种利用效率由高到低分别为电力、天然气、石油和煤炭，其中，煤炭的利用效率约为27%，石油、天然气和电力分别比煤炭高23%、30%和48%。因此，不同的配置形式即可形成相应的能源总体效率。根据张珍花和王鹏[243]利用柯布-道格拉斯生产函数构建的模型可知，煤炭的消费比例与能源效率呈负相关，石油的消费比例与能源效率呈正相关，而由于天然气在我国能源消费中的比重较小，在模型中并不能体现其对能源效率的作用。

2. 经济总量

有能源消耗，就必然会产生排放。但是消耗相同数量的能源，其配置方式，即能源结构不同，产生的碳排放也会有很大差别。由于燃烧效率、热值、燃烧条件等的不同，单位煤炭的碳排放量最大，石油、天然气次之。一般来说，燃烧1吨标准煤的煤炭、石油和天然气，将分别排放0.747 6吨碳、0.582 5吨碳、0.443 5吨碳。中国能源发展战略与政策研究课题组的研究成果显示，全国烟尘排放量的70%、二氧化硫排放量的90%、氮氧化物排放量的67%都来自于燃煤。可见，以煤炭为主的能源结构必然导致消耗同样能源的碳排放量和污染物偏高。碳排放与经济增长有着密切的联系。经济的高速增长伴随着能源和环境资源投入的增加，在其他条件没有改善的情况下，必然带来碳排放的增长。

3. 产业结构

另外，能源结构与产业结构关系密切，各产业由于其行业传统特征、产品性质、生产工艺流程、管理水平、技术水平等的不同对各能源品种的需求也有很大差别；而各能源品种由于资源禀赋、利用方式、技术水平等差异，其能源利用效率有高有低，能源消费的不同组合方式通过各产业的产出水平反映能源总体利用效率。产业发展在一定程度上影响着碳排放量的变化。各产业的产业生产特点决定了各产业的能源消耗强度不同，直接导致碳排放不同。一般来说，以工业为主的第二产业碳排放排放量最大，第一产业次之，第三产业最少。我国的直接碳排放主要集中在工业部门，包括冶金、建材、化工、电力等原材料部门。根据工业化发展的一般规律，随着工业化进程的深入，能源消费导致的碳排放量增长速度先上升后减缓，而能源消费导致的碳排放强度则呈倒U形曲线。

4. 人口

人口是低碳经济系统中最基本的因素。能源是人类赖以生存的基础，人口规模直接决定了生活用能总量，包括照明、家电、炊事、采暖降温等，而各项用途对不同能源的利用量及利用方式，也影响了能源结构的变化。

根据以上分析，可得出能源结构对低碳经济的作用关系图，如图8.1所示。

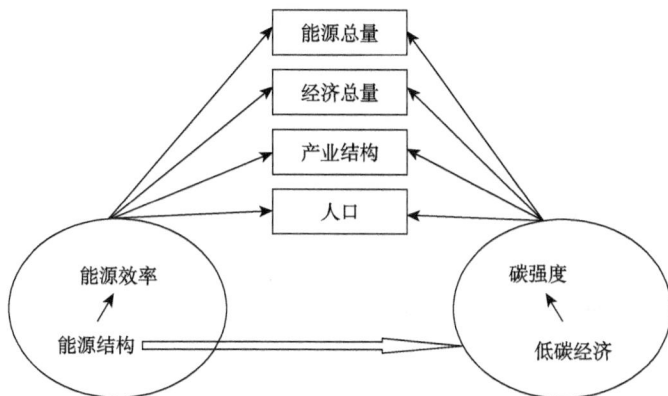

图 8.1 能源结构对低碳经济的作用

8.3 能源结构的低碳效应

8.3.1 分解模型构建

为了分析能源结构的低碳效应，利用LMDI方法将二氧化碳排放分解为经济发展水平、能源消费结构、能源使用效率和能源排放强度，如式（8.1）：

$$C = \sum_i C_i = \sum_i \frac{E_i}{E} \times \frac{C_i}{E_i} \times \frac{E}{Y} \times \frac{Y}{P} \times P \tag{8.1}$$

其中，C为碳排放量；C_i为i种能源的碳排放量；E为一次能源消费量；E_i为i种能源消费量；Y为GDP；P为人口数。

人均碳排放量可表示为式（8.2）：

$$A = \frac{C}{P} = \sum_i \frac{E_i}{E} \times \frac{C_i}{E_i} \times \frac{E}{Y} \times \frac{Y}{P} \tag{8.2}$$

之后定义能源结构因素为$S_i = E_i / E$，即i种能源在一次能源消费中所占的比例；各类能源排放强度为$F_i = C_i / E_i$，即消费单位i种能源的碳排放量；能源效率因素为$I = E/Y$，即单位GDP能耗；经济发展因素为$R = Y/P$。

因此，人均碳排放量可表示为式（8.3）：

$$A = \frac{C}{P} = \sum_i S_i F_i I R \tag{8.3}$$

式（8.3）说明了引起人均碳排放量A变化的S_i（能源消费结构）、F_i（能源排放强度）、I（能源使用效率）以及R（经济发展水平）四方面因素。

第t期相对于基期的人均碳排放量的变化可表示为"和"的形式，具体为式（8.4）：

$$\Delta A = A^t - A = \sum_i S_i^t F_i^t I^t R^t - \sum_i S_i^0 F_i^0 I^0 R^0$$
$$= \Delta A_S + \Delta A_F + \Delta A_I + \Delta A_R + \Delta A_{\text{rsd}} \tag{8.4}$$

$$D = A^t / A^0 = D_S D_F D_I D_R D_{\text{rsd}} \tag{8.5}$$

其中，ΔA_S、D_S为能源结构因素，ΔA_F、D_F为能源排放强度因素，ΔA_I、D_I为能源效率因素，ΔA_R、D_R为经济发展因素，ΔA_{rsd}、D_{rsd}为分解余量。

式（8.5）中的ΔA_S、ΔA_F、ΔA_I、ΔA_R为各因素变化对人均碳排放变化的贡献值。而D_S、D_F、D_I、D_R、D_{rsd}为各因素变化对人均碳排放变化的贡献率。基于式（8.5），按照对数平均权重分解法（logarithmic mean weight Divisia method，LMD）进行分解，分解结果为

$$\Delta A_S = \sum_i W_i' \ln \frac{S_i^t}{S_i^0} \qquad \Delta A_F = \sum_i W_i' \ln \frac{F_i^t}{F_i^0}$$

$$\Delta A_I = \sum_i W' \ln \frac{I^t}{I^0} \qquad \Delta A_R = \sum_i W' \ln \frac{R^t}{R^0} \tag{8.6}$$

其中$W_i' = \dfrac{A_i^t - A_i^0}{\ln(A_i^t / A_i^0)}$，因而可得

$$\Delta A_{\mathrm{rsd}}$$

$$= \Delta A - \left(\Delta A_S + \Delta A_F + \Delta A_I + \Delta A_R \right)$$

$$= A^t - A^0 - \sum_i W' \left(\ln \frac{S_i^t}{S_i^0} + \ln \frac{F_i^t}{F_i^0} + \ln \frac{I^t}{I^0} + \ln \frac{R^t}{R^0} \right)$$

$$= A^t - A^0 - \sum_i W' \ln \frac{A_i^t}{A_i^0}$$

$$= A^t - A^0 - \sum_i \left(A_i^t - A_i^0 \right)$$

$$= 0$$

对式（8.5）两边取对数，得到

$$\ln D = \ln D_S + \ln D_F + \ln D_I + \ln D_R + \ln D_{\mathrm{rsd}} \tag{8.7}$$

根据式（8.5）和式（8.7），可得

$$\frac{\ln D}{\Delta A} = \frac{\ln D_S}{\Delta A_S} = \frac{\ln D_F}{\Delta A_F} = \frac{\ln D_I}{\Delta A_I} = \frac{\ln D_R}{\Delta A_R} = \frac{\ln D_{\mathrm{rsd}}}{\Delta A_{\mathrm{rsd}}}$$

$$\frac{\ln D}{\Delta A} = \frac{\ln A^t - \ln A^0}{A^t - A^0} = W$$

则 $D_S = \exp\left(W \cdot \Delta A_S \right)$，$D_F = \exp\left(W \cdot \Delta A_F \right)$，$D_I = \exp\left(W \cdot \Delta A_I \right)$，$D_R = \exp\left(W \cdot \Delta A_R \right)$，$D_{\mathrm{rsd}} = 1$。

　　人均碳排放分解的各个因素贡献公式［式（8.4）、式（8.5）］表示从基期以来人均碳排放量变化总量中，能源结构、能源排放强度、能源效率和经济发展因素的贡献值。

　　通过公式的分解，揭示了低碳经济发展中主要的以下几条途径：能源结构特别是能源消费结构调整优化；能源排放强度降低，主要依靠技术提高燃料效率或通过碳吸收与存储技术提高能源效率。能源效率的提高，主要是单位GDP碳排放的降低，主要包括两个方面：一方面是能源的使用方向即生产什么；另一方面是能源使用过程中损耗的减少。前者取决于生产，而生产又主要由产业结构决定，后者取决于技术发展水平和环境支撑建设。经济发展水平也是一个重要的原因，这也说明一个国家的经济发展水平对低碳经济的发展起着至关重要的作用，处在工业化发展中的国家很难迅速降低碳排放水平。

8.3.2　实证分析

　　本书通过以下公式对碳排放量进行计算：

$$C = \sum_i \frac{E_i}{E} \times \frac{C_i}{E_i} \times E \tag{8.8}$$

其中，C 为碳排放量；C_i 为 i 种能源的碳排放量；E 为一次能源消费量；E_i 为 i 种能源消费量；E_i/E 为第 i 种能源消费量占能源消费总量的比重；C_i/E_i 为单位能源消费的碳排放量，即碳排放系数。在此同样采用2003年国家发展和改革委员会能源研究所的计算结果。

根据历年《中国统计年鉴》整理得到我国碳排放因素分析的相关数据，如表8.1所示。

表 8.1 我国 1995 年、2001~2010 年的能源、人口、GDP 以及碳排放

年份	1995	2001	2002	2003	2004	2005	2006	2007	2008	2009	2010
消费总量/亿吨	13.12	15.04	15.94	18.38	21.35	23.6	25.87	28.05	29.14	30.66	32.49
煤炭/亿吨	9.79	10.27	10.84	12.83	14.84	16.71	18.39	19.94	20.49	21.58	22.09
所占份额/%	74.6	68.3	68.0	69.8	69.5	70.8	71.1	71.1	70.3	70.4	68.0
石油/亿吨	2.30	3.28	3.55	3.90	4.55	4.67	4.99	5.27	5.33	5.49	6.17
所占份额/%	17.5	21.8	22.3	21.2	21.3	19.8	19.3	18.8	18.3	17.9	19.0
天然气/亿吨	0.24	0.36	0.38	0.46	0.53	0.61	0.75	0.93	1.08	1.20	1.43
所占份额/%	1.8	2.4	2.4	2.5	2.5	2.6	2.9	3.3	3.7	3.9	4.4
水电、核电等/亿吨	0.80	1.13	1.16	1.19	1.43	1.60	1.73	1.91	2.24	2.39	2.79
所占份额/%	6.1	7.5	7.3	6.5	6.7	6.8	6.7	6.8	7.7	7.8	8.6
人口/亿人	12.11	12.76	12.85	12.92	13	13.08	13.14	13.21	13.28	13.35	13.41
1995 年不变 GDP/亿元	6.08	9.96	10.87	11.96	13.16	14.65	16.51	18.85	20.66	22.57	24.92
碳排放/亿吨碳	8.76	9.75	10.35	12.06	13.98	15.49	16.99	18.39	18.9	19.87	20.75
人均碳排放/吨碳	0.72	0.76	0.81	0.93	1.08	1.18	1.29	1.39	1.42	1.49	1.55

考虑到技术的限制，本节假定单位能源的碳排放量是固定不变的，影响人均碳排放的主要因素为能源结构、能源效率和经济发展，则 $\Delta A_F = 0$，$D_F = 1$。其他影响因素对人均碳排放的贡献。根据公式得出，结果如表8.2所示。

表 8.2 2001~2010 年三因素对我国人均碳排放的贡献

年份		2001	2002	2003	2004	2005	2006	2007	2008	2009	2010
人均碳排放	ΔA	0.04	0.09	0.21	0.36	0.46	0.57	0.67	0.7	0.77	0.83
	D	1.056	1.125	1.292	1.5	1.639	1.792	1.931	1.972	2.069	2.153
能源结构	ΔA_S	−0.022	−0.022	−0.014	−0.017	−0.016	−0.016	−0.018	−0.029	−0.031	−0.047
	D_S	0.971	0.972	0.983	0.981	0.983	0.984	0.982	0.972	0.971	0.958
能源效率	ΔA_I	−0.288	−0.317	−0.294	−0.271	−0.29	−0.33	−0.398	−0.469	−0.522	−0.593
	D_I	0.678	0.66	0.699	0.737	0.732	0.713	0.677	0.634	0.611	0.578
经济发展	ΔA_R	0.328	0.398	0.504	0.622	0.75	0.9	1.067	1.169	1.286	1.416
	D_R	1.558	1.683	1.848	2.015	2.238	2.511	2.851	3.109	3.369	3.699

由图8.2可知，相对于1995年，我国人均碳排放自2001年以来总体呈不断上升的趋势，但2007年其增长率开始明显下降，平均增长率约为4.71%。

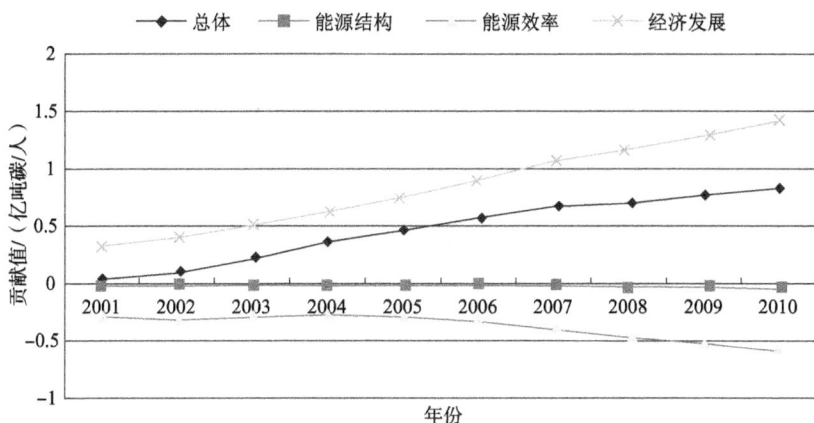

图 8.2 2001~2010年能源结构、能源效率、经济发展对我国人均碳排放的贡献值趋势

导致我国人均碳排放不断上升的主要原因是我国经济的飞速发展。由图8.2可知，经济发展对我国人均碳排放的贡献值自2001年以来不断增加。而由于历年来煤炭消费占能源消费总量的比例一直稳居70%左右，能源结构变化较小，其对人均碳排放的贡献值的变动也较小。能源效率对降低人均碳排放起正向作用，2005年以来，其对降低人均碳排放的贡献值不断增加，且增长率有所增长，约为15.43%。

为进一步探讨能源结构、能源效率和经济发展对人均碳排放的影响效应，将抑制因素对人均碳排放的贡献率（<1）做取倒数处理，变成降低人均碳排放的推动因素，如图8.3所示。经济发展对拉动人均碳排放增长的贡献率在各个阶段均大于能源结构和能源效率对抑制人均碳排放增长的贡献率，且经济发展对其的拉动贡献率的呈不断上升趋势，而能源结构和能源效率对其的抑制贡献率变化不大。

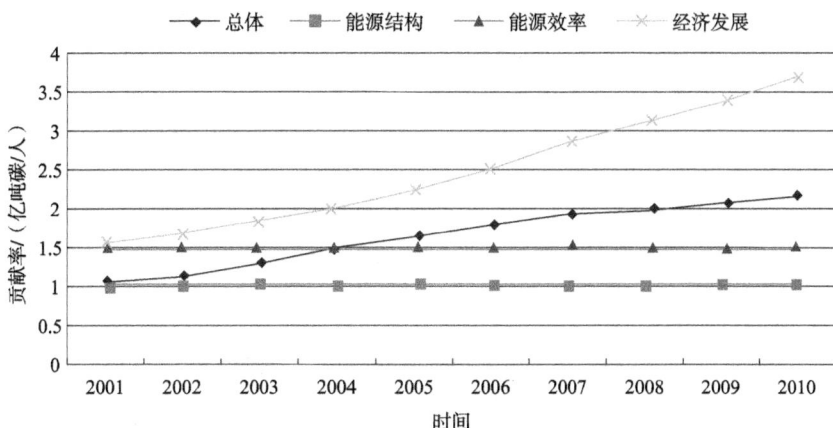

图 8.3 2001~2010年能源结构、能源效率、经济发展对我国人均碳排放的贡献率趋势

第9章　我国能源结构的现状及趋势

经济的快速发展离不开能源的支撑，我国是世界上最大的发展中国家，经济发展突飞猛进，对能源的需求越来越大。我国的能源生产和消费规模巨大，2013年，我国能源生产量位居世界第三，仅次于美国和俄罗斯；能源消费量仅次于美国，暂居第二位。煤炭在我国能源体系中扮演着重要角色，在能源生产和能源消费中占据70%左右的份额。但煤炭使用过程中造成的环境污染极其严重，二氧化碳排放的70%来自于燃煤，这不利于低碳经济的发展。因此，能源问题是目前低碳经济发展的热点和难点。

9.1　我国能源结构的现状分析

9.1.1　我国能源供给结构

1. 我国能源资源储量状况

能源结构的特征，在很大程度上取决于能源资源的储量特征，因此把握能源资源的储量概况是研究能源问题的基础。随着能源技术的日新月异，能源资源的储量状况也在不断发生着变化，但相对而言，我国以及全世界的能源储量是比较稳定的。

我国国土面积辽阔，能源资源储量比较丰富。在常规能源方面，煤炭资源储量为1.1万亿吨，探明可采储量为0.1万亿吨，位居世界第3位，我国煤炭资源相当丰富，但由于地理条件、技术水平等限制，勘探程度及质量较低。我国煤炭资源的分布相对集中，如表9.1所示，主要分布在北部和中部，其分布格局与我国的经济发展格局不均衡。

表 9.1　我国各地区煤炭资源探明储量

地区	资源探明率/%	煤炭资源储量地区分布		资源保证年限/年
		资源总储量/%	探明保有储量/%	
东北地区	48.92	1.34	3.30	300
中南地区	24.91	2.61	3.27	319

续表

地区	资源探明率/%	煤炭资源储量地区分布		资源保证年限/年
		资源总储量/%	探明保有储量/%	
华北地区	24.44	39.90	48.95	1 486
华东地区	26.47	4.44	5.90	341
西北地区	13.01	45.90	29.98	3 734
西南地区	29.56	5.80	8.61	1101

我国石油资源储量为787亿吨，累计探明石油可采储量为67.91亿吨，位居世界第11位，我国石油资源分布比较均匀，以陆相油藏为主，主要可分为东部拉张型盆地、中部过渡型盆地和西部挤压型盆地3种含油气盆地。

我国天然气资源储量不低于47万亿立方米，累计探明可采储量为2.5万亿立方米，位居世界第18位，天然气资源在我国的中部地区和西部地区分布较广泛，中部、西部地区天然气资源约占全国天然气资源量的66.15%，我国近海大陆架天然气可采储量约占25.71%，东部地区天然气资源相对较少，仅占8.14%。

我国的水能资源丰富，水能资源理论蕴藏量位居世界第一，达6.89亿千瓦，可开发水电装机容量约占蕴藏量的58.35%，如表9.2所示，我国的水电资源主要集中在珠江、黄河的中上游、澜沧江、长江、雅鲁藏布江的中下游、怒江和黑龙江上游，总量约占全国水电资源量的90%。

表 9.2 我国（分水系）水能资源蕴藏量及可开发的水能资源

水系	水能资源蕴藏量		可开发的水能资源	
	装机容量/万千瓦	发电量/（亿千瓦时/年）	装机容量/万千瓦	发电量/（亿千瓦时/年）
全国	67 604.71	59 221.8	37 853.24	19 233.04
珠江	3 348.37	2 933.2	2 485.02	1 124.78
黄河	4 054.80	3 552.0	2 800.39	1 169.91
雅鲁藏布江及西藏其他河流	15 974.33	13 993.5	5 038.23	2 968.58
海滦河	294.40	257.9	213.48	51.68
长江	26 801.77	23 478.4	19 724.33	10 274.98
东北诸河	1 530.60	1 340.8	1 370.75	439.42
东南沿海诸河	2 066.78	1 810.5	1 389.68	547.41
西南国际诸河	9 690.15	8 488.6	3 768.41	2 098.68
北方内陆及新疆诸河	3 698.55	3 239.9	996.94	538.66
淮河	144.60	127.0	66.01	18.94

在新能源和可再生能源方面，我国拥有占国土面积不低于2/3的具有开发价值（年辐照总量大于502万千焦/米^2，且年日照时数不低于2 200小时）的太阳能资源

地区，其中西藏西部、新疆东南部、青海西部、甘肃西部等地区的太阳能源资源最为丰富；风能资源理论蕴藏量为32.26亿千瓦，可开发的风能资源约占7.8%，表9.3显示了我国的风能资源情况；我国地热资源储量丰富，可开采资源量相当于137亿吨以上的标准煤；生物质能资源主要包括农作物秸秆、薪材等，农作物秸秆年产量在7亿吨以上，可用作能源资源的占40%~50%，每年可开采的薪材量为1.58亿吨。

表9.3　我国风能资源分类[105]

指标	可利用区	丰富区	较丰富区	频发区
年有效风能密度/（瓦/米²）	50~150	>200	150~200	<50
年≥3米/秒的累计小时数/小时	2 000~4 000	>5 000	4 000~5 000	<2 000
占全国面积的百分比/%	50	8	18	24
年≥6米/秒的累计小时数/小时	350~1 500	>2 200	1 500~2 200	<350

2. 我国能源生产结构

如图9.1所示，改革开放以来，我国能源生产总量总体呈上升趋势，由1978年的62 770万吨标准煤，上升到2010年的296 916万吨标准煤。其中，1978~2000年，上升比较平缓，平均增速为3.6%；2000年以来，我国能源生产总量开始急剧上升，平均增速高达8.2%。我国的能源生产始终无法摆脱以煤炭为主的生产结构，1978年以来，原煤产量所占比重一直在轻微波动，稳居70%左右，2003年以来，始终不低于75%，2010年为76.5%；原油产量所占比重总体呈下降趋势，1980年达到最高值23.75%，2000年开始，所占比重迅速下降，2009年和2010年分别为9.9%、9.8%，均低于10%；天然气、水电（包括核电）等的产量所占比重过小，尤其是天然气，2010年仅为4.3%，其产量虽在不断提高，但上升速度比较缓慢，平均增速分别为1.4%、3.7%。

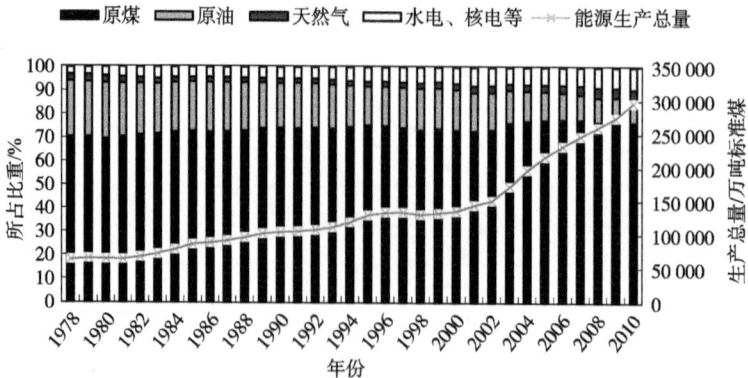

图9.1　一次能源生产总量及构成

1）煤炭

我国是世界产煤大国，1/3的世界煤炭产量出自中国，1989年我国原煤产量达到75 297万吨标准煤，自此我国的原煤产量跃居世界第一位。2010年我国原煤产量达227 141万吨标准煤，是1978年煤炭产量的5倍之多。如图9.2所示，1978年以来，我国煤炭产量总体呈上升趋势，1978~1996年，煤炭产量稳步上升，平均增速为4.7%，1996年产量达到99 774万吨标准煤；随后几年（1997~2000年），由于东南亚金融危机，我国经济发展受到冲击，对煤炭的需求有所降低，煤炭产量有下滑趋势；直到2001年煤炭产量相对于1996年才有所增长，为105 029万吨标准煤，自此以后，煤炭产量增长速度迅猛，平均增速为8.8%。除了1980年，煤炭产量所占比重不足70%（为69.5%）外，1978年以来，煤炭产量所占比重一直稳居70%以上，尤其是2003年突破了75%，达76.2%，比2002年增长了2.7个百分点，自此我国煤炭产量所占比重一直高居75%以上，2006年达到最高点77.8%，2010年有所下降，为76.5%。

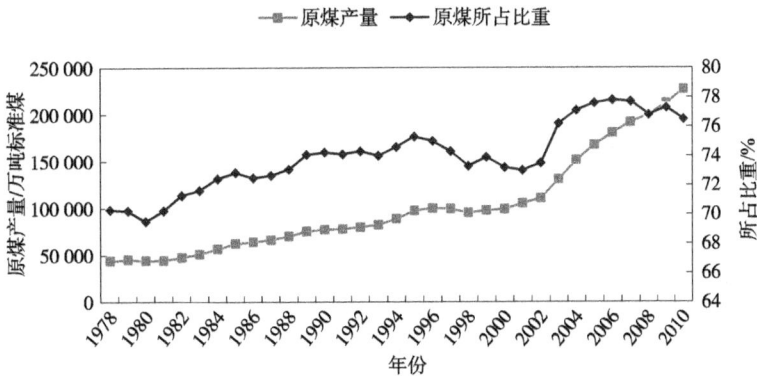

图 9.2　原煤产量及所占比重

2）石油

如图9.3所示，1978年以来我国原油产量一直处于不断增长的趋势，由1978年的14 879万吨标准煤上升至2010年的29 098万吨标准煤。由于我国原油储量有限，加之勘探条件复杂、技术不成熟等，其产量33年间增长了不到1倍，年平均增速约为2.2%。相对缓慢的增长速度使石油产量虽然在不断增长但是其所占比重却在不断下滑。2009年开始，原油产量所占比重低于10%，2010年为9.8%。

3）天然气

如图9.4所示，我国天然气产量自1978年以来呈逐年上升趋势。1978~1994年上升趋势比较平缓，平均增速仅为1.4%；从1994年开始，国家出于产业结构优化的考虑，开始重视油气资源的开发，天然气产量增长速度明显提升，平均增速达

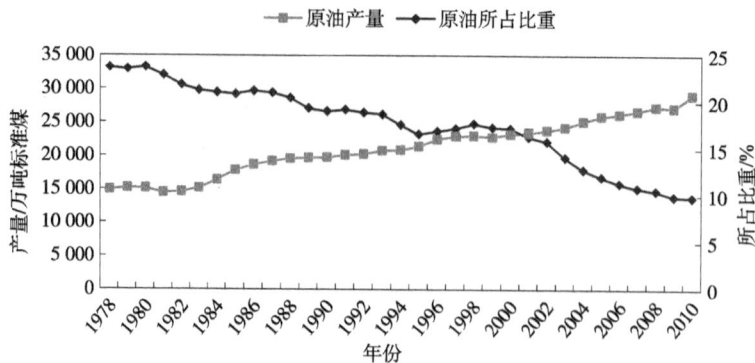

图 9.3　原油产量及所占比重

到11.6%，2010年产量为12 767万吨标准煤。天然气产量所占比重在1978年仅为2.91%，1979年上升为2.99%，从此便一直处于平稳下降趋势，直到1994年随着天然气产量的迅速增加，其所占比重也开始上升，2005年突破3%，2010年所占比重为4.3%。随着低碳经济发展的不断深入，我国将更加重视天然气资源的开发，我国天然气资源储量丰富，其产量及所占比重有较大的提升空间。

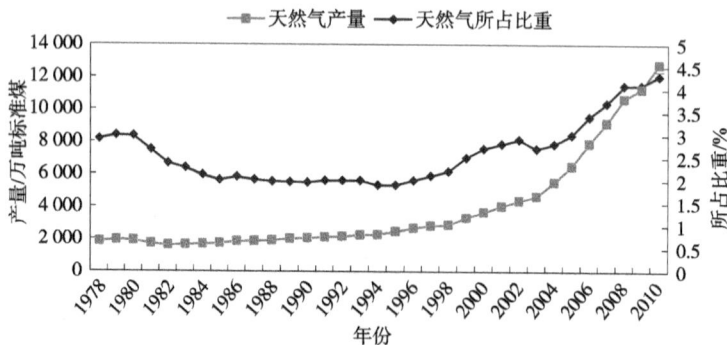

图 9.4　天然气产量及所占比重

4）水电、核电等

我国从1990年开始重视水电、核电等的开发。如图9.5所示，我国水电产量2003年之前经历起伏后，开始不断上升，平均增速达14.4%，2010年产量为7 221.7亿千瓦时，比2009年增长了17.3%。我国核电产量，自1995~2001年经历了从无到有的过程，平均增速为5.4%，2001年其产量仅为174.72亿千瓦时，2002年开始，随着我国核电站事业的发展，核电产量也开始迅速增长，平均增速高达19.2%，2010年产量为738.8亿千瓦时。我国水电和核电产量，尤其是核电产量所占比重很小，二者所占比重之和的变化趋势基本与水电产量变化趋势相同。1995~2003年，其产量有增有减，2003年开始，逐年稳步上升，2010年二者所占比重之和为9.4%。

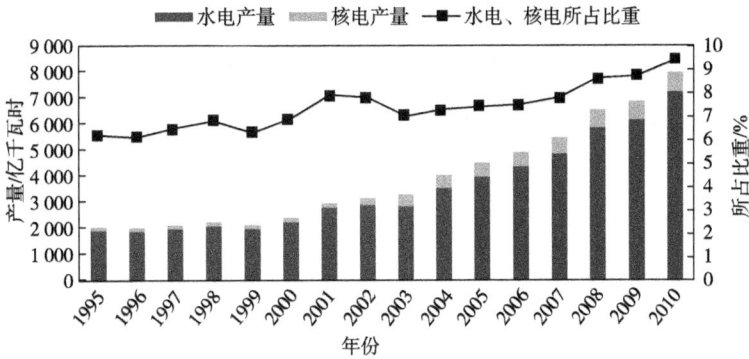

图 9.5　水电、核电产量及所占比重

9.1.2　我国能源消费结构

1. 一次能源消费总量及其构成

我国是世界能源消费大国，英国石油（British Petroleum，BP）统计数据显示，2010年我国一次能源消费量超越美国，跃居世界第一。如图9.6所示，改革开放以来，除1981年能源消费总量为59 447万吨标准煤，比1980年略低外，我国能源消费总量在逐年快速增长。尤其是2002年以来，一方面由于我国逐步摆脱了东南亚金融危机的影响，经济开始强劲复苏，重工业发展较快；另一方面由于WTO的"红利"效应，主要以原材料行业为主的我国的出口工业，获得了前所未有的发展。因此我国能源消费总量增长速度明显提高，平均增速达9.4%。能源消费对经济增长的贡献也在稳步提升，GDP由1978年的3 645亿元增至2010年的74 945亿元（1978年不变价），平均增速达9.9%。如图9.7所示，能源强度（单位GDP能源消费）总体处于下降趋势，2010年每万元GDP消耗能源总量4.34吨标准煤。能源消费导致碳排放量随着能源消费总量的增长而不断上升，平均增长率为5.5%，2010年碳排放量为207 492万吨碳。1978年以来，单位能源消费产生的碳排放量反复波动，但总体呈降低趋势，2010年为0.64吨碳/吨标准煤。由于煤炭消费在能源消费总量中的比重较大，所以煤炭消费量与能源消费总量变化趋势基本一致，总体呈上升趋势，可分为明显的三个阶段：第一阶段为1978~1995年，除1981年煤炭消费量比上年略低外，其消费量逐年快速上升，平均增速为5.6%；第二阶段为1996~2001年，煤炭消费量变化比较平缓，1997年和1998年连续两年不增反减，直到2000年才略高于1996年的消费量，平均增速仅为0.8%；第三阶段是2002年以来，随着经济环境转好，煤炭消费量增长迅猛，平均增速为9%，2010年煤炭消费量为220 958.52万吨标准煤。石油消费量在1990年以前起伏不定，变化比较平缓，1991年开始逐年增长，平均增长率接近7%，2010年石油消费量为61 738.41万吨标准煤。我国的天然气消费量比较低，且增长比较缓慢，直到2008年才突破10 000万吨标准煤，2010年天然气消费量为14 297.32万吨标准煤。我国的水电、核电等可再生能源开发比较晚，消费量比较低，但随着水电、核电经济性的提高以及清洁性等优点被广泛认可，近年来其消费量不断上升，2010年达到27 944.75万吨标准煤。

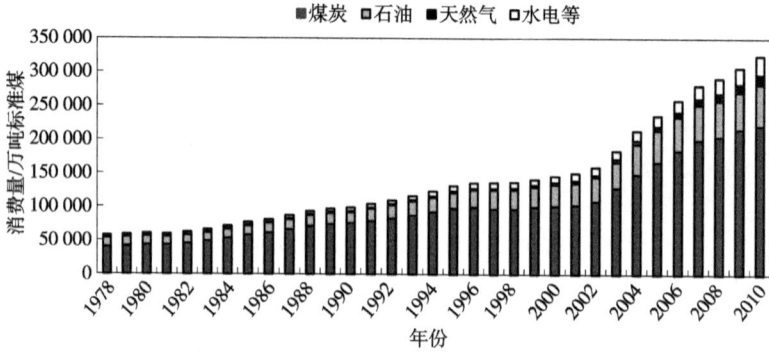

图 9.6　能源消费总量及其构成

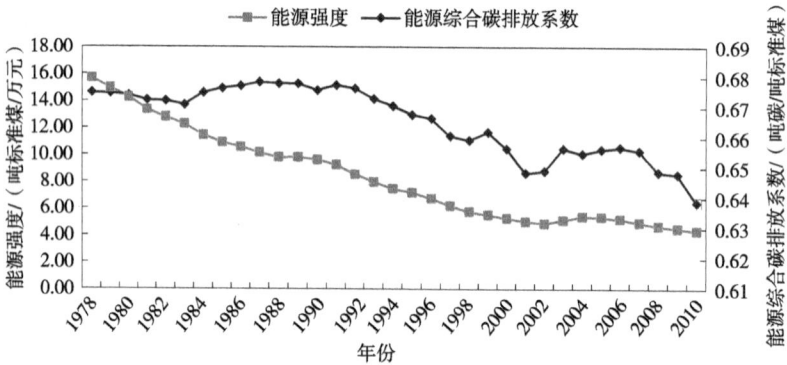

图 9.7　1978 年以来能源强度及单位能源碳排放量变化（1978 年人民币不变价）

我国煤炭资源丰富，煤炭的廉价性、可得性等使其一直在能源消费总量中占最大比重。1978年以来，煤炭消费所占比重波动较大，1978~1990年其所占比重不断上升，1990年达到最大值76.2%，随后开始有所下降，2002年达到最小值68%，在轻微波动之后，2010年又恢复至68%。石油在我国能源消费中占据重要地位，其所占比重变化趋势与煤炭比重变化趋势呈对称状，1978~1990年比重不断下降，1990年达到最小值16.6%，随后开始上升，2002年达到最大值22.3%，自此有下降趋势，2010年达到19%，比2009年增长1.1个百分点。天然气和水电等消费量所占比重相对较小，2010年分别为4.4%、8.6%，且变化趋势比较平缓（表9.4）。

表 9.4 我国一次能源消费结构（单位：%）

年份	煤炭	石油	天然气	水电等	年份	煤炭	石油	天然气	水电等
1978	70.67	22.73	3.2	3.4	1999	70.6	21.5	2	5.9
1980	72.15	20.76	3.1	3.99	2000	69.2	22.2	2.2	6.4
1985	75.81	17.1	2.24	4.85	2001	68.3	21.8	2.4	7.5
1990	76.2	16.6	2.1	5.1	2002	68	22.3	2.4	7.3
1991	76.1	17.1	2	4.8	2003	69.8	21.2	2.5	6.5
1992	75.7	17.5	1.9	4.9	2004	69.5	21.3	2.5	6.7
1993	74.7	18.2	1.9	5.2	2005	70.8	19.8	2.6	6.8
1994	75	17.4	1.9	5.7	2006	71.1	19.3	2.9	6.7
1995	74.6	17.5	1.8	6.1	2007	71.1	18.8	3.3	6.8
1996	73.5	18.7	1.8	6	2008	70.3	18.3	3.7	7.7
1997	71.4	20.4	1.8	6.4	2009	70.4	17.9	3.9	7.8
1998	70.9	20.8	1.8	6.5	2010	68	19	4.4	8.6

2. 能源消耗结构

能源消耗结构是指能源直接消费品种的结构份额，主要包括煤炭（去除发电用煤）、石油、天然气和电力。由于各品种能源的碳排放系数不同，即单位品种能源的碳排放量不同，根据2003年国家发展和改革委员会能源研究所及厦门节能中心的测算，煤炭、石油、天然气、电力的碳排放系数分别为0.747 6吨碳/吨标准煤、0.582 5吨碳/吨标准煤、0.443 5吨碳/吨标准煤、0.680 0吨碳/吨标准煤，因此其所占比重的不同（即能源消耗结构）直接影响着单位能源的碳排放量（能源综合碳排放系数）。如图9.8所示，1980~1985年，由于油气资源的缺乏，煤炭消耗较大，其所占比重不断上升，1985年达到最大值60.5%，这段时期，电力消耗增长较缓慢，因此能源综合碳排放系数较稳定；1986年开始，煤炭消耗所占比重开始下降，电力消耗所占比重迅速上升，同时石油消耗所占比重开始缓缓上升，使得这段时期能源综合碳排放系数的波动较大，但总体趋于下降；2002年以来，煤炭和电力消耗所占比重变化趋于平缓，石油消耗所占比重有所下降，天然气消耗所占比重开始稳步上升，但所占比重过小，2009年仅为4%，这使得能源综合碳排放系数有所上升；2006年开始，电力消耗所占比重开始超过煤炭消耗比重，并不断上升，2010年为41%，得能源综合碳排放系数开始降低，2009年能源综合碳排放系数为0.648吨碳/吨标准煤。

3. 产业能源消费特征

1978年以来，随着我国工业化进程的不断加快，产业结构也随之不断变动。2009年，我国第一产业产值占GDP的比重为10.3%，第二产业为46.3%，第三产业为43.4%。产业结构的"二三一"特征也决定了产业能源消耗、产业能源强度、产业碳强度的"二三一"特征。如表9.5和图9.9所示，自2000年以来，第二产业能

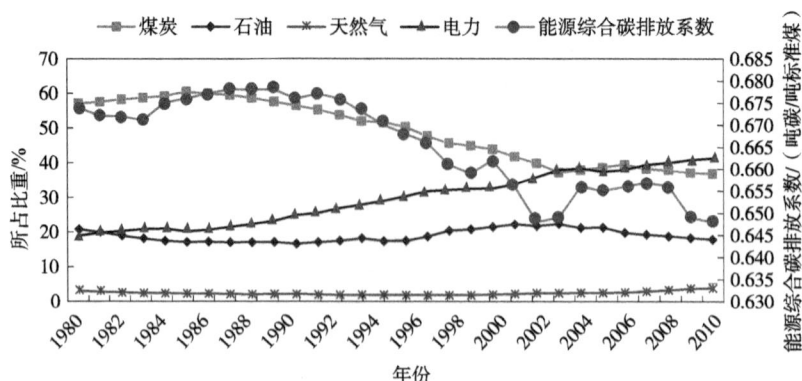

图 9.8　能源消耗结构与单位能源碳排放量变化

源消耗比重稳居70%左右，且总体呈上升趋势，2009年达73%，其能源消耗总量也在不断增加，平均增速约为10.6%，2009年高达22.38亿吨标准煤。随着能源的投入不断增加，第二产业产值也不断上升，平均增速约为14.5%，以2000年人民币不变价计算，2009年产值为13.13万亿元，如图9.10所示，单位产值能源消耗和碳排放在2001~2004年呈上升趋势，2004年每万元产值所消耗的能源和产生的碳排放分别为1.971 5吨标准煤、11.660 8吨，随后便开始降低，2009年每万元产值需要消耗0.685 7吨标准煤，产生的碳排放量为10.426 4吨。如表9.5所示，在第二产业中，工业所占比重较大，其能源消耗也最大，除2000年、2001年和2002年能源消耗所占比重小于70%外，其他年份均在70%以上。制造业的能源消耗量最大，一直在50%以上，并接近于60%，2009年为58.9%，其中石油加工及炼焦业、化学原料及化学制品制造业、黑色金属冶炼及压延加工业、非金属矿物制品业等属于高能耗行业，2009年所占能源消耗比重分别为5.0%、9.4%、18.4%、8.8%。第一产业的能源消耗量较小，自2007年开始呈下降趋势，2009年为0.63亿吨标准煤，其所占比重自2001年以来呈逐年下降趋势，2009年为2%，单位产值能源消耗量和碳排放量变化较平稳，但2008年下降幅度较大，分别比2007年降低了30.8%、30%。第三产业能源消耗量逐年增长，平均增速约为9.7%，2009年达到7.66亿吨标准煤，其所占比重稳定在24%左右，变化较小，单位产值能源消耗量和碳排放量呈缓慢下降趋势，2009年分别为0.685 7吨标准煤/万元、2.237 8吨/万元。

表 9.5　我国各产业部门的能源消耗比重（单位：%）

行业	2000 年	2001 年	2002 年	2003 年	2004 年	2005 年	2006 年	2007 年	2008 年	2009 年
农、林、牧、渔、水利业	4.4	4.6	4.4	3.9	3.8	3.6	3.4	3.1	2.1	2.0
工业	68.8	68.5	68.9	70.0	70.5	70.8	71.1	71.6	71.8	71.5
采掘业	7.1	7.1	7.0	7.1	6.0	5.9	5.4	5.3	5.9	5.7
制造业	53.4	53.3	53.7	54.5	56.7	57.2	58.1	58.8	59.1	58.9

续表

行业	2000年	2001年	2002年	2003年	2004年	2005年	2006年	2007年	2008年	2009年
石油加工及炼焦业	5.7	5.8	5.7	5.3	6.0	5.3	5.0	5.0	4.7	5.0
化学原料及化学制品制造业	9.8	9.6	9.8	10.0	10.0	10.1	10.1	10.3	9.9	9.4
黑色金属冶炼及压延加工业	12.9	12.7	13.0	14.1	14.6	16.1	17.4	18.0	17.8	18.4
非金属矿物制品业	7.8	7.4	7.2	7.4	8.9	8.4	8.1	7.7	8.7	8.8
电力、煤气及水生产和供应业	8.3	8.0	8.3	8.4	7.8	7.7	7.6	7.5	6.9	6.9
建筑业	1.1	1.1	1.1	1.0	1.6	1.5	1.5	1.5	1.3	1.5
交通运输、仓储和邮政业	7.6	7.6	7.5	7.5	7.4	7.5	7.5	7.8	7.9	7.7
批发、零售业和住宿、餐饮业	2.2	2.4	2.3	2.4	2.4	2.3	2.2	2.2	2.0	2.1
其他行业	4.4	4.5	4.3	4.0	3.9	3.9	3.9	3.7	4.0	4.1
生活消费	11.4	11.4	11.5	11.3	10.5	10.5	10.3	10.1	10.9	11.0

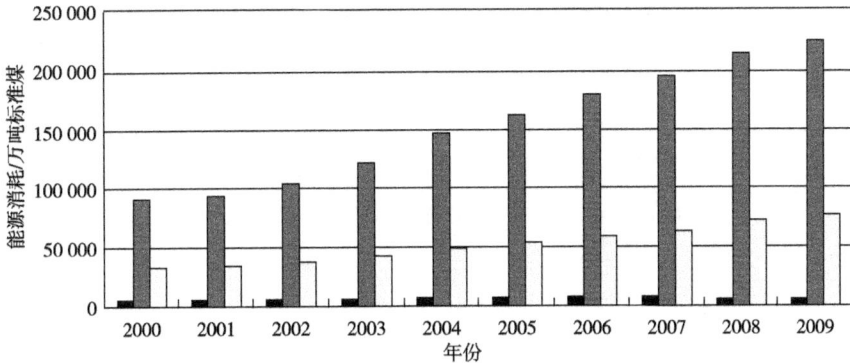

图9.9 三次产业能源消耗变化

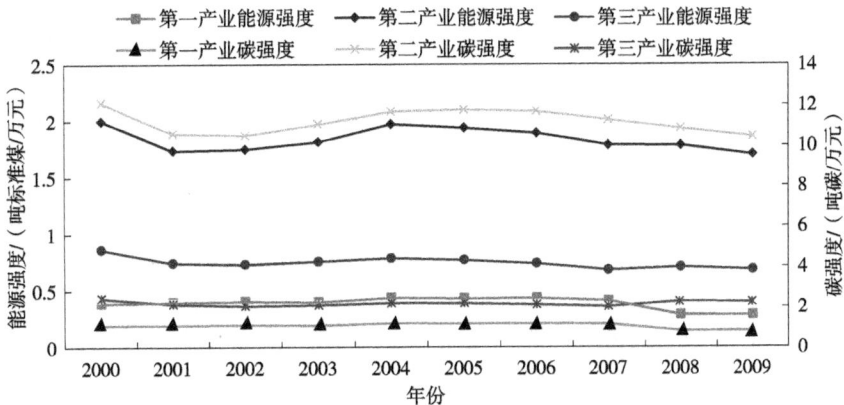

图9.10 三次产业能源强度及碳强度变化

9.2 我国能源发展战略和政策的回顾与评估

9.2.1 我国能源发展战略和政策回顾

能源战略与政策在一定程度上决定着能源工业的发展方向及发展水平。中华人民共和国成立以来，我国政府一直对能源发展非常重视，在每一阶段都制定了详细的能源短、中、长期发展规划，并充分根据国民经济的发展水平不断对其进行调整。目前，随着我国经济的飞速发展，能源与经济、能源与环境等之间产生了严重的矛盾，尤其是低碳经济的发展，需要一套能够促进经济、能源与环境协调发展的新的能源战略和政策。回顾与评估过去能源战略与政策，总结取得的成就，吸取不足与教训，对制定适合低碳经济发展的能源战略与政策具有重要的意义。

1. 第一阶段：1949~1978 年

这一阶段是中华人民共和国成立之后与改革开放之前的时期，我国实行政府主导的计划经济，一切物资的生产和消费都由国家统一配置。鉴于能源工业的重要战略地位，国家对其采取封闭式发展，由于没有淘汰之忧，能源技术落后，能源效率低下，能源工业发展极其缓慢，能源政策也比较简单，即能源供给决定能源消费。计划经济时代，由于国家提出了一系列不符合实际情况的任务和指标，偏离了正确的经济发展规律，采取粗放式的经济增长方式，过度依赖能源投入，无视对环境生态的影响，造成了能源的极大浪费，对环境破坏严重。

2. 第二阶段：1979~2000 年

这一阶段是改革开放之后与"十五"计划之前的时期。改革开放以后，我国政府开始意识到能源问题，对能源工业给予高度重视，要求在能源开发的同时注重节约，并将能源确定为社会经济发展的战略重点。为促进能源工业健康稳定地发展，国家也开始在能源工业中引入市场机制，尝试通过市场调节优化能源资源配置。一方面，国家在保证政府主导的前提下开始允许地方、企业等多种经济成分共同参与能源工业的投资，吸引大量社会资金促进能源工业的快速发展；另一方面，能源价格通过宏观调控与市场调节共同确定，开始与国际价格接轨。1985年中央提出"能源工业发展以电力为中心"，电力工业先后由电力工业部、水利电力部、能源部和电力工业部管理，在"政企分开、省为实体、联合电网、统一调度、集资办电"的原则下对我国电力体制的市场化改革进行了初步探索。具体来说，就是国家逐步放松对电力工业的控制，在垄断电网的基础上，鼓励社会力量兴办电厂，为了调动各级政府的积极性，国家将管理权下放到省一级，我国电力工业逐步实行政企分开、市场化改革。这一阶段的主要特征就是"厂网分开、竞价上网"，将发电、输电、配电、售电四个环节分离，使电力市场初步建立。在售电方面,通过采用多家电力公司,极大地提高了电力工业的效益。电力工业的发展也带动了煤炭的发展。

3. 第三阶段:2001年至今

"十五"计划以来,我国对能源发展战略与政策的制定趋于制度化,且对相关制度逐步进行完善。国家制定了详细的五年发展规划,规划的方向性和可操作性加强,规划总体要求在保证能源安全的前提下,优化能源结构,提高能源效率,注重保护环境,加强能源工业的"走出去"和"引进来",促进能源工业的健康稳定发展。这一时期,国家通过控制能源需求量来缓解能源与环境之间的矛盾,并提出了建设节约型社会的基本构想。通过促进可再生能源的发展及节能水平的提高改善能源效率。"十一五"能源发展规划将节能减排作为能源发展的重点,提出了建设资源节约型社会和环境友好型社会的目标。

9.2.2 我国能源发展战略和政策评价

1. 取得的成就

自1949年以来,我国各个阶段制定的能源政策基本上符合我国国情,促进了能源工业的发展,保障了社会经济的正常运行,主要表现如下[244]。

(1)能源产量逐年大幅上升,我国已经成为世界上的能源生产大国,保证了经济快速发展对能源的需求。一次能源生产总量由1949年的2 374万吨标准煤增加至2010年的296 916万吨标准煤,增长了120多倍,年均增速高达9.2%。原煤产量、原油产量、天然气产量、发电量等分别由1949年的2 285万吨标准煤、17万吨标准煤、1万吨标准煤、4.5亿千瓦时增长至2009年的212 281万吨标准煤、27 187万吨标准煤、11 259万吨标准煤、36 506亿千瓦时,增长速度惊人。2009年,我国能源生产总量、原煤产量、原油产量、发电量分别居世界的第1位、第1位、第4位、第2位,我国能源产量跻身世界前列。我国坚持"两个市场"原则,在国内能源生产的基础上,加强对国外能源,尤其是石油、天然气等市场的参与。我国的能源供需失衡问题,尤其是能源供不应求的问题有所缓解,能源缺口有所缩小。

(2)加大了对能源基础建设的投资力度,开展了多项重大能源建设项目。国家开始对能源建设给予充分的重视,大幅增加对能源建设的投入,如表9.6所示。1993年以来,我国对能源工业的固定投资大体呈增加趋势,平均增长率为13.2%;除1998~2002年由于东南亚金融危机的冲击,我国经济发展受到影响,尤其是原材料出口以及加工业不景气,直接影响了对能源的需求,导致我国对能源工业固定资产投资略有下降之外,其余年份均呈逐年增长趋势;从2002年开始,我国对能源工业固定资产投资年均增加值超过1 000亿元,尤其是2009年比2008年增加2 062.77亿元。我国对煤炭、石油和天然气、电力行业的固定资产投资均呈增长趋势，年均增长速度分别为12.91%、13.80%、15.27%。我国对电力行业的投资力度最大，建设了葛洲坝水电站、三峡水电站、龙滩水电站等一大批高水平大规模的水电站，使水电的比重稳步上升；我国的核电也在快速地发展，自20世纪80年代以来，我国建设了一大批有代表性的核电站，如秦山核电站、广东大亚湾核电站等。其次投资力度较大的是石油和天然气行业，这极大地提高了电力、石油和天然气的生产能力。相对于电力行业，我国对煤炭采选业的投资力度较小，2009年固定资产投资为1 240.72亿元，但由于煤炭资源的储量丰富，开采条件较良好，比较廉价，且经济发展对煤炭的需求较大，非国有经济对煤炭工业的投资力度较大，因此并没有改变煤炭在我国能源结构中占最大份额的事实。

表 9.6　国有经济能源工业分行业固定资产投资（单位：亿元）

年份	煤炭采选	石油和天然气开采	电力蒸汽	石油加工	煤气	能源工业
1993	227.80	388.93	733.56	102.67	44.71	1 497.67
1994	237.31	457.91	878.90	141.87	38.14	1 754.13
1995	282.26	499.68	1 042.71	161.64	38.99	2 025.28
1996	319.44	565.46	1 293.06	186.05	55.25	2 419.26
1997	363.96	697.39	1 534.97	257.89	59.79	2 914.00
1998	262.78	726.30	1 601.15	199.82	72.04	2 862.10
1999	213.22	706.32	1 833.16	145.76	64.75	2 963.21
2000	198.90	355.55	2 130.30	94.81	60.03	2 839.59
2001	199.22	375.19	1 861.44	127.36	58.39	2 621.60
2002	233.17	157.57	2 082.18	93.16	60.09	2 626.17
2003	310.05	236.37	2 158.03	89.74	82.25	2 876.44
2004	419.88	300.73	2 639.79	187.66	94.95	3 643.01
2005	623.62	278.78	3 451.47	299.33	112.89	4 766.09
2006	759.44	386.51	4 042.40	369.30	128.94	5 686.60
2007	836.11	585.85	4 611.17	549.36	132.55	6 715.04
2008	1 014.37	739.50	5 336.21	697.64	152.67	7 940.40
2009	1 240.72	1 270.96	6 686.37	561.17	243.95	10 003.17

（3）能源效率大幅度提高，以较小的能源投入获得了较大的GDP增长，如图9.11所示，1978年以来，我国能源消费年均增长率约为5.75%，而GDP年均增长率高达10.02%，能源消费弹性系数逐步降低。能源强度（单位GDP能源消费量）自1978年以来不断降低，以1990年人民币不变价，年降低率为3.91%，2010年每万元GDP约消耗2.38吨标准煤。

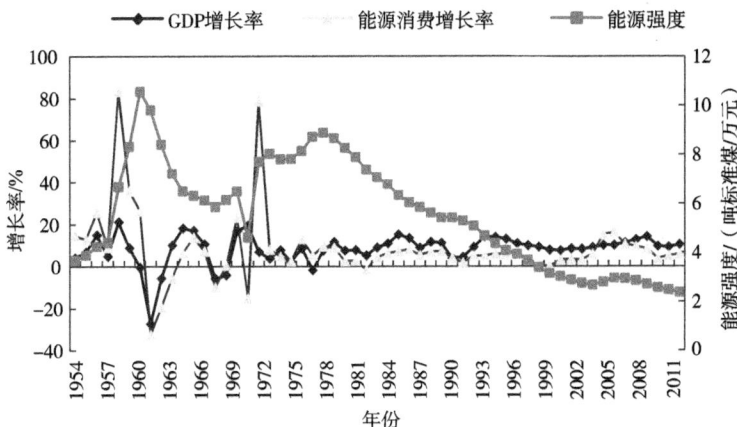

图 9.11　1954 年以来 GDP 增长率、能源消费增长率及能源强度变化

为适应市场经济，提高能源工业效益，我国不断探索能源工业管理体制的创新改革。如今，煤炭工业已完全实现了市场化改革；电力工业逐步实行政企分开、市场化改革，电力市场初步建立；对油气工业也加大放开力度，石油价格已开始采用国际定价机制。

2. 存在的不足

虽然在能源战略和政策的指导下，我国能源工业在过去几十年中取得了巨大的成就，但由于受政策本身、制度、管理等因素的限制，我国在各个阶段对能源政策的执行并不彻底，主要表现在以下方面[245]。

（1）能源战略和政策没有充分考虑相应阶段的经济发展和环境改善等。我国能源政策的制定主要考虑我国国情及发展阶段等，主要为经济发展服务，忽略了环境，因此导致能源效率低下、能源使用浪费严重、能源结构不合理（煤炭比重过大，清洁能源发展缓慢）、环境污染严重（二氧化碳、二氧化硫、烟尘排放量上升）等问题。同时，能源政策又滞后于经济发展，能源供需缺口严重，不能充分满足经济飞速发展对能源的需求。能源政策与经济、环境政策的不协调，导致能源、经济与环境之间的矛盾日益严重。

（2）能源管理体制混乱，能源政策的制定缺乏民主科学的决策机制，能源政策实施效果较差。我国虽然对能源管理体制进行了多次改革尝试，但由于计划经济体制的影响根深蒂固，仍然没有形成统一的综合管理机制，部门分割、行业分割、地方分割、垄断等现象严重。能源工业各行业之间缺乏明确分工，并且由多部门监管，无法实现统一调度。体制的混乱直接导致无法针对能源政策的制定开展全面、深入的调研工作；缺乏科学、民主的决策机制，容易导致能源政策的失误。煤炭、石油、天然气、核电等的发展相互影响，各部门各自为政，导致已有的能源政策很难跨部门、跨行业实施，且不能充分发挥作用。由于缺乏统一领导，能源政策的执法环节较薄弱，违法成本较低使能源政策形同虚设。部分基层管理部门为逃避责任、降低执法成本，对不执行能源政策的能源企业一律直接关闭，造成了严重的资源浪费，从而严重影响了我国能源工业的生产能力，违背了能源政策制定的初衷。

（3）我国的原油价格根据国际油价定价机制，由国际石油市场供求关系调节，但出于能源安全等考虑，成品油价格仍由国家控制。为了保障国内原油市场稳定，国家对成品油价格的调控幅度较小，且只有当国际成品油价格变动超过国家规定的幅度时才进行调控。国家对成品油价格调控的不灵活以及滞后性，不仅造成了极大的财政压力，也影响了国内企业和消费者节约能源的积极性。

煤炭和电力是两个联系十分紧密的行业，我国电力供给的80%都由煤电来提供。国家把煤炭行业完全推向市场，其价格由市场进行调节，而电力则主要由政府控制，价格由政府宏观调节。煤炭价格由煤炭市场供求关系决定，供求关系不断变化，而政府对煤炭市场变化反应迟钝，使电价变动总是滞后于煤炭价格的变动，无法实现煤电联动。当对电力需求较小时，煤炭企业就要承受价格下降及大量库存造成的损失；而当煤炭市场的需求较大，煤炭价格持续上涨，发电企业却不能随之提高价格以保证利润，严重影响了其生产的积极性，降低了企业的实际生产能力。

9.3　我国能源结构的趋势分析

基于低碳经济的能源结构优化应遵循"高效、低碳、低耗"的总体思路，从"高碳"能源体系向"低碳"能源体系转变，保持煤炭的基础地位和支撑作用，提高煤炭用于发电的比重，保障油气的供给，重视开发低碳能源，促进能源结构趋向均衡化发展。

9.3.1　基础能源体系形成多元化、均衡化发展趋势

从世界主要发达国家能源结构的演化特征来看，随着工业化进程的深入，经济发展对煤炭的依赖程度会不断降低，但考虑到我国资源的禀赋特征，煤炭的廉价性、可得性也决定了短期内其基础地位不可动摇。随着我国社会经济结构优化程度的不断加深，产业结构优化升级进展理想，能源技术创新体系不断完善，可再生能源形成产业化发展，节能减排技术获得突破性发展，我国的能源体系将打破"以煤为主"的结构特征，趋向"煤油气并重"的较稳定的能源格局。目前来看，我国天然气占能源总量的比例较低，但我国的天然气资源丰富，尤其是廉价优质的煤层气资源储量丰富，我国已具备了依托海洋和陆地气体的独立供应能力，未来我国将实现"气体能源"的井喷式发展。

对于国家或地区一次能源结构的多元化状态，本书用EUSD表示，根据我国资源禀赋状况及能源消费结构现状，历年来煤炭所占比重最大，占主导地位，因此 $EUSD = \sum (C/C, O/C, G/C, H/C)$，其中，$C$ 为煤炭消费，O 为石油消费，G 为天然气消费，H 为水电、核电及风电消费。根据公式可计算出1978~2010年我国一次能源结构的变化状态，如图9.12所示。1978年以来，我国一次能源结构变化起伏较大，其中，1978~1990年，能源结构多元化发展呈下降趋势，主要是因为改革开放政策，将煤炭作为基础能源，加之粗放型经济增长方式，社会经济发展对其需求量急增，而且国家下发的文件也推进了乡镇煤矿的大力发展，鼓励个人开矿，由于这一时期我国资金、技术等的限制，油气、水电、核电等的发展速度较为缓慢，能源结构呈现了煤炭一枝独秀的局面；1991~2002年，能源结构多元化发展有所好转，由于前一时期国家对煤炭行业的放任，出现了产业集中度不高、无序竞争的混乱局面，国家开始着手整顿煤炭业，加强对其的管理，抬高准入门槛，淘汰不合格的中小煤矿，行业巨头逐步形成，同时国家为了推动产业结构优化升级，重点扶持油气、水电、核电等的发展，加强油气勘探力度，建设多个大型水电站、核电站等，使其获得了快速发展；2003~2007年，我国经济经过了东南亚金融危机的冲击后，开始进入复苏阶段，重点发展工业，对煤炭的需求上升，能源结构多元化发展有所减缓；2008年以来，随着我国提出低碳经济发展目标，加强能源结构优化，降低煤炭消费比例，能源结构多元化发展趋于稳步上升态势。

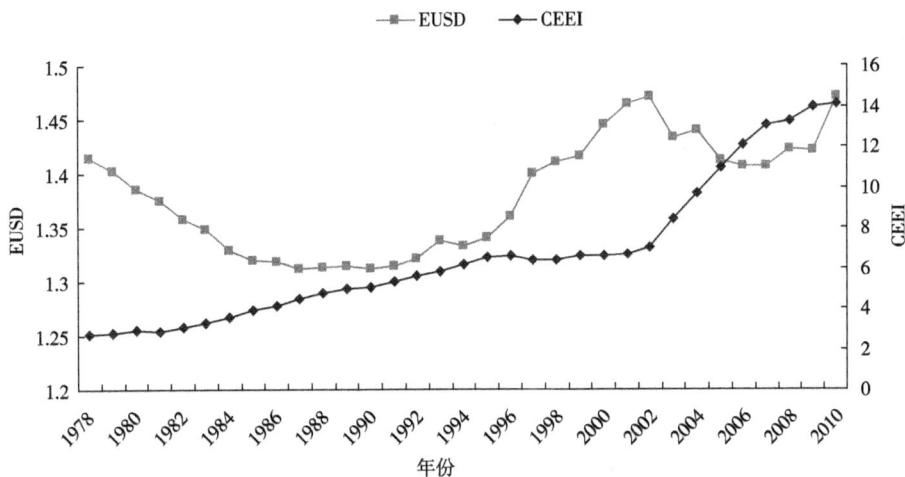

图 9.12　我国能源结构低碳多元化发展情况

9.3.2　能源结构趋向低碳、多元发展

一次能源消费主要包括煤炭、石油、天然气等常规能源及水电、核电、风电、

太阳能、生物质能源等新能源。根据专业机构2003年计算的碳排放系数，消费单位煤炭、石油、天然气导致的碳排放分别为0.747 6吨碳、0.582 5吨碳、0.443 5吨碳，而水电、核电、风电等可再生能源为零碳能源，不会产生碳污染；火电作为二次能源，参考厦门节能中心测算的结果，其碳排放系数为0.68吨碳/吨标准煤，略低于煤炭。因此，为实现减排目标，同时满足我国将继续保持旺盛的电力需求，应当进一步加强电力结构优化，推动清洁煤发电，有序发展油气发电，扩大水电、核电、风电、太阳能等新能源的发电规模。国务院应对气候变化工作会议决定，大力发展水电、核电等低碳能源，到2020年争取使低碳能源消费占一次能源消费的比重达到15%左右。虽然我国新能源产业起步较晚，产业链还不完善，产业化程度较低，但随着政策性的引导和扶持，我国新能源产业发展将迎来突破性进展。光伏行业和风电行业短期内出现了产业过剩导致的产业利润下降现象，但从长期来看，光伏行业终端利润下跌将刺激光伏平价上网，实现长期利润最大化；而风电行业的行业整合力度加大，行业龙头优势凸显，政府提高风电行业的门槛也将有利于有序竞争；核电行业的安全风险较高，尤其是日本的核泄漏事件直接导致了各国对发展核电的担忧，核电站纷纷退役，虽然我国并没有改变目前的核发展规划，但这必然会影响到未来核电发展的速度；由于新能源汽车、储能等市场前景良好，加之政府创造的良好政策环境，我国新能源电池未来发展势头强劲。

本书用CEEI表示能源消费结构变化与碳排放之间的关联程度，其计算公式为CEEI=COE/EUSD，其中，CEEI为能源结构与碳排放的关联系数，COE为碳排放量，EUSD为能源结构多元化状态。根据公式可得到CEEI的变化情况，如图9.12所示。其变化趋势受能源结构多元化发展状况的影响，和EUSD曲线大致对称，虽然自1978年以来CEEI一直呈上升趋势，但值得一提的是，2007年以来其上升趋势明显减缓。

9.3.3 能源的供给形成区域多元化战略

为缓解一次能源长距离运输带来的交通压力，我国采取了多种方式并举的思路，除了加强一次能源就地或者近距离加工转换能力，建设油气输送管道，完善储备基础设施建设，强化天然气、煤炭等的储备调峰能力之外，还强化了能源开发的多元化布局：考虑到各地区能源生产能力、运输水平及能源需求等的差异，我国在全国范围内统筹规划合理布局，建设完成了西南地区、内蒙古东部地区、鄂尔多斯盆地、山西和新疆等五大能源生产基地，并加强了中部和东部地区核电站的建设力度。

我国的能源开发不仅在国内形成了多元化布局，而且在国外能源开发中也坚持多元化投资思路。我国资源禀赋的"富煤、少油、贫气"的特征，决定了我国的石油供给在国内开发的基础上，必须依靠国外进口。但是随着石油资源储量日渐减少，石油对外依存度的提升已经严重威胁到我国的能源安全，尤其是低碳经济背景下对石油需求的不断增加，目前的供给模式不能满足国内的能源需求，因此必须一改国外进口为国外开发，缓解国内石油开发的困境。通过灵活的方式加强对国际能源市场的利用和开发，不仅能源种类不应局限于石油和天然气，还应将对能源市场的利用和开发扩大至煤炭、电力、生物资源、能源技术装备等方面。

第10章 基于低碳经济的我国能源结构影响因素与优化目标

10.1 基于低碳经济的我国能源结构影响因素

（1）节能和碳排放约束。能源结构的变化离不开低碳经济发展模式这一大背景。《2009中国可持续发展战略报告》中提出，在2005年的基础上，到2020年能耗强度和CO_2排放强度分别降低40%~60%和50%左右，并将其作为我国低碳经济发展的目标。化石能源生产和消费产生了大量CO_2，约占全球CO_2排放总量的3/4。各种能源的碳排放强度不同，煤炭的碳排放量最大，石油、天然气次之，核电、水电等为零碳清洁能源。实现节能减排目标，重点在于优化能源结构，降低煤炭的消费比重，提高可再生能源的比重。因此，能源结构受节能和碳排放约束。

（2）经济增长。现代化建设和经济快速发展需要充足、稳定的能源支撑。21世纪的前20年，是我国经济高速稳定发展的重要时期，我国经济发展进入了工业化中期，即重化工业阶段，能源需求弹性明显提高，对能源的需求持续增长，由2000年的145 531万吨标准煤猛增至2010年的324 939万吨标准煤，而且还将继续增加。为实现全面建设小康社会的目标，减轻社会负担，就需要以廉价、可得性强的能源为支撑，这也就决定了在短期内以煤炭为主的能源结构特征不会改变。

（3）人口规模。人口是社会系统中最基本的因素。能源也是人类赖以生存的基础，人口规模直接决定了生活用能总量，包括照明、家电、炊事、采暖降温等，而各项用途中不同能源的利用量及利用方式，也影响了能源结构的变化。

（4）产业结构。产业发展影响着能源结构的变化。在三次产业中，以工业为主的第二产业的能耗指数较高，对煤炭的消耗量最大，但随着产业结构的优化升级，资源密集型产业向技术密集型产业转型，经济效率得到明显提高，必然带动能源结构的变化。

（5）技术进步。根据低碳经济的内涵，技术创新是其核心要素之一，且能源技术是实现能源结构优化的重要支撑。

10.2 我国能源结构影响因素的路径分析

根据基于低碳经济的能源结构影响因素分析，能耗量约束、碳排放约束、经济增长、人口、产业结构、技术进步等都对能源结构产生主要影响。本书选取能耗量约束（能耗量取负数）、碳排放约束（碳排放取负数）、经济增长、人口数、产业结构、技术进步、能源结构等因素构建模型。以GDP反映经济发展水平，以第二产业产值占总产值的比重反映产业结构，将技术进步归为随时间变化的变量，通过历年二氧化碳总分析中心（Carbon Dioxide Information Analysis Center，CDIAC）公布文件、《中国能源统计年鉴》、《中国统计年鉴》等获得研究所需数据。

路径分析（path analysis）是由美国遗传学家休厄尔·赖特（Sewall Wright）于1918~1921年提出的，主要用来分析变量间的因果关系，即检验一个假想的因果模型的准确和可靠程度，测量变量间因果关系的强弱[246]。

根据上述对各影响因素内在关系的分析，在Amos 7.0中建立路径图，如图10.1所示。图10.1中带箭头的直线"→"连接的是具有因果关系的两个变量，箭头的方向与因果的方向相同；变量产业结构和变量总人口之间只有相关关系而无因果关系，因此用弧线双向箭头表示。图10.1中"能耗量约束"、"碳排放约束"和"技术进步"为外生变量，不受模型中其他变量的影响；"总人口""产业结构""GDP"既为因又为果，最终结果变量"能源结构"等为内生变量，被模型中的其他某些变量决定；"e_4""e_5""e_6""e_7"等为残差变量，表示模型之外影响因变量的变量。

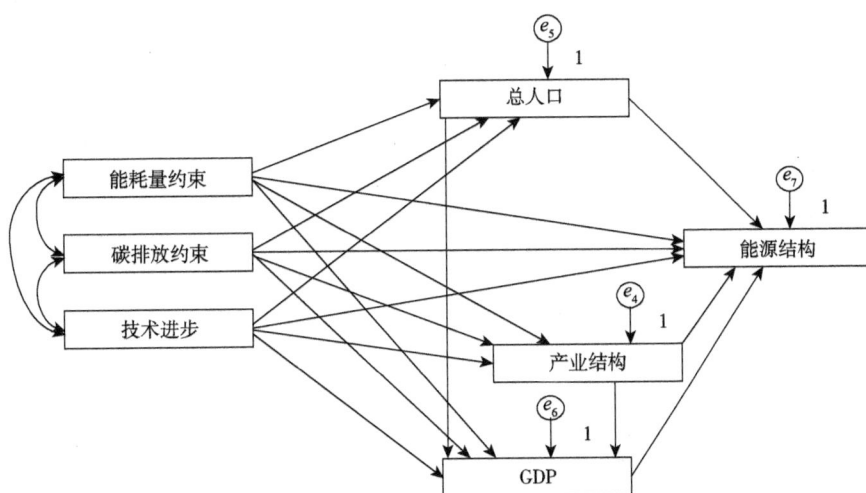

图 10.1　各因素影响能源结构的路径模型图

图10.1满足以下几点：①各变量的函数关系为线性、可相加；②各变量均为等间距测度；③每一内生变量的误差项不与其前置变量相关，同时不与其他内生变量及其误差项相关；④模型中的因果关系均为单向，不具有反馈性；⑤各变量均为可观测变量，外生变量无测量误差。因此，可以对其进行路径分析。基于1987~2009年的统计数据，利用Amos 7.0对图10.1进行估计，得到标准化估计值输出结果的基准路径模型图，如图10.2所示。

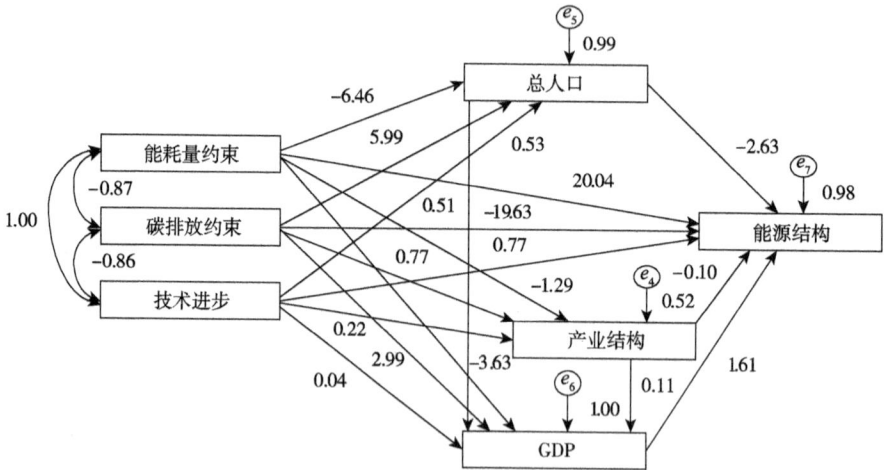

图 10.2　基准路径模型图

如图10.2所示，产业结构对GDP和对能源结构的路径系数分别仅为0.11、-0.10，总人口对GDP的路径系数仅为0.51，方程拟合效果不好。

采用极大似然法估计各路径系数值，如表10.1所示，估计值（estimate）栏为非标准化的回归系数值；S.E.为估计值的标准误差，当$\alpha=0.05$时，$t_{0.025}(16)=2.12$；能耗量约束对产业结构、碳排放约束对产业结构、技术进步对产业结构、技术进步对GDP、产业结构对能源结构的C.R.（Z统计量）值分别为-0.186、0.113、0.656、0.527、-1.192，绝对值均小于2.12，表示以上估计值未达到0.05显著水平，显著性概率值P较大；经计算，"产业结构""总人口""GDP""能源结构"的可决系数R^2分别为0.523、0.994、0.998、0.982；外因变量"碳排放约束""能耗量约束""技术进步"仅可以联合解释内因变量"产业结构"52.3%的变异量，统计不显著。

表 10.1　回归加权表

路径	估计值	S.E.	C.R.	P
总人口←能耗量约束	-1.112	0.133	-8.338	***
总人口←碳排放约束	1.069	0.136	7.884	***

续表

路径	估计值	S.E.	C.R.	P
总人口←技术进步	0.041 0	0.003	14.218	***
产业结构←碳排放约束	0.093 0	0.823	0.113	0.910
产业结构←技术进步	0.012 0	0.018	0.656	0.512
产业结构←能耗量约束	−0.151	0.810	−0.186	0.852
GDP←碳排放约束	8.528	2.577	3.309	***
GDP←能耗量约束	−9.241	2.642	−3.498	***
GDP←技术进步	0.048 0	0.090	0.527	0.598
GDP←产业结构	2.659	0.346	7.695	***
GDP←总人口	8.140	2.099	3.878	***
能源结构←GDP	0.063 0	0.024	2.606	0.009
能源结构←能耗量约束	2.154	0.375	5.751	***
能源结构←碳排放约束	−2.187	0.358	−6.101	***
能源结构←总人口	−1.646	0.310	−5.316	***
能源结构←技术进步	0.037 0	0.010	3.633	***
能源结构←产业结构	−0.090	0.075	−1.192	0.233

考虑删除能耗量约束对产业结构、碳排放约束对产业结构、总人口对GDP、产业结构对GDP、产业结构对能源结构等五条路径，并重新估计模型，即待检模型，结果如图10.3所示。

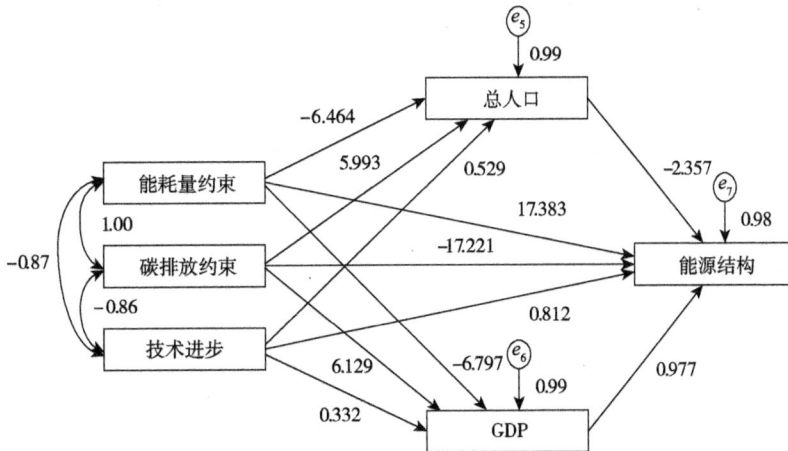

图 10.3　待检路径模型图

如表10.2所示，当 $\alpha=0.05$ 时， $t_{0.025}(17)=2.11$ ，各路径系数值均极显著，显著性概率值 P 均小于0.001，三个内因变量"GDP""总人口""能源结构"的可决系数 R^2 分别为0.989、0.994、0.982，方程拟合效果较好。

表 10.2 回归加权表

路径	估计值	S.E.	C.R.	P
总人口←能耗量约束	−1.112	0.133	−8.338	***
GDP←碳排放约束	17.474	2.997	5.831	***
GDP←能耗量约束	−18.694	2.949	−6.340	***
总人口←碳排放约束	1.069	0.136	7.884	***
总人口←技术进步	0.041 0	0.003	14.218	***
GDP←技术进步	0.415 0	0.064	6.453	***
能源结构←GDP	0.038	0.013	2.959	0.003
能源结构←能耗量约束	1.885	0.308	6.115	***
能源结构←碳排放约束	−1.935	0.299	−6.472	***
能源结构←总人口	−1.486	0.288	−5.163	***
能源结构←技术进步	0.040	0.010	3.848	***

分别计算基准模型和待检模型的拟合指数 R_c^2 和 R_t^2：

$$R_c^2 = 1 - \left(1 - R_{(c_4)}^2\right)\left(1 - R_{(c_5)}^2\right)\left(1 - R_{(c_6)}^2\right)\left(1 - R_{(c_7)}^2\right)$$
$$= 1 - (1 - 0.523)(1 - 0.994)(1 - 0.998)(1 - 0.982)$$
$$= 0.999\ 999\ 897$$

$$R_t^2 = 1 - \left(1 - R_{(t_5)}^2\right)\left(1 - R_{(t_6)}^2\right)\left(1 - R_{(t_7)}^2\right)$$
$$= 1 - (1 - 0.994)(1 - 0.989)(1 - 0.982)$$
$$= 0.999\ 998\ 812$$

$$W = -(n - d)\ln\left(\frac{1 - R_c^2}{1 - R_t^2}\right) = -(23 - 7)\ln\left(\frac{1 - 0.999\ 999\ 897}{1 - 0.999\ 998\ 812}\right) = 39.124\ 8$$

若基准模型正确，W 服从自由度为7的卡方分布。在自由度为 $\alpha=0.05$ 的显著性水平下，自由度为 6 的卡方分布的临界值为 1.69 和 16.013，而本书中 $W=39.124\ 8 > 16.013$，因此拒绝假设"待检模型与基准模型一致"，假设"调试后的待检模型比基准模型的拟合效果更好"成立，从而接受待检模型。标准化残差值是判别模型内在质量的一个重要指标，如果标准化残差的协方差矩阵中的数值绝对值大于2.58，表示模型有序列误差存在，即模型的内在质量不佳。如表10.3所示，本书所建立的模型的标准化残差值绝对值均小于2.58，可以认为该模型的内在质量理想。路径分析的分解报表见表10.4。

表 10.3 标准化残差的协方差矩阵

变量	技术进步	碳排放约束	能耗量约束	GDP	总人口	能源结构
技术进步	0.000					

续表

变量	技术进步	碳排放约束	能耗量约束	GDP	总人口	能源结构
碳排放约束	0.000	0.000				
能耗量约束	0.000	0.000	0.000			
GDP	0.000	0.000	0.000	0.000		
总人口	0.000	0.000	0.000	0.016	0.000	
能源结构	0.000	0.000	0.000	− 0.040	0.016	− 0.071

表 10.4　路径系数的分解报表

原因变量	结果变量	总影响	直接影响	间接影响
能耗量约束	总人口	− 6.464	− 6.464	0
	GDP	− 6.797	− 6.797	0
	能源结构	25.981	17.383	8.598
碳排放约束	总人口	5.993	5.993	0
	GDP	6.129	6.129	0
	能源结构	− 25.360	− 17.221	− 8.139
技术进步	总人口	0.529	0.529	0
	GDP	0.332	0.332	0
	能源结构	− 0.111	0.812	− 0.923
总人口	能源结构	− 2.357	− 2.357	0
GDP	能源结构	0.977	0.977	0

　　根据表10.4可明显看出，能源结构主要受能耗量约束和碳排放约束的直接影响。其中，碳排放约束对能源结构优化起推动作用；而由于我国经济发展的阶段性特征对能源消耗，尤其是煤炭的依赖性较强，减少能源消耗，必然会抑制GDP增长，因此在目前不合理的经济增长方式的限制下，能耗量约束对能源结构优化起抑制作用；技术进步将促进能源结构优化；由于GDP增长离不开煤炭的支撑作用，降低煤炭消费，必然会影响GDP增长，因此粗放型经济增长阻碍了能源结构的优化。

10.3　基于低碳经济的我国能源结构优化目标

　　在低碳经济发展的背景下，我国能源结构优化应以可持续发展理念为根本，坚持节约优先、立足国内、多元发展、保护环境的总指导思想，在节能和碳排放约束下，降低高碳排放能源的利用，提高低碳能源对高碳能源的替代比例。保持煤炭的基础地位和支撑作用，提高煤炭用于发电的比重，保障油气的供给，重视开发低碳能源，促进能源的可持续发展之路，在保障经济增长、能源发展的基础上，促进经济、能源与环境的协调发展，实现我国的碳减排承诺，即在2005年基础上到2020年单位GDP的碳排放减少40%~45%[122]。

10.3.1 经济增长目标

我国是世界上最大的发展中国家，目前处于并将长期处于社会主义初级阶段，经济发展是一切工作的重中之重。低碳经济是一种可持续发展模式，其核心内容是实现经济的可持续增长，提高经济增长质量；而在低碳经济背景下的能源结构优化，也必须以满足经济发展目标为重要前提，促进经济、能源与环境的协调发展。

我国经济发展目前处于城市化与工业化进程不断加速的重要阶段，经济增长速度快和能源消费增长迅速是这一阶段的典型特征，如图10.4所示，随着我国GDP的不断上升，能源消费量也持续增长，尤其是21世纪以来，经济增长对能源需求的弹性明显上升，估计在未来十年内，能源消费增长曲线很难出现拐点。

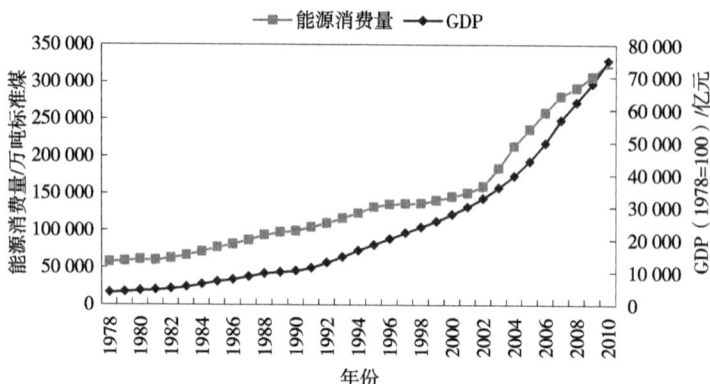

图 10.4　1978~2010 年我国经济增长与能源消费的变化趋势

虽然经济飞速增长，尤其是工业化进程进一步加快，工业化程度不断深入，但是产业结构的优化升级并不完善，导致对能源需求急增。同时，我国煤炭资源丰富、油气资源相对缺乏的能源资源储量特征，也在一定程度上决定了煤炭消费比例大于石油和天然气的消费比例，历年来煤炭消费占能源消费总量的比重一直稳定在70%左右；煤炭的廉价、丰裕适应我国经济发展的现实。工业是拉动我国经济增长的主要部门，对GDP增加值的贡献率维持在40%左右，但同时，工业部门，尤其是重工业的高耗能行业，也是导致能源消耗不断增长的重要原因。如图10.5所示，工业部门能源消耗占能源消耗总量的比重呈逐年上升趋势，2009年高达71.48%，且工业部门对煤炭的依赖度也有逐年攀升趋势，2009年工业煤炭消费占比高达94.61%。因此，能源结构优化必须考虑能源结构变化的能源成本对经济增长造成的影响。

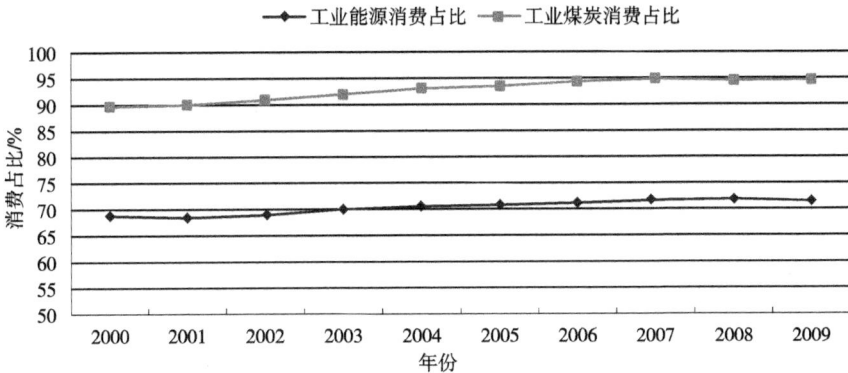

图 10.5 工业部门能源消费占比和煤炭消费占比

10.3.2 能源节约目标

中国科学院可持续发展战略研究组发布《2009中国可持续发展战略报告》,其中明确指出在2005年基础上,2020年能耗强度降低40%~60%;"十二五"规划纲要中也明确提出"十二五"期间单位GDP能耗在"十一五"末的基础上下降16%,并将其列为具有法律约束力的约束性指标。我国的能源供需矛盾突出,主要表现在地区性结构失衡,中西部地区能源供给大于需求;而东部地区,尤其是东西沿海地区经济发展迅速,对能源需求较大,但却远离能源,尤其是远离煤炭和电力产地,不但由于运输增加了经济成本,而且时常出现能源短缺问题,能源供不应求,严重影响了经济的快速、稳定、健康发展。随着我国工业化进程的深入,经济发展开始由粗放型增长方式向集约型增长方式转变,追求低能耗、低污染、低排放的可持续发展模式,产业结构优化面临着重大挑战,对优质、高效、洁净能源的需求越来越大,以煤炭为主的能源结构技术效率低下,造成了能源利用率低、环境污染大、经济效益差的困境。煤炭的利用效率仅为27%,远低于石油(50%)、天然气(57%)的利用效率[248],但石油、天然气所占消费总量比例过低。近年来,我国对石油的需求不断上涨,如图10.6所示,2010年石油消费量达到61 738万吨标准煤,比2009年增长了约12.48%,但是石油生产量的增长速度明显低于消费量,石油缺口越来越大,2010年达32 641万吨标准煤。为满足国内经济发展对石油的需求,我国的石油进口量不断增加,2010年高达23 900万吨,比2009年增长了17个百分点,石油对外依存度高达56.6%,严重威胁能源安全。虽然天然气和石油的需求量呈不断上升趋势,但是石油增长速度远低于能源需求总量的增长速度,因此其占能源需求总量的比例有下降趋势;而电力的需求量和所占比均在不断攀升。如图10.7所示,1981年以来,电力消费量占能源消费总量的比例由6.4%上升至14.84%,29年间增长了131.91%。一方面,由于电力供给不足,电力短缺严重,且电力供求出现地区性、季节性等失衡问题,阻碍了经济平稳、健康、快速发展;另一方面,电源结构极其不合理,虽然2009年水电、核电、风电等占能源消费总量的比例较1981年增长了95%,但远低于整体电力消费增速,我国水电、核电、风电等可再生能源发电发展比较缓慢,也导致了火电在电源结构中的主导地位,电煤供应紧张。

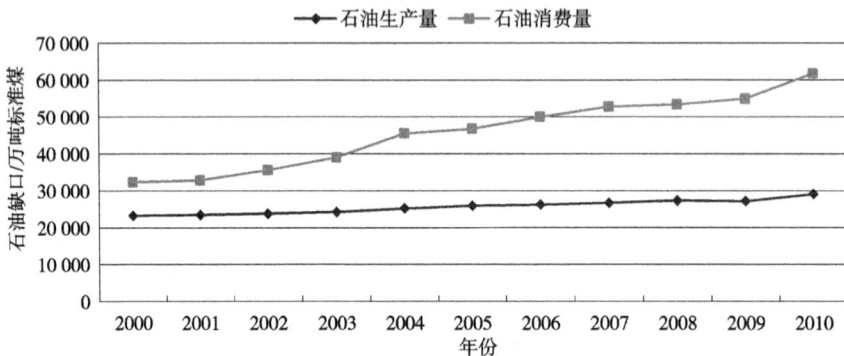

图 10.6 我国石油缺口

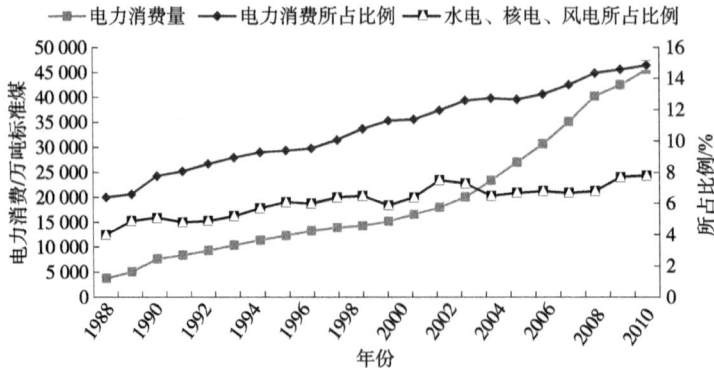

图 10.7 我国电力消费及水电、核电、风电等所占比例

因此,低碳经济背景下的能源结构优化必须以提高能源效率、节约能源为重要目标。

10.3.3 污染减排目标

低碳经济是在温室效应严重影响人类生存环境的背景下提出的,因此低碳经济以温室气体排放为重要指标,CO_2约占全球温室气体排放总量的77%,是最主要的温室气体,而化石能源消费又是CO_2主要的排放源,约占二氧化碳排放量的75%。低碳经济背景下的能源结构优化应主要以降低碳排放为重要指标。根据2003

年国家发展和改革委员会能源研究所计算的碳排放系数可知,煤炭为0.747 6吨碳/吨标准煤,石油为0.582 5吨碳/吨标准煤,天然气为0.443 5吨碳/吨标准煤,核电、水电和风电等为零碳能源。低碳经济的实现过程也是社会经济低碳化的过程,低碳化是相对于高碳而言的,能源结构的优化也应遵循由高碳能源向低碳能源转变的方向,加强油气对煤炭的替代,以气代煤、以气代油,大力发展水电、核电、风电、太阳能、生物质能等可再生低碳新能源。

10.4　我国能源结构优化的重点和任务

10.4.1　降低煤炭消费比重,大力发展清洁煤技术

以煤炭为主的能源结构利用效率低下,经济效益较差,不利于经济增长方式的转变,且在开采和利用过程中造成了极大的环境污染和生态破坏,因此应减少煤炭比重,加强油气对其的替代,提高水电、核电等可再生能源的消费比重,使其消费比重在2020年达到15%左右。我国煤炭资源丰富,煤炭消费占能源消费总量的70%左右,因此,我国低碳经济的发展对清洁煤技术有着强烈的需求,清洁煤技术在我国的应用前景广阔,在发展清洁煤技术方面,应以推广为主,减少煤炭使用的损失率,减少煤炭消费造成的污染物排放与生态破坏。推广清洁煤技术应层次分明地分期进行,近期应加强应用型煤和水煤浆的推广,鼓励洗煤业的发展;中期应大力发展先进发电技术,降低线损率与厂用电率;远期应重点发展煤炭在地下直接向液化、汽化的转变。总之,应利用清洁煤技术,将煤炭高效地转换为电力、液化气及水煤浆等清洁终端能源,提高煤炭的转化效率和利用效率,减少污染物排放。

10.4.2　积极开发油气,建立油气供应安全保障机制

能源结构优化是一项长期的复杂工程,应分阶段、分层次、有重点地平稳开展,目前应加强油气的开发,促进以煤炭为主的能源结构向以油气为主的能源结构转变。关于油气的开发,国内外成功的案例表明,加强对油气资源上游勘探开发技术的投入,对促进油气资源的增产有重要的作用,国家应稳定价格、加强投资,提高油气的就地转化能力,避免远距离运输带来的输送压力及不必要的浪费,完善油气储存、应急调峰等基础设施建设,促进油气开采技术的创新,建立健全油气勘探规划,重视油气勘探投入,创造油气勘探投入平台,为商业性勘探企业提供政策性优惠,鼓励其加大勘探投入,为油气的勘探开采提供良好的环境保障和资源保障;坚持"两个市场、两种资源"的原则,在立足国内油气市场的基础上,加强能源外交与合作,实现能源外交多元化,推行政治能源一体化战略,重

视新生油气进口国家，加强与周边地区及里海地区能源生产国家的高层互访和友好往来，从政治上为我国能源企业的境外投资与合作赢得筹码，引导国内石油公司实施"走出去"战略，通过灵活的方式，如独资、合资、并购、入股等积极参与国外石油资源开采，并在外交政策上给予支持。在加强国内勘查规模的基础上，在保障能源安全的前提下，重视对国外石油资源开采的参与，加强国际合作，特别是利用与俄罗斯的战略合作关系及地理优势，合作开采俄罗斯国内丰富的石油资源；而且也应该看到中东地区石油开采的广阔前景，加强石油进口，在进口渠道、进口方式、进口品种上实现多元化、分散化，从而降低风险。

10.4.3　加强对新能源及可再生能源的开发力度

为促进新能源及可再生能源的发展，政府应设立专门机构根据新能源及可再生能源的发展潜力及趋势客观完整地制定新能源及可再生能源的短中长期发展规划，明确新能源及可再生能源各个阶段的具体发展目标及具体实施者。发展规划应具有强制性，从而保证承担者完成任务。另外，政府要加强法律法规建设，规范行业条例，完善能源市场的准入及退出制度，创造公平公正的良好市场环境，逐步扩大市场规模；强化政策支持，通过财政、信贷、税收和价格等优惠手段促进新能源及可再生能源的发展，鼓励和引导能源市场根据能源规划健康发展，建立以市场为基础的经济激励机制，通过市场竞争机制逐步优化配置资源。构建新能源及可再生能源发展的技术支撑，掌握关键技术、提高技术性能，降低成本，使新能源及可再生能源形成规模化、现代化、商业化运作，并通过鼓励民间成立专业机构、建立和完善相应的法律法规，促进新能源及可再生能源的产业化发展；通过新闻媒体加强宣传，使消费者意识到使用新能源及可再生能源可以改善环境、提高生活质量，使投资者、决策者意识到新能源及可再生能源发展的可能性及市场潜力，从而取得全社会的支持，使投资者积极开发、消费者积极利用，促进新能源及可再生能源的开发；通过加强对相关科研、生产、经销、服务等环节人员服务水平及创新能力的培训，可以提高新能源及可再生能源的利用率[123]。

10.4.4　加强能源技术创新

我国的资源禀赋特征、经济发展所处阶段特征等决定了我国能源结构的刚性，因此低碳能源技术创新是基于低碳经济的能源结构优化的重要突破口。我国能源技术创新涵盖了可再生能源开发技术、节能技术、新能源开发技术、高碳能源的高效利用技术、碳减排技术等。而我国以煤炭为主的资源禀赋及所处的工业化阶段特征，决定了我国能源技术创新的重点在于煤炭的清洁高效利用及可再生能源开发技术。通过重大能源技术研发、装备研制、示范工程实施及技术创新平台建设，形成完整的能源科技创新体系，突破能源发展的技术瓶颈，大幅提高能源生产和利用效率，在能源勘探与开采、加工与转换、发电与输配电及新能源领域所需要的关键技术与装备上实现自动化，并达到国际先进水平。建立可再生能源技术创新体系，形成较完善的可再生能源产业体系。在能源技术研发阶段，解决的关键问题就是如何降低技术成本并克服技术缺陷，有很多不确定的成果阻碍了市场对能源技术的投入，因此政府必须加强对具有前瞻性、战略性的共性能源技术的研发投入，通过税收优惠、补贴等手段鼓励企业积极探索应用新能源和低碳能源，推动科研院所、高校及企业之间能源技术创新的产学研结合；能源技术研发虽然证明了技术的理论可行性，但在面向市场的过程中不具备竞争优势，需要通过示范活动一方面进一步检验技术的可行性，另一方面检验技术的市场可行性和商业模式适应度，在进程深化过程中，通过互动降低成本，提高竞争优势，政府也要就良好的市场应用前景加强新能源的推广宣传，鼓励民营企业的参与；政府应实施能源技术的"走出去"战略，加强技术外交，通过与发达国家合作建立能源技术转移平台，提供技术引进通道，降低技术转移的高昂费用，加快先进能源技术的引进、吸收和创新的进程。

第11章 基于低碳经济的我国能源结构评价

11.1 初始指标体系的构建

能源结构系统是一个较复杂的系统，涉及社会经济生活的方方面面，不仅受经济增长、进出口贸易、产业结构、人口等众多宏观经济因素的影响，在低碳经济背景下，还受到节能和碳排放的约束。因此，基于低碳经济的能源结构评价比较困难。本章采用一般对象评价的基本原理，在构建基于低碳经济的能源结构评价指标体系的基础上，选择特定的定量方法，将抽象概念转化成具体数值，较直观地反映能源结构的合理程度。由此可见，构建科学合理的基于低碳经济的能源结构评价指标体系是构建评价模型的前提和基础。

11.1.1 评价指标体系构建的原则

（1）系统性原则。低碳经济以"低消耗、低排放、低污染、高效益"为特征，基于低碳经济的能源结构追求能源-经济-环境的协调发展，根据对低碳经济和能源结构内涵的理解，基于低碳经济的能源结构体系应该涵盖能源结构的社会经济效益、能源规划效益和环境效益三个子体系，同时三个子体系又必须由相应的评价指标反映，基于低碳经济的能源结构评价指标体系必须包括目标层、准则层和指标层，层次分明。

（2）可行性原则。构建评价指标体系的最终目的是对基于低碳经济的能源结构做出定量评价，因此必须坚持可行性原则，增强可操作性。一方面，保证指标数据的可获得性，即确保指标数据可以由相关统计年鉴或研究资料直接获得或通过计算间接得到，或通过实地观察、调查等获取；另一方面，尽量使用定性指标，或需要通过专家调查等形式收集的人为主观性较强的数据。

（3）有效性原则。评价指标体系的构建必须与基于低碳经济的能源结构的内涵高度统一，以确保能够有效反映基于低碳经济的能源结构的核心要素。能够反映评价指标体系目标层和准则层的评价指标很多，在指标选取过程中，既要保证全面性，还要避免指标间的交叉重复，确保指标的独立性和代表性。

11.1.2　初始评价指标的选取

根据前面对基于低碳经济的能源结构的分析，以能源结构为切入点，参考国内外相关研究成果[247, 248]，考虑我国低碳经济发展的要求，构建能源结构评价指标体系，该体系包括社会经济效益、能源规划效益、环境效益等3个准则层。其中，社会经济效益包括GDP增长率、就业率、进出口贸易总额、产业结构、城市化进程、总人口等6个评价指标；能源规划效益包括能源安全、能源效率、能源价格、能源供需形势、可再生能源规划等5个评价指标；环境效益包括二氧化碳排放强度、二氧化硫排放、烟尘排放、污染治理费用等4个评价指标。各层次及各指标的具体说明见表11.1。

表 11.1　基于低碳经济的能源结构评价体系

目标层	准则层	指标层		
		名称	计算说明	指标方向
基于低碳经济的能源结构（A）	社会经济效益（B_1）	GDP 增长率/%（B_{11}）	资料来源：历年《中国统计年鉴》	（+）
		就业率/%（B_{12}）	就业人口/经济活动人口	（+）
		进出口贸易总额/亿元（B_{13}）	资料来源：历年《中国统计年鉴》	（+）
		产业结构/%（B_{14}）	第三产业产值/GDP	（+）
		城市化进程/%（B_{15}）	城市人口/总人口	（+）
		总人口/亿人（B_{16}）	资料来源：历年《中国统计年鉴》	—
	能源规划效益（B_2）	能源安全/%（B_{21}）	石油净进口量/石油消费总量	（−）
		能源效率/（吨标准煤/万元）（B_{22}）	单位 GDP 能源消耗量（能源消耗量/GDP）	（−）
		能源价格/万吨标准煤（B_{23}）	煤炭工业品出厂价格指数（以1997年为基期，将1998~2010年的环比价格指数换算成定基比价格指数）	—
		能源供需形势/（万吨标准煤）（B_{24}）	能源缺口（｜能源供给−能源需求｜）	（−）
		可再生能源规划/%（B_{25}）	可再生能源的消费量/能源消费总量	（+）
	环境效益（B_3）	二氧化碳排放强度/（吨碳/万元）（B_{31}）	（一次能源消费量×碳排放系数）/GDP	（−）
		二氧化硫排放/万吨（B_{32}）	资料来源：历年《中国能源统计年鉴》	（−）
		烟尘排放/万吨（B_{33}）	资料来源：历年《中国能源统计年鉴》	（−）
		污染治理费用/亿元（B_{34}）	资料来源：历年《中国能源统计年鉴》	（−）

注：其中（+）表示该指标为正向指标；（−）表示该指标为负向指标；—表示该指标为适度指标（双向指标）

运用SPSS 16.0软件对每个指标进行测评，选取合理指标。该调查采用五标度打分法，对能源结构评价指标的有效性进行打分："1"表示该评价指标"无效"，

即该指标不能有效反映能源结构；"5"表示该评价指标"非常有效"，即该指标可以有效反映能源结构，"2""3""4"分别表示该评价指标"基本无效""一般有效""较有效"。运用SPSS 16.0软件对每个评价指标的有效性得分进行单样本T检验，将检验值定为3.0，显著性水平 $\alpha = 0.05$ ，并设定只有当 $|t| > 1.96$ ，且均值大于3时，即只有当被调查者认为该评价指标在反映能源结构方面的有效程度明显大于一般水平时，才认为该评价指标可以接受。该调查以纸质调查表形式对黑龙江省12所高等院校熟悉能源结构等相关领域的能源专家学者展开调查；并通过纸质调查表与电子调查表相结合的形式发放给2010年12月17日国家发展和改革委员会组织的"碳排放培训班"的学员，学员工作领域涉及政府、科研院所（林业、农业等）、企业单位等。问卷共计发放132份，回收98份，回收率为74.24%，其中有效问卷96份，问卷的有效率为97.96%。由于本次调查覆盖面较广，因此能够保证调查结果的有效性。

根据样本数据对社会经济效益、能源规划效益、环境效益各指标的合理性得分排序结果如表11.1所示，结果显示所有指标均达标。

11.2 评价模型的选择

在实践中广泛应用的能源结构评价方法主要有AHP、Delphi、DEA、熵值法、主成分分析法和因子分析法等，但各种方法均有其局限性。目前，AHP和Delphi是最常用的评价方法，但这两种方法受人为主观影响较大，有失客观。粗糙集可以通过数据对指标体系进行分析和推理，从中发现隐含的知识，在保持分类能力不变的情况下约去冗余的指标，同时使指标权重设置更加客观。因此，本书综合运用粗糙集与AHP方法确定权重，兼顾主观性与客观性，在依据客观数据的同时充分考虑政策因素等的影响，使结果更合理。然后，运用未确知测度模型对基于低碳经济的能源结构进行评估。未确知测度模型克服了模糊评价法等传统评价方法易丢失重要信息而导致分级不清、评价结果不合理等缺陷，对评价空间进行有序分割，提高分辨率，保证评价结果可靠有效。

1. 粗糙集知识约简理论

粗糙集知识约简理论是波兰数学家Z. Pawlak于1982年提出的一种处理模糊和不确定性知识的数学工具，其核心思想就是在保持分类能力不变的前提下，通过知识约简，删除不重要或不相关的知识[249, 250]。

定义11.1 设U为非空集合，R是U上的一个等价关系，则U/R表示R的所有等价类，K=（U，R）表示知识库，其中R是由U上等价关系组成的集合，U称为论域。

定义11.2 若 $P \subseteq R$ ，且 $P \neq \phi$ ，则 $\bigcap P$ （P中所有等价关系的交集）也是一个等价关系，称为P上的不可区分关系，记为 ind(P) 。

定义11.3 令R是一族等价关系，$R\in\boldsymbol{R}$，如果$\mathrm{ind}(\boldsymbol{R})=\mathrm{ind}(\boldsymbol{R}-\{R\})$，则称$R$为$\boldsymbol{R}$中不必要的；否则称$R$为$\boldsymbol{R}$中必要的。若每个$R\in\boldsymbol{R}$都是$\boldsymbol{R}$中必要的，则称$R$为独立的；否则称$R$为依赖的。

定义11.4 设$Q\subseteq P$，如果Q是独立的，且$\mathrm{ind}(Q)=\mathrm{ind}(P)$，则称$Q$为$P$的一个约简，记为$\mathrm{red}(P)$。

定义11.5 令P和Q为U中的等价关系，$\mathrm{Pos}_P(Q)$表示Q的P正域，指的是U中所有根据分类U/R的信息可以准确地划分到关系Q的等价类中去的对象集合。

定义11.6 设$S=(U,\boldsymbol{R},V,f)$为一个知识表达系统，$P,Q\subseteq R$，则属性R的重要性为

$$\mu_R=\frac{\left\|\mathrm{Pos}_P(Q)\right|-\left|\mathrm{Pos}_{P-|R|}(Q)\right\|}{|U|} \tag{11.1}$$

2. 指标权重确定

根据粗糙集知识约简理论中属性重要性的概念，求得各指标的重要性μ，对$\mu>0$的指标的μ值进行"归一化"处理，得到各指标的权重值w_i^{RST}：

$$w_i^{\mathrm{RST}}=\mu_i\left/\sum_i\mu_i\right. \tag{11.2}$$

设w_i^{AHP}为利用AHP方法确定的第i项测度指标的权重，w_i^{RST}为利用粗糙集理论确定的第i项测度指标的权重，则第i项测度指标的权重w_i：

$$w_i=\theta w_i^{\mathrm{RST}}+(1-\theta)w_i^{\mathrm{AHP}} \tag{11.3}$$

其中，θ为客观偏好系数；$(1-\theta)$为主观偏好系数（也称为低碳因子），$0\leqslant\theta\leqslant1$。

3. 未确知测度评价模型

设$x_1,x_2,\cdots,x_n$为n个待评价的对象，则评价空间为$\boldsymbol{X}=\{x_1,x_2,\cdots,x_n\}$，称之为论域。对$x_i\in X$，有$m$个指标$I_1,I_2,\cdots,I_m$，于是$x_i$可表示为$m$维向量$\boldsymbol{x}_i=[x_{i1},x_{i2},\cdots,x_{im}]$，其中$x_{ij}$表示评价对象$x_i$关于评价指标$I_j$的评价值。对每个$x_{ij}$有$k$个评价等级$c_1,c_2,\cdots,c_k$，将$\boldsymbol{C}=\{c_1,c_2,\cdots,c_k\}$记为评价空间。

1）单指标测度

令$\mu_{ijk}=\mu(x_{ij}\in c_k)$表示评价值$x_{ij}$属于第$k$个评价等级$c_k$的程度，要求$\mu$满足：①$0\leqslant\mu(x_{ij}\in c_p)\leqslant1$；②$\mu(x_{ij}\in C)=1$；③$\mu\left(x_{ij}\in\bigcup_{l=1}^k c_l\right)=\sum_{l=1}^k\mu(x_{ij}\in c_l)$。其中，$i=1,2,\cdots,n$；$j=1,2,\cdots,m$；$l=1,2,\cdots,k$。满足上述三条准则的$\mu$称为未确知测度，单指标测度评价矩阵可表示为

$$\left(\mu_{ijk}\right)_{m \times k} = \begin{bmatrix} \mu_{i11} & \mu_{i12} & \cdots & \mu_{i1k} \\ \mu_{i21} & \mu_{i22} & \cdots & \mu_{i2k} \\ \vdots & \vdots & & \vdots \\ \mu_{im1} & \mu_{im2} & \cdots & \mu_{imk} \end{bmatrix}, \quad i = 1, 2, \cdots, n \qquad (11.4)$$

2）多指标综合测度

根据粗糙集知识约简理论求得各指标的重要性，进行归一化处理，得到各指标权重值 $w_j = \mu_j \Big/ \sum_{j=1}^{m} \mu_j$。令 $\mu_{ik} = \mu(x_i \in c_k)$，表示项目 x_i 属于第 k 个评价等级 c_k 的程度，则 x_i 的多指标综合测度 μ_{ik} 表示为

$$\mu_{ik} = \sum_{j=1}^{m} w_j \mu_{ijk}, \quad i = 1, 2, \cdots, n, \quad k = 1, 2, \cdots, p \qquad (11.5)$$

3）评价等级识别

对于有序型评价类别一般采用置信度识别准则。若 $\{c_1, c_2, \cdots, c_k\}$ 满足 $c_k > c_{k+1}$，则置信度 λ 范围为 $0.5 < \lambda < 1$，通常取 $0.6 \sim 0.7$，计算

$$k(x_i) = \min \sum_{k=1}^{p} \mu_{ik}(c_k) \geqslant \lambda, 1 \leqslant k \leqslant p \qquad (11.6)$$

则认为 x_i 属于 c_k 类。

11.3 实证分析

11.3.1 数据的选取和处理

在确定了指标体系后，需要根据所选取指标的具体数值进行分析，本书以全国为例进行实证分析。根据《中国统计年鉴》、历年《中国环境统计年报》和《中国能源统计年鉴》等1998~2010年的数据计算各指标的数值，结果如表11.2所示。

表 11.2　1998~2010 年我国能源结构各指标样本数据

指标	1998 年	1999 年	2000 年	2001 年	2002 年	2003 年	2004 年	2005 年	2006 年	2007 年	2008 年	2009 年	2010 年
B_{11}	8.44	8.97	9.92	10.97	12.03	13.58	15.99	18.49	21.63	26.58	31.4	34.05	40.12
B_{12}	97.99	98.08	97.42	98.11	97.85	97.84	97.89	97.37	98.25	98.42	98.08	97.83	97.09
B_{13}	2.69	2.99	3.93	4.22	5.14	7.05	9.55	11.69	14.1	16.69	17.99	15.06	20.17
B_{14}	36.2	37.7	39	40.5	41.5	41.2	40.4	40.5	40.9	41.9	41.8	43.4	43.1
B_{15}	33.35	34.78	36.22	37.66	39.09	40.53	41.76	42.99	44.34	45.89	46.99	48.34	49.95
B_{16}	12.48	12.58	12.67	12.76	12.85	12.92	13	13.08	13.14	13.21	13.28	13.35	13.41
B_{21}	17.22	22.97	33.76	30.96	32.81	39.26	47.48	43.87	48.25	50.52	53.8	56.6	60
B_{22}	1.61	1.57	1.47	1.37	1.32	1.35	1.34	1.28	1.2	1.06	0.93	0.9	0.81
B_{23}	96.6	91.6	89.8	95.7	106.8	114.2	132.4	156.5	165.6	174.5	229.3	225.9	250.5

续表

指标	1998 年	1999 年	2000 年	2001 年	2002 年	2003 年	2004 年	2005 年	2006 年	2007 年	2008 年	2009 年	2010 年
B_{24}	0.64	0.86	1.05	0.65	0.88	1.19	1.68	1.98	2.65	3.32	3.09	3.2	2.8
B_{25}	6.5	5.9	6.4	7.5	7.3	6.5	6.7	6.8	6.7	6.8	7.7	7.8	8.6
B_{31}	1.06	1.04	0.96	0.89	0.86	0.89	0.87	0.84	0.79	0.69	0.6	0.58	0.52
B_{32}	2 090	1 857.5	1 995.1	1 947.2	1 926.6	2 158.5	2 254.9	2 549.4	2 588.8	2 468.1	2 321.2	2 214.4	2 185.1
B_{33}	1 452	1 159	1 165.4	1 059	1 012.7	1 048.5	1 095	1 182.5	1 088.8	986.6	901.6	847.7	829.1
B_{34}	721.8	823.2	1 060.7	1 106.6	1 367.2	1 627.7	1 909.8	2 388	2 566	3 387.3	4 490.3	4 525.3	6 654.2

粗糙集知识约简理论只能处理离散化的数据，因此需要对样本数据进行离散化处理。本节运用SPSS 16.0软件分别对社会经济效益、能源规划效益和环境效益三个准则层下的各具体指标进行K-均值聚类分析，将分类数指定为3，将样本数据分为三类，数据离散化的结果如表11.3所示。

表 11.3　数据离散化结果

指标	B_{11}	B_{12}	B_{13}	B_{14}	B_{15}	B_{16}	B_{21}	B_{22}	B_{23}	B_{24}	B_{25}	B_{31}	B_{32}	B_{33}	B_{34}
1	1	1	1	1	1	1	1	1	3	1	3	1	1	1	1
2	1	1	1	1	1	1	1	1	3	1	2	1	2	1	3
3	1	3	1	2	1	1	3	1	3	1	3	3	2	1	3
4	1	1	1	2	3	3	3	3	3	1	3	3	2	1	3
5	1	1	1	3	3	2	3	3	3	1	3	3	2	1	3
6	1	1	2	2	1	2	3	3	3	1	3	3	1	1	3
7	3	1	2	2	3	2	1	2	3	1	3	3	3	1	3
8	3	3	2	2	3	3	3	3	3	1	3	3	3	1	3
9	3	2	3	2	2	2	3	3	3	1	3	3	3	1	3
10	3	2	3	3	2	3	3	3	3	1	2	3	3	3	2
11	2	2	3	3	3	3	3	3	1	2	2	1	3	3	2
12	2	1	3	3	2	3	2	3	2	3	3	1	3	2	2
13	2	3	3	3	2	2	2	2	3	1	2	1	2	2	2

11.3.2　指标约简和指标权重确定

对社会经济效益指标而言，$K=(U, R)$，其中：

$$U=\{1,2,3,4,5,6,7,8,9,10,11,12,13\}, \quad R=\{\bigcap B_{11}, \bigcap B_{12}, \bigcap B_{13}, \bigcap B_{14}, \bigcap B_{15}, \bigcap B_{16}\}$$

$$\bigcap B_{11}=\{\{1,2,3,4,5,6\},\{7,8,9,10\},\{11,12,13\}\},$$

$$\bigcap B_{12}=\{\{1,2,4,5,6,7,11,12\},\{3,8,13\},\{9,10\}\}$$

$$\bigcap B_{13}=\{\{1,2,3,4,5\},\{6,7,8\},\{9,10,11,12,13\}\}, \quad \bigcap B_{14}=\{\{1,2\},\{3,4,6,7,8,9\},\{5,10,11,12,13\}\}$$

$$\bigcap B_{15}=\{\{1,2,3\},\{4,5,6,7,8\},\{9,10,11,12,13\}\}, \quad \bigcap B_{16}=\{\{1,2,3\},\{4,5,6,7\},\{8,9,10,11,12,13\}\}$$

根据知识约简理论可得

$$U / \text{ind}(R) = \{\{1,2\},\{3\},\{4\},\{5\},\{6\},\{7\},\{8\},\{9\},\{10\},\{11,12\},\{13\}\}$$

$$U / \text{ind}(R - \{\cap B_{11}\}) = \{\{1,2\},\{3\},\{4\},\{5\},\{6,7\},\{8\},\{9\},\{10\},\{11,12\},\{13\}\}$$
$$\neq U / \text{ind}(R)$$

$$U / \text{ind}(R - \{\cap B_{12}\}) = \{\{1,2\},\{3\},\{4\},\{5\},\{6\},\{7\},\{8\},\{9\},\{10\},\{11,12,13\}\}$$
$$\neq U / \text{ind}(R)$$

$$U / \text{ind}(R - \{\cap B_{13}\}) = \{\{1,2\},\{3\},\{4,6\},\{5\},\{7\},\{8\},\{9\},\{10\},\{11,12\},\{13\}\}$$
$$\neq U / \text{ind}(R)$$

$$U / \text{ind}(R - \{\cap B_{14}\}) = \{\{1,2\},\{3\},\{4,5\},\{6\},\{7\},\{8\},\{9,10\},\{11,12\},\{13\}\}$$
$$\neq U / \text{ind}(R)$$

$$U / \text{ind}(R - \{\cap B_{15}\}) = \{\{1,2\},\{3\},\{4\},\{5\},\{6\},\{7\},\{8\},\{9\},\{10\},\{11,12\},\{13\}\}$$
$$= U / \text{ind}(R)$$

$$U / \text{ind}(R - \{\cap B_{16}\}) = \{\{1,2\},\{3\},\{4\},\{5\},\{6\},\{7\},\{8\},\{9\},\{10\},\{11,12\},\{13\}\}$$
$$= U / \text{ind}(R)$$

由此可知，经过知识约简后，社会经济效益可由GDP增长率（B_{11}）、就业率（B_{12}）、进出口贸易总额（B_{13}）、产业结构（B_{14}）四个指标衡量。

对能源规划效益指标而言，$K = (U, R)$，其中：

$$U = \{1,2,3,4,5,6,7,8,9,10,11,12,13\}, \quad R = \{\cap B_{21}, \cap B_{22}, \cap B_{23}, \cap B_{24}, \cap B_{25}\}$$

$$\cap B_{21} = \{\{1,2\},\{3,4,5,6,8\},\{7,9,10,11,12,13\}\}$$

$$\cap B_{22} = \{\{1,2,3\},\{4,5,6,7,8,9\},\{10,11,12,13\}\}$$

$$\cap B_{23} = \{\{1,2,3,4,5,6\},\{7,8,9,10\},\{11,12,13\}\}$$

$$\cap B_{24} = \{\{1,2,3,4,5,6\},\{7,8\},\{9,10,11,12,13\}\}$$

$$\cap B_{25} = \{\{1,3,5,6,7,8,9,10\},\{2\},\{4,11,12,13\}\}$$

根据知识约简理论可得

$$U / \text{ind}(R) = \{\{1\},\{2\},\{3\},\{4\},\{5,6\},\{7\},\{8\},\{9\},\{10\},\{11,12,13\}\}$$

$$U / \text{ind}(R - \{\cap B_{21}\}) = \{\{1,3\},\{2\},\{4\},\{5,6\},\{7,8\},\{9\},\{10\},\{11,12,13\}\}$$
$$\neq U / \text{ind}(R)$$

$$U / \text{ind}(R - \{\cap B_{22}\}) = \{\{1\},\{2\},\{3\},\{4\},\{5,6\},\{7\},\{8\},\{9,10\},\{11,12,13\}\}$$
$$\neq U / \text{ind}(R)$$

$$U / \text{ind}(R - \{\cap B_{23}\}) = \{\{1\},\{2\},\{3\},\{4\},\{5,6\},\{7\},\{8\},\{9\},\{10\},\{11,12,13\}\}$$
$$= U / \text{ind}(R)$$

$$U/\mathrm{ind}(R-\{\cap B_{24}\})=\{\{1\},\{2\},\{3\},\{4\},\{5,6\},\{7\},\{8\},\{9\},\{10\},\{11,12,13\}\}$$
$$=U/\mathrm{ind}(R)$$
$$U/\mathrm{ind}(R-\{\cap B_{25}\})=\{\{1,2\},\{3\},\{4,5,6\},\{7\},\{8\},\{9\},\{10\},\{11,12,13\}\}$$
$$\neq U/\mathrm{ind}(R)$$

可见，能源规划效益可由能源安全（B_{21}）、能源效率（B_{22}）、可再生能源规划（B_{25}）三个指标衡量。

对环境效益指标而言，$K=(U,R)$，其中：

$$U=\{1,2,3,4,5,6,7,8,9,10,11,12,13\},\quad R=\{\cap B_{31},\cap B_{32},\cap B_{33},\cap B_{34}\}$$
$$\cap B_{31}=\{\{1,2\},\{3,4,5,6,7,8,9\},\{10,11,12,13\}\}$$
$$\cap B_{32}=\{\{1,6,7,11,12,13\},\{2,3,4,5\},\{8,9,10\}\}$$
$$\cap B_{33}=\{\{1,2,3,4,5,6,7,8,9\},\{10,11,12\},\{13\}\}$$
$$\cap B_{34}=\{\{1\},\{2,3,4,5,6,7,8,9\},\{10,11,12,13\}\}$$

根据知识约简理论可得

$$U/\mathrm{ind}(R)=\{\{1\},\{2\},\{3,4,5\},\{6,7\},\{8,9\},\{10\},\{11,12\},\{13\}\}$$
$$U/\mathrm{ind}(R-\{\cap B_{31}\})=\{\{1\},\{2,3,4,5\},\{6,7\},\{8,9\},\{10\},\{11,12\},\{13\}\}\neq U/\mathrm{ind}(R)$$
$$U/\mathrm{ind}(R-\{\cap B_{32}\})=\{\{1\},\{2\},\{3,4,5,6,7,8,9\},\{10,11,12\},\{13\}\}\neq U/\mathrm{ind}(R)$$
$$U/\mathrm{ind}(R-\{\cap B_{33}\})=\{\{1\},\{2\},\{3,4,5\},\{6,7\},\{8,9\},\{10\},\{11,12,13\}\}\neq U/\mathrm{ind}(R)$$
$$U/\mathrm{ind}(R-\{\cap B_{34}\})=\{\{1\},\{2\},\{3,4,5\},\{6,7\},\{8,9\},\{10\},\{11,12\},\{13\}\}=U/\mathrm{ind}(R)$$

经过知识约简后，环境效益可由二氧化碳排放强度（B_{31}）、二氧化硫排放（B_{32}）、烟尘排放（B_{33}）三个指标衡量。

以社会经济效益的四个指标B_{11}、B_{12}、B_{13}和B_{14}为例计算各指标的权重。$K=(U,R)$，其中：

$$U=\{1,2,3,4,5,6,7,8,9,10,11\},\quad R=\{\cap B_{11},\cap B_{12},\cap B_{13},\cap B_{14},\cap B_{15},\cap B_{16}\}$$
$$\mathrm{ind}(P)=\mathrm{ind}(Q)=U/\mathrm{ind}(R)=\{\{1\},\{2\},\{3\},\{4\},\{5\},\{6\},\{7\},\{8\},\{9\},\{10,11\}\}$$

B_{11}的重要性 $\mu_{B_{11}}=\left(\left\|\mathrm{Pos}_P(Q)\right\|-\left\|\mathrm{Pos}_{P-\{B_{11}\}}(Q)\right\|\right)\big/|U|=(13-11)/13=2/13$，同理可得

$$\mu_{B_{12}}=3/13,\quad \mu_{B_{13}}=2/13,\quad \mu_{B_{14}}=4/13$$

则各指标的权重分别为

$$\omega_{B_{11}}^{\mathrm{RST}}=\mu_{B_{11}}\big/\sum_i\mu_{B_{1i}}=2/11,\quad \omega_{B_{12}}^{\mathrm{RST}}=\mu_{B_{12}}\big/\sum_i\mu_{B_{1i}}=3/11$$
$$\omega_{B_{13}}^{\mathrm{RST}}=\mu_{B_{13}}\big/\sum_i\mu_{B_{1i}}=2/11,\quad \omega_{B_{14}}^{\mathrm{RST}}=\mu_{B_{14}}\big/\sum_i\mu_{B_{1i}}=4/11$$

同理可计算其他指标及较高层指标权重，结果如表11.4所示。本书根据基于低碳

经济的能源结构评价指标的层次结构设计了AHP判断矩阵专家咨询表，并采取与前面的指标测评表相同的方式发放给相关专家学者。通过对调查结果进行整理分析，对其取众数，得到能源结构评价指标体系各层次的判断矩阵，通过和积法求解判断矩阵，并进行一致性检验，所得权值如表11.4所示。本书取低碳因子$(1-\theta)$为0.4，则根据式（11.3），求得各评价指标的组合权值如表11.4所示。

表 11.4　基于低碳经济的能源结构评价指标权值

目标层	准则层				指标层				
		权值				权值			
名称	名称	RST 权值	AHP 权值	组合 权值	名称	RST 权值	AHP 权值	组合 权值	综合 权值
基于低碳经济的能源结构（A）	社会经济效益（B_1）	0.207 7	0.326 0	0.255 0	GDP 增长率（B_{11}）（+）	0.181 8	0.248 4	0.208 4	0.053 2
					就业率（B_{12}）（+）	0.272 7	0.264 9	0.269 6	0.068 7
					进出口贸易总额（B_{13}）（+）	0.181 8	0.128 9	0.160 6	0.041 0
					产业结构（B_{14}）（+）	0.363 7	0.357 8	0.361 3	0.092 1
					城市化进程（B_{15}）（+）				
					总人口（B_{16}）				
	能源规划效益（B_2）	0.283 2	0.264 6	0.275 8	能源安全（B_{21}）（−）	0.363 6	0.141 5	0.274 8	0.075 8
					能源效率（B_{22}）（−）	0.181 8	0.393 8	0.266 6	0.073 5
					能源价格（B_{23}）				
					能源供需形势（B_{24}）（−）				
					可再生能源规划（B_{25}）（+）	0.454 6	0.464 7	0.458 6	0.126 5
	环境效益（B_3）	0.509 1	0.409 4	0.338 5	二氧化碳排放强度（B_{31}）（−）	0.235 3	0.474 0	0.297 1	0.139 4
					二氧化硫排放（B_{32}）（−）	0.588 2	0.389 7	0.508 8	0.238 7
					烟尘排放（B_{33}）（−）	0.176 5	0.136 3	0.160 4	0.075 3
					污染治理费用（B_{34}）（+）				

注：其中（+）表示该指标为正向指标，（−）表示该指标为负向指标，无符号的表示该指标为适度指标；斜体指标表示通过粗糙集知识约简理论被约简的指标

设我国能源结构合理度为SD，F_{ij}表示第i个准则的第j个测度指标的实际

观察值，其相应的权值为W_{ij}，则能源结构合理度为

$$SD=\sum_{i=1}^{3}\sum_{j=1}F_{ij}\cdot W_{ij}, \quad j=1,2,\cdots,k \qquad （11.7）$$

通过《中国统计年鉴》等资料收集1998~2010年能源结构评价指标的数据，如表11.5所示。

表 11.5 1998~2010 年基于低碳经济的我国能源结构评价指标标准化数据及得分

年份			1998	1999	2000	2001	2002	2003	2004	2005	2006	2007	2008	2009	2010
评价指标	B_1	B_{11}	0.435	0.462	0.511	0.566	0.620	0.700	0.824	0.953	1.115	1.370	1.619	1.755	2.068
		B_{12}	1.001	1.002	0.995	1.003	1.000	1.000	1.000	0.995	1.004	1.006	1.002	1.000	0.992
		B_{13}	0.266	0.296	0.389	0.418	0.509	0.698	0.946	1.158	1.396	1.653	1.782	1.491	1.997
		B_{14}	0.891	0.928	0.960	0.997	1.022	1.014	0.995	0.997	1.007	1.031	1.029	1.068	1.061
	B_1 得分		0.151	0.155	0.163	0.169	0.176	0.186	0.199	0.212	0.228	0.249	0.263	0.260	0.290
	B_2	B_{21}	2.401	1.800	1.225	1.335	1.260	1.053	0.871	0.942	0.857	0.818	0.769	0.730	0.689
		B_{22}	0.774	0.794	0.848	0.910	0.945	0.924	0.931	0.974	1.039	1.176	1.341	1.385	1.539
		B_{25}	0.927	0.841	0.912	1.069	1.041	0.927	0.955	0.969	0.955	0.969	1.098	1.112	1.226
	B_2 得分		0.406	0.335	0.287	0.322	0.313	0.275	0.261	0.272	0.265	0.270	0.290	0.290	0.308
	B_3	B_{31}	0.769	0.783	0.849	0.915	0.947	0.915	0.936	0.970	1.031	1.181	1.358	1.405	1.567
		B_{32}	1.051	1.183	1.101	1.128	1.140	1.018	0.974	0.862	0.849	0.89	0.946	0.992	1.005
		B_{33}	0.733	0.918	0.913	1.004	1.050	1.014	0.971	0.900	0.977	1.078	1.180	1.255	1.283
	B_3 得分		0.473	0.531	0.514	0.538	0.549	0.506	0.491	0.455	0.466	0.505	0.552	0.578	0.604
综合得分			1.030	1.021	0.964	1.029	1.038	0.967	0.951	0.939	0.959	1.024	1.105	1.128	1.202

为消除各个指标量纲不同造成的影响，对各指标数据进行标准化处理。本书利用理想值法对数据进行标准化处理，对于正向指标，如GDP，就业率，进出口贸易总额，产业结构，水电、核电等在一次能源消费中的比重等，采用极大值法，即$X_i=a_i/A_i$；对于负向指标，如石油对外依存度、单位GDP能源消耗量、二氧化碳排放强度、二氧化硫排放、烟尘排放等，采用极小值法，即$X_i=A_i/a_i$；对于适度指标（双项指标），如总人口等，采用差值法，即$X_i=1-|A_i-a_i|/A_i$。其中，X_i为标准化后的数据，a_i为指标的初始实际值，A_i为指标数列的均值。根据式（11.7）计算可得历年能源结构的社会经济效益、能源规划效益、环境效益及综合水平，如图11.1所示。

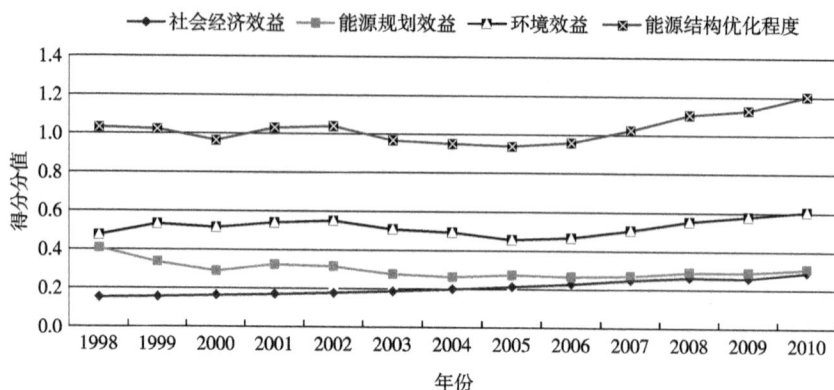

图 11.1　基于低碳经济的能源结构变化

11.3.3　多指标综合测度与评价

将我国基于低碳经济的能源结构评价指标分为五级，则评价空间 $C=\{C_1, C_2, C_3, C_4, C_5\}$ 中 C_1, C_2, C_3, C_4, C_5 分别表示好、较好、中、较差和差。本书综合参照全面建设小康社会的具体目标、"十二五"节能减排目标、低碳经济发展目标及国家对各具体指标的其他规划设置等级，在确定最高等级和最低等级后，等分二者差距作为其他级别。

（1）GDP：中共十六大提出全面建设小康社会，到2020年GDP较2000年翻两番的奋斗目标。按照这个标准，GDP的年增长率大约在8%，将8%作为中间级别，以1%的级差确定各级别。

（2）就业率：由于国家对就业率没有较明确的预期，且就业率作为正向指标，数值越大越好。因此，将1998~2010年就业率的最大值作为最高等级，期间就业率的最小值作为最低等级。

（3）进出口贸易总额：《后危机时代中国外贸发展战略研究》总报告执笔人、商务部国际贸易经济合作研究院研究员李钢指出，按照数量指标要求，预计到2020年，5.3万亿美元的总贸易额中，按2009年名义汇率均值6.832计算，可换算为36.209 6万亿元，将36.21万亿元作为最高等级，1998~2010年进出口贸易最低额作为最低等级。

（4）产业结构：根据国家宏观经济形势报告，2020年第三产业的比重将为44.5%，将其作为最高等级，将1998~2010年第三产业比重最低值作为最低等级。

（5）石油对外依存度：国家对石油对外依存度没有较明确的预期，考虑到其为负向指标，数值越小越好。因此，将1998~2010年石油对外依存度的最小值作为最高等级，期间的最大值作为最低等级。

（6）能源效率：根据中国科学院可持续发展战略研究组发布的《2009中国可

持续发展战略报告》，2020年我国低碳经济的发展目标关于能源效率的预期为单位GDP能耗比2005年降低40%~60%。2006年国家统计局等单位发布的各省、自治区、直辖市GDP能耗公报数据显示，2005年单位GDP能耗为1.22吨/万元，将其作为最低等级。在此基础上，2020年每万元GDP能耗应为0.488~0.732吨，将0.48吨作为最高等级。

（7）可再生能源规划：国务院应对气候变化工作会议决定，大力发展水电、核电等低碳能源，2020年争取使低碳能源消费占一次能源消费的比重达到15%左右，将15%作为最高等级，将1998~2010年最小比重作为最低等级。

（8）二氧化碳排放强度：根据《2009中国可持续发展战略报告》可知，2020年我国低碳经济的发展目标关于二氧化碳排放强度的规划指出，单位GDP的二氧化碳排放在2005年的基础上降低50%左右。因此，将2005年单位GDP碳排放数据（0.79万吨碳/亿元）作为最低等级，将2020年单位GDP碳排放目标数据（0.396 6万吨碳/亿元）作为最高等级。

（9）二氧化硫和烟尘排放：中国能源发展战略与政策研究课题组根据全国环境保护模范城市、生态省、生态市和生态示范区（县）等考核指标，参照发达国家能源与环境发展的经验，提出了未来20年中国能源发展的环境需求指标，即到2020年二氧化硫总量控制目标为1 309万吨，烟尘排放总量控制目标为1 000万吨，分别将其作为各自的最高等级，将1998~2010年各自最高排放量作为最低等级。

根据以上方法，约简后剩余各指标的分级标准如表11.6所示。

表 11.6　我国能源结构测度指标分级标准

指标	C_1	C_2	C_3	C_4	C_5
GDP 增长率/%	≥10	9	8	7	<6
就业率/%	≥98.42	98.09	97.76	97.43	<97.09
进出口贸易总额/万亿元	≥36.21	27.83	19.45	11.07	<2.69
产业结构/%	≥44.5	42.8	41.2	39.5	<37.8
能源安全/%	<17.22	27.92	38.61	49.31	≥60
能源效率/（吨标准煤/万元）	<0.48	0.67	0.85	1.04	≥1.22
可再生能源规划/%	≥15	12.8	10.5	8.2	<5.9
二氧化碳排放强度/（吨碳/万元）	<0.39	0.49	0.59	0.69	≥0.79
二氧化硫排放/万吨	<1 309	1 629	1 949	2 269	≥2 589
烟尘排放/万吨	<1 000	1 045.7	1 091.3	1 136.9	≥1 182.5

取得评价对象在各指标上的测度值，从而获得测度矩阵，根据未确知测度的概念和表11.6中各指标的分级标准，构造直线形单指标测度函数 $\mu(x)$ ，如图11.2所示。

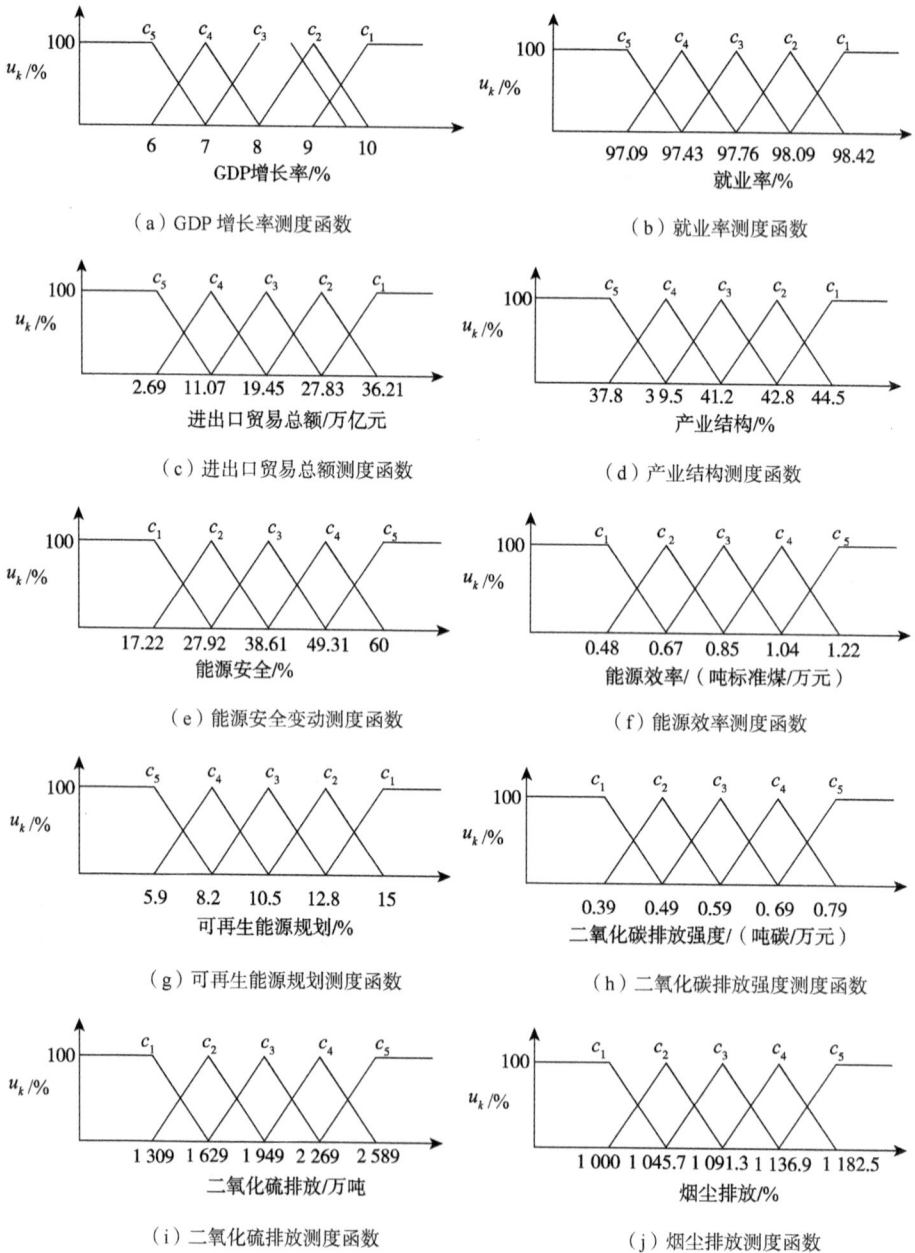

（a）GDP 增长率测度函数

（b）就业率测度函数

（c）进出口贸易总额测度函数

（d）产业结构测度函数

（e）能源安全变动测度函数

（f）能源效率测度函数

（g）可再生能源规划测度函数

（h）二氧化碳排放强度测度函数

（i）二氧化硫排放测度函数

（j）烟尘排放测度函数

图 11.2　各指标单指标测度函数

　　根据表11.2中2010年我国能源结构各指标的观测值和图11.2中各指标的测度函数得到以下测度矩阵：

$$\boldsymbol{\mu}_{(10)jk} = \begin{bmatrix} 1 & 0 & 0 & 0 & 0 \\ 0 & 0 & 0 & 0 & 1 \\ 0 & 0.085\,9 & 0.914\,1 & 0 & 0 \\ 0.176\,5 & 0.823\,5 & 0 & 0 & 0 \\ 0 & 0 & 0 & 0 & 1 \\ 0 & 0.222\,2 & 0.777\,8 & 0 & 0 \\ 0 & 0 & 0.173\,9 & 0.826\,1 & 0 \\ 0 & 0.700\,0 & 0.300\,0 & 0 & 0 \\ 0 & 0 & 0.262\,2 & 0.737\,8 & 0 \\ 1 & 0 & 0 & 0 & 0 \end{bmatrix} \quad (11.8)$$

根据粗糙集理论得各指标的权重向量：

$W = [0.053\,2, 0.068\,7, 0.041\,0, 0.092\,1, 0.075\,8, 0.073\,5, 0.126\,5, 0.139\,4, 0.238\,7, 0.075\,3]$

由式（11.5）和式（11.8），可以得出对2010年我国基于低碳经济的能源结构的测度和评价向量：

$$\boldsymbol{\mu} = W\boldsymbol{\mu}_{(10)jk} = [0.141\,0, 0.160\,7, 0.211\,5, 0.327\,3, 0.159\,6]$$

同理，利用这一方法可得各一级指标的测度和评价向量。令 $\boldsymbol{\mu}_1$、$\boldsymbol{\mu}_2$ 和 $\boldsymbol{\mu}_3$ 分别表示社会经济效益、能源规划效益和环境效益三个一级指标的测度和评价向量，则：

$$\boldsymbol{\mu}_1 = [0.246\,0, 0.315\,1, 0.166\,2, 0, 0.272\,7]$$
$$\boldsymbol{\mu}_2 = [0, 0.040\,4, 0.220\,5, 0.375\,5, 0.363\,6]$$
$$\boldsymbol{\mu}_3 = [0.176\,5, 0.164\,7, 0.224\,8, 0.434\,0, 0]$$

取 $\lambda = 0.6$，根据未确知测度评价理论评价等级识别公式，即式（11.6），当 $K = 4$ 时，$0.141\,0 + 0.160\,7 + 0.211\,5 + 0.327\,3 = 0.840\,5 > 0.6$，因此，2010年我国基于低碳经济的能源结构属于 C_4 级别，能源结构较差。同理，通过计算可知基于低碳经济的能源结构的社会经济效益、能源规划效益、环境效益分别属于 C_3、C_4 和 C_4 级别。

其他年份我国基于低碳经济的能源结构及能源结构的社会经济效益、能源规划效益、环境效益所属等级，如表11.7所示。

表 11.7 1998~2010 年我国能源结构及各指标等级划分

年份	能源结构	社会经济效益	能源规划效益	环境效益
1998	C_5	C_5	C_5	C_5
1999	C_5	C_5	C_5	C_5
2000	C_5	C_5	C_4	C_5
2001	C_3	C_3	C_4	C_3
2002	C_3	C_3	C_4	C_3
2003	C_4	C_3	C_4	C_4

年份	能源结构	社会经济效益	能源规划效益	环境效益
2004	C_4	C_3	C_4	C_4
2005	C_5	C_4	C_5	C_5
2006	C_4	C_2	C_4	C_5
2007	C_4	C_3	C_4	C_4
2008	C_4	C_3	C_5	C_4
2009	C_4	C_2	C_4	C_4
2010	C_4	C_3	C_4	C_4

11.3.4　结果分析

如图11.1所示，我国基于低碳经济的能源结构的社会经济效益从1998年0.151增加至2010年0.29，一直呈上升趋势且增长幅度较大，平均增速达5.63%。由表11.7也可以看出，能源结构社会经济效益自2001年开始已由1998年的C_5级别上升至C_3级别，除2005年外，在其他年份均保持在C_3级别以上。一方面说明了能源是经济发展的保障，现代化建设和经济快速发展需要充足、稳定的能源支撑；另一方面证实了能源结构在保证社会经济发展需求方面是较合理的。

基于低碳经济的能源结构的能源规划效益在1998~2005年经历了反复后，自2006年以来开始呈缓慢上升趋势，且其等级也一直徘徊在C_4和C_5之间。由此可见，我国的能源结构与国家既定的能源发展规划目标差距越来越大。一方面，由于能源对国家的重要战略地位，出于能源安全等方面的考虑，我国的能源体制改革还不彻底，能源市场尚未建立，能源价格、能源供需等主要由政府宏观调控，因此能源结构很难在能源效率、能源供需形势等方面有大的突破；另一方面也说明由于我国在过去几年经济波动较大、经济形势不明朗，国家在制定能源发展规划时缺少科学、合理的指导，缺乏预见性，很难满足社会发展需求。但近年来，能源结构的能源规划效益呈稳定上升态势，平均增速约为3.88%。随着我国经济开始走上快速、稳定、健康的发展道路，以及能源发展规划指导性作用的加强，能源结构合理度提升。

我国正处于工业化中期阶段，即重化工业阶段，对能源需求较大，尤其是我国目前正处于社会主义初级阶段，经济发展为中心，对经济发展所造成的环境问题重视程度不够，致使1998~2005年我国能源结构的环境效益变化趋势不明朗。2006年开始，上升趋势明显，这可以说明近年来，国家在重视经济发展的同时，开始兼顾环境问题，寻求经济的可持续发展之路。2009年哥本哈根世界气候会议上，我国承诺到2020年在2005年的基础上单位GDP碳排放减少40%~45%，也预示着我国发展低碳经济的迫切性。但由于国家既定发展战略、所处经济发展阶段及技术等方面的限制，能源结构在环境改善方面的进步较小，虽然在2001年和2002年达到C_3级别，但是大多数年份仍然处于C_4和C_5级别。

　　如表11.7所示，我国基于低碳经济的能源结构自1998年以来大多处于C_5或者C_4的级别，2001年和2002年由于能源结构的社会经济效益和环境效益有所提升，能源结构有所改善，但随后由于我国经济从1997年的金融危机中逐渐复苏，对能源的需求急增，忽略了环境因素，能源结构的环境效益有所降低，致使能源结构又处于C_4级别。但是，自2006年以来能源结构有上升趋势，年平均增长率为5.09%，且增速还在加快。1998~2010年，我国能源结构的社会经济效益虽不稳定，但总体有所提高，2010年已处于C_3级别，但能源规划效益和环境效益并不理想，基本处于C_4或C_5级别。

第12章 基于低碳经济的能源消耗结构优化模型及实证分析

12.1 我国低碳经济的情景分析

12.1.1 模型设定

GDP、人口数量、产业结构、就业人口比例、环境状况、对外贸易等都会对能源结构的调整产生影响，经济建设作为核心目标伴随着我国的能源结构调整。IPAT模型在描述能源消耗、经济增长与环境污染三者之间的关系时，比其他模型更为准确，在研究建设低碳经济系统时起到了关键作用。IPAT模型表达式为

$$I = P \cdot A \cdot T = P \cdot Y / P \cdot I / Y \qquad (12.1)$$

其中，I 为环境载荷；P 为人口数量；Y 为GDP；$A = Y/P$，指人均GDP；$T = I/Y$，为单位GDP环境载荷。由于研究的主要方面是低碳经济如何发展，所以本书在考量环境载荷时选用能源消耗所产生的二氧化碳排放量 C 取替 I，公式变形为

$$C = P \cdot Y / P \cdot C / Y \qquad (12.2)$$

通常情况下，用二氧化碳排放系数与各种能源消耗总量来判断能源消耗形成的二氧化碳排放量：

$$C = \sum_{i=1}^{4} E^i \cdot f^i = \sum_{i=1}^{4} E \cdot \alpha^i \cdot f^i = E \cdot \sum_{i=1}^{4} \alpha^i \cdot f^i \qquad (12.3)$$

其中，E 为能源消耗总量；E^i 为第 i 种能源消耗量；α^i 为能源消费构成，即第 i 种能源消费量/能源消费总量；f^i 为消耗第 i 种能源时的二氧化碳排放系数。

按照经济增长与能源消耗的关系，能源消耗总量的表达式为

$$E = Y \times \frac{E}{Y} = Y \times \frac{\sum E^j}{Y} = Y \times \frac{\sum Y^j D^j}{Y} = Y \times \sum S^j D^j \qquad (12.4)$$

其中，Y 为GDP；E^j 为第 j 个产业的能源消耗总量；Y^j 为第 j 产业的能源生产总量；D^j 为第 j 产业能源消耗强度；S^j 为第 j 产业的产业结构。

由此可知，二氧化碳排放量的影响因素主要有产业结构、人口、能源结构及人均GDP。因此，与基期相比，第t期二氧化碳排放量为

$$C_t = P_t \cdot A_t \cdot \sum_{j=1}^{3} S_t^j \cdot D_t^j \cdot \sum_{i=1}^{4} \alpha_t^i \cdot f_t^i = C_0 \cdot [(1+m) \cdot (1+n) \cdot (1-a) \cdot (1-b)]^t \quad （12.5）$$

其中，m为人口自然增长率；n为人均GDP增长率；$a = \sum_{j=1}^{3} S^j D^j$为产业结构优化系数，也就是产业结构调整后能源消费强度变动；$b = \sum_{i=1}^{4} \alpha^i f^i$为能源结构优化系数，也就是能源结构调整后二氧化碳排放系数的变动。

12.1.2 情景描述与参数设计

1. 情景描述

将2008年作为基准年，以我国社会发展规划对今后的能源消费结构与产业结构、人均GDP与人口数量的设定为基础，以国内外学者对此问题的分析为参考，本书拟定了3种不同的模拟情景，分别为基准情景、政策情景、强化低碳情景。

基准情景：这种情景描述的是对于碳排放不采取任何措施加以控制。针对这种情景，考虑到我国正处在社会主义初级阶段，以经济建设为发展的核心内容，产业结构与能源消费结构及消费强度，都以经济增长为推动力，技术所起的作用并不大。我国的重工业化正处在转型的关键时期，并且工业化对经济增长有巨大的促进作用，该作用还需依靠大量的能源消耗来实现，第三产业的发展速度不够快、程度不够深。人口数量在我国计划生育政策的指导下得到了良好的控制，随着经济的快速发展，人民收入水平相应提高，人口素质明显增强，居民对生育的观念有所转变，这导致生育率大大降低，进入2014年，人口自然增长率显著降低并呈现出稳定发展的态势。

政策情景：《2009中国可持续发展战略报告》提出我国低碳发展的方针，以2005年为基准年，到2020年单位GDP能耗要降低40%~50%，CO_2排放量要降低50%左右。针对发展低碳经济，我国加大了宏观调控的力度，指出不仅要追求经济建设，还要兼顾环境保护，使经济增长、环境保护与能源消耗三者协调稳定地发展。按照可持续发展战略报告中提出的低碳发展的建议，要通过调整我国的产业结构现状，提高第三产业在总行业的比例，同时减少耗能高、污染重、碳排放量大的企业，寻求最优能源消费结构，开发煤炭、石油的替代能源，加大力度重点发展水电、核电等能源，最终使能源消费强度降低，出色地完成我国能源规划的目标。尽管目前我国的经济发展依然伴有碳排放，但是碳排放的增长率得到了有效、合理的控制，碳排放的增长率逐渐趋于下降态势。

强化低碳情景：对之前承诺的二氧化碳减排量，我国已超额完成，与此同时，减排技术得到了迅速发展，其中二氧化碳的捕捉与尘封技术、太阳能的推广与实效性得到了进一步提高，低碳能源的比重加大。优化与升级产业结构的措施取得了明显的效果，转变了能源采用方式。脱钩方针得以贯彻落实，并有序推进。

2. 参数设计

参数1：人均GDP。在"十七大"上我国提出，以2000年为基准年，到2020年我国人均GDP翻两番的目标。我国2008年人均GDP为19 640元（2005年不变价），从2009年到2020年，人均GDP的年平均增长速度在5.7%左右。随着我国经济发展形式的转变，能源消耗量大、环境污染严重的粗放型增长有所减缓并逐渐稳定。

参数2：人口数量。以1978~2008年的人口数量增长率为参考，预估到2015年我国的人口数量将达到13.7亿人，到2020年将达到14.1亿人；2008年联合国人口与发展委员会对我国2015年与2020年的人口数量预估分别为13.96亿人与14.31亿人。到2020年人口总数在14.5亿人以内，这是我国人口发展规划的总体目标。结合国际、国内预估的种种情况可得，第一阶段（2009~2015年）人口自然增长率在0.555%以下，第二阶段（2016~2020年）在0.4%以下。

参数3：产业结构优化系数。提高第三产业在我国GDP中所占的比例是我国优化产业结构的关键目标。因此，本书将第三产业比重增速纳入产业结构整合率进行考量。我国宏观经济形势报告指出，到2020年第三产业的比例将大于4.5%，2009~2020年的增速应为0.52%。参考目前的产业结构调整计划，设定所需参数[133]。

参数4：能源消费结构优化系数。国务院常务会议针对如何应对气候变化研究部署工作提出，到2020年低碳能耗占总能耗比例达到14%左右，需要全力开发水电、核电等能源，提高能源的利用率。2008年低碳能源占一次能源消费总量的比重为7.7%，2009~2020年其年增速应为5.71%。目前我国的经济发展在未来一段时期内仍旧以煤炭、石油等高耗能源为主，这受我国当前的经济发展环境、国内资源蕴藏资质、低碳技术水平等条件的约束。然而，随着我国产业结构不断地优化、升级，以及低碳技术被全面突破与使用，相信我国能源消费结构会不断进步升级，最终形成最优、最符合国情的能源消费结构。

以上参数设计、情景描述及环境载荷模型的具体细节如表12.1所示。

表 12.1 我国低碳经济发展情景的参数设计（单位：%）

参数设计	基准情景		政策情景		强化低碳情景	
	2009~2015 年	2016~2020 年	2009~2015 年	2016~2020 年	2009~2015 年	2016~2020 年
m	0.555	0.4	0.555	0.4	0.555	0.4
n	7.5	6.5	6.5	4.5	6.5	5

参数设计	基准情景		政策情景		强化低碳情景	
	2009~2015 年	2016~2020 年	2009~2015 年	2016~2020 年	2009~2015 年	2016~2020 年
a	1.52	1.52	0.52	1.52	2.52	3.52
b	4.71	4.71	5.71	6.71	6.71	7.71

12.1.3 结果预估与分析

参考12.1.2描述的情景及设计的参数，采用改进后的IPAT模型，预测CO_2排放总量、人口总数、单位GDP CO_2排放量及人均GDP等指标（年份跨度为2009~2020年），结果如表12.2所示。

表 12.2 我国低碳经济发展指标的情景预测

年份	人口总数/亿人			人均 GDP/元			CO_2 排放总量/万吨碳			单位 GDP CO_2 排放量/（吨碳/万元）		
	基准情景	政策情景	强化低碳情景	基准情景	政策情景	强化低碳情景	基准情景	政策情景	强化低碳情景	基准情景	政策情景	强化低碳情景
2009	13.35	13.35	13.35	21 112	20 916	20 916	191 745	189 877	184 086	0.680 1	0.679 8	0.659 1
2010	13.43	13.43	13.43	22 695	22 275	22 275	194 506	190 733	179 277	0.638 2	0.637 7	0.599 4
2011	13.50	13.50	13.50	24 397	23 723	23 723	197 306	191 594	174 594	0.598 9	0.598 1	0.545 0
2012	13.58	13.58	13.58	26 227	25 265	25 265	200 146	192 458	170 033	0.562 0	0.561 0	0.495 7
2013	13.65	13.65	13.65	28 194	26 907	26 907	203 027	193 326	165 591	0.527 4	0.526 2	0.450 7
2014	13.73	13.73	13.73	30 309	28 656	28 656	205 950	194 198	161 265	0.494 9	0.493 6	0.409 9
2015	13.81	13.81	13.81	32 582	30 519	30 519	208 915	195 074	157 052	0.464 4	0.463 0	0.372 7
2016	13.86	13.86	13.86	34 700	31 892	32 045	209 627	188 033	163 282	0.435 8	0.425 3	0.367 6
2017	13.92	13.92	13.92	36 955	33 328	33 647	210 342	181 245	153 268	0.409 0	0.390 8	0.327 3
2018	13.97	13.97	13.97	39 357	34 827	35 330	211 060	174 703	143 869	0.383 8	0.359 0	0.291 4
2019	14.03	14.03	14.03	41 916	36 394	37 096	211 780	168 396	135 046	0.360 2	0.329 8	0.259 5
2020	14.08	14.08	14.08	44 640	38 032	38 951	212 502	162 318	126 764	0.338 0	0.303 0	0.231 1

基准情景下，CO_2排放总量虽一直在增长，但随着人口增长减缓，经济发展趋于稳定，2016~2020年CO_2排放总量增速减缓并趋于平稳。政策情景下，国家按照发展规划对能源结构、产业结构等逐步调整，短期内对碳排放下降的影响效果并不明显，2009~2015年CO_2排放总量仍在增加，但增长率逐年下降，随着减排潜力得以发挥，2016~2020年CO_2排放总量迅速下降，反映在图形上为以2015年为拐点的曲线弯度较大。强化低碳情景下，为改善环境，经济增长速度受产业结构、能源结构等大力调整的影响在2016~2020年有所下降，与政策情景下相比，经济增速依然较高，虽引起CO_2排放总量降低，但与2009~2015年CO_2排放总量相比下降幅度较小。但从长期来看，政策情景下由于前期的减排准备较扎实，减排后劲

较大；而强化低碳情景下，前期以降低经济增长速度为代价进行产业结构和能源结构调整的力度较大，使得CO_2排放总量降低幅度较大，但后期必会遇到技术瓶颈，经济增长、能源结构、产业结构等趋于稳定，与在政策情景下的碳排放曲线将越来越接近。与基准情景相比，政策情景和强化低碳情景下2016~2020年我国CO_2排放总量呈下降趋势，且强化低碳情景的下降幅度较大。

由改进的IPAT模型可知，若$(1+m) \cdot (1+n) \cdot (1-a) \cdot (1-b) < 1$，导出$C_t < C_0$，表示与基准期相比，$t$期的二氧化碳排放量较小，具体含义是在能源消耗结构与产业结构调整之后的CO_2排放总量，要大于人口数量增长与经济增长所需要的CO_2排放总量；若$(1+m) \cdot (1+n) \cdot (1-a) \cdot (1-b)=1$，导出$C_t=C_0$，表示与基准期相比，$t$期的$CO_2$排放总量并无显著变动，具体含义是在能源消耗结构与产业结构调整之后的CO_2排放总量，与人口数量增长与经济增长所带来的CO_2排放总量一致；若$(1+m) \cdot (1+n) \cdot (1-a) \cdot (1-b) > 1$，导出$C_t > C_0$，则说明与基准期相比，$t$期$CO_2$排放总量较大，具体含义为能源消耗结构与产业结构调整的作用对减少CO_2排放总量的影响不大，人口数量增长与经济增长产生的CO_2排放总量比结构调整后的CO_2排放总量大。

基准情景下，能源消耗结构与产业结构调整的作用对减少碳排放的影响不大，人口数量增长与经济增长所排放的二氧化碳总量比结构调整后的碳排放量大；政策情景前期减排效应小于增量效应，后期减排效应赶超增量效应；低碳强化情景下减排效应比增量效应要大。根据以上分析总结如下，在优化产业结构、调整能源消耗结构之后所产生的减排效应与人口增长和经济发展导致的增量效应在2016~2020年的差值比2009~2015年的差值要大，相应的减排量也比较大，从长期来看呈倒U形。

由以上对CO_2排放总量的情景分析，可得到相对情景下单位GDP二氧化碳排放的变化趋势，如图12.1所示。三种情景下单位GDP二氧化碳排放均呈下降趋势，但下降幅度各不相同。2009~2015年，为保证社会经济的稳定发展，国家的政策强度较低，基准情景和政策情景的变化趋势大致相似，政策情景略低，而强化低碳情景下国家大力实施减排政策，减排效果明显，且GDP的增长惯性使GDP受其影响较小，因此较二者来说，单位GDP CO_2排放降幅较大；2016~2020年，由于前期政策作用得以发挥，政策情景下降幅明显增大，与基准情景下的差距扩大，同时强化低碳情景下虽继续保持下降优势，但由于减排在一定程度上以牺牲GDP增长为代价，降幅减缓，与政策情景有接近趋势。总体来说，随着时间的推移，三种情景的单位GDP二氧化碳排放差距将越来越小，正文中引用图12.2。

根据脱钩理论原理可知，它是针对经济产出与环境消耗关系的考查。在本书中经济产出用GDP表示，环境消耗用二氧化碳排放量表示。若$\Delta Y > 0$，$\Delta C > 0$，且$\Delta Y > \Delta C$，则为相对脱钩；若$\Delta Y > 0$，$\Delta C < 0$，则为绝对脱钩。根据脱钩理论

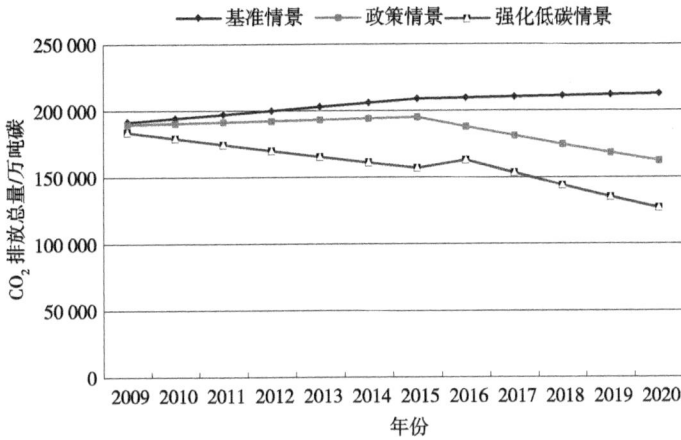

图 12.1　2009~2020 年二氧化碳排放情景比较

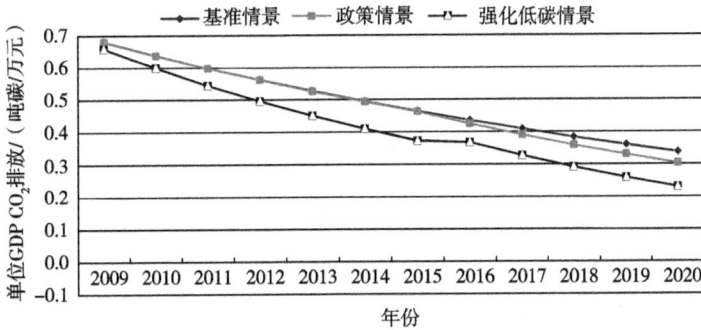

图 12.2　2009~2020 年单位 GDP 二氧化碳排放情景比较

可知，基准情景下自2009年开始实现相对脱钩；政策情景下2009~2015年为相对脱钩，2016年开始实现绝对脱钩；强化低碳情景下自2009年实现绝对脱钩，2016年有所反复，但为绝对脱钩。近期内只有优化能源消费结构、升级产业结构，才能够实现经济增长与碳排放的绝对脱钩，但是从我国目前的经济发展状况与高新技术开发现状来看，近期内依然无法实现能源使用方式改变与能源结构调整等，因此在短期内并不能实现绝对脱钩这个目标。强化低碳情景下的减排目标只能作为一种理想目标，为我国减排政策等的制定提供指导。

12.2　基于低碳经济的我国能源消耗结构优化模型构建

12.2.1　基本假设

（1）模型以碳强度最小化为目标，通过能源消耗结构的优化得以实现。

（2）受技术进步约束，假定各能源品种的来源方式不变，单位品种能源的碳排放系数固定不变。

（3）能源消耗结构调整是在满足研究期内经济增长和能源消费需求的基础上进行的，以降低碳强度为根本驱动力。

（4）经济增长取决于劳动、资本、能源、技术进步等，用滞后一期的经济总量反映当年经济系统中的劳动、资本、自主技术进步等解释变量。

（5）能源替代技术可行，各种能源可以相互替代。

12.2.2 目标函数

能源市场消费模式直接影响能源结构，而终端能源是能源市场的直接消费形式。因此，本书将研究期内我国能耗结构优化所考虑的决策变量定为第 t 期分品种的能耗量 x_t^i，包括煤炭（去除发电用煤）、石油、天然气和电力；其相应的碳排放系数，即单位品种能源的碳排放量为 β_i，其中 $i=1,2,3,4$。则第 t 期能源的碳排放总量 T_t^c 为

$$T_t^c = \sum_{i=1}^{4} x_t^i \beta_i \qquad (12.6)$$

在式（12.6）两边同时除以 G_t，得到第 t 期碳强度的表达式：

$$I_t^c = \frac{T_t^c}{G_t} = \frac{\sum_{i=1}^{4} x_t^i \beta_i}{G_t} \qquad (12.7)$$

则模型的目标函数为

$$\min I_t^c = \frac{\sum_{i=1}^{4} x_t^i \beta_i}{G_t} \qquad (12.8)$$

12.2.3 约束条件

（1）经济增长约束。

我国的能源结构调整必须在不影响社会经济发展目标的前提下进行，GDP增长须满足研究期内国家对其的预期目标，有

$$G_t \geqslant G \qquad (12.9)$$

本书利用超越对数生产函数反映经济增长对能源消耗的需求。超越对数生产函数是一种可变弹性生产函数模型，在结构上属于平方反应面模型，具有易于估计、包容性强等特点，为有效分析生产函数中各投入要素之间的交互影响、各种投入技术进步的差异等提供了支撑点。Pindyck[251]、杨中东[252]利用超越对数成本函数模型分析能源与非能源之间的关系，受时空因素的影响，学者们在不同时期

不同地区得出的结论不尽相同，但都证实了超越对数生产函数在研究能源替代方面的可行性。本书为了简化模型并针对性地分析问题，以滞后一期的GDP、煤炭、石油、天然气、电力为投入要素构建超越对数生产函数：

$$\ln G_t = \varepsilon + \alpha \ln G_{t-1} + \sum_i \alpha_i \ln x_t^i + \sum_{i,j} \alpha_{ij} \ln x_t^i \ln x_t^j, \quad i, j = 1, 2, 3, 4, \quad i \leqslant j \quad (12.10)$$

（2）能源供给约束。

由于我国的能源储量有限，各能源品种的消耗受能源供给的约束，即

$$x_t^i \leqslant E_t^i \qquad (12.11)$$

其中，E_t^i 为第 i 种能源在第 t 期的供给上限。

（3）能源技术进步约束。

能源技术进步主要体现在能源效率方面，决定了能耗强度的下限，用第 t 期能耗强度的规划值 I_e 来表示，即

$$\frac{\sum_{i=1}^{4} x_t^i}{G_t} \geqslant I_e \qquad (12.12)$$

（4）非负约束。

$$x_t^i \geqslant 0 \qquad (12.13)$$

根据以上对目标函数以及相应约束条件的设定，建立能源消耗结构的优化模型如下：

$$\begin{cases} \min I_t^c = \dfrac{\sum_{i=1}^{4} x_t^i \beta_i}{G_t} \\[2mm] \ln G_t = \varepsilon + \alpha \ln G_{t-1} + \sum_i \alpha_i \ln x_t^i + \sum_{i,j} \alpha_{ij} \ln x_t^i \ln x_t^j \\[2mm] G_t \geqslant G \\[2mm] x_t^i \leqslant E_t^i \\[2mm] \dfrac{\sum_{i=1}^{4} x_t^i}{G_t} \geqslant I_e \\[2mm] x_t^i \geqslant 0 \end{cases} \qquad (12.14)$$

12.3 基于低碳经济的我国能源消耗结构优化实证分析

12.3.1 参数设计与数据处理

根据我国社会经济发展规划及模型参数数据的可得性，本书以2009年为基期

对我国能源消耗结构优化进行研究。

1）超越对数生产函数中系数的确定

根据方程（12.10），令 $\ln G_{t-1} = Y_0$，$\ln x_t^i = \lambda_i$，$\ln x_t^i \ln x_t^j\,(i < j)$ 分别为 λ_5、λ_6、λ_7、λ_8、λ_9、λ_{10}，$\left(\ln x_t^i\right)^2$ 分别为 λ_{11}、λ_{12}、λ_{13}、λ_{14}，其中，i，j=1，2，3，4。通过1981~2010年《中国统计年鉴》《中国能源统计年鉴》等获得各变量数据。经过计算，变量间的相关系数均在0.86以上，变量间的多重共线性比较显著，由OLS估计的结果容易失真。为消除所选变量共线性对回归结果的影响，本书选取岭回归分析方法[253]进行拟合。利用SPSS 16.0软件对全部变量做岭迹分析，回归参数的估计组 $\beta\,(K)$ 的岭迹图和不同 K 值时决定系数的变化情况如图12.3和图12.4所示。

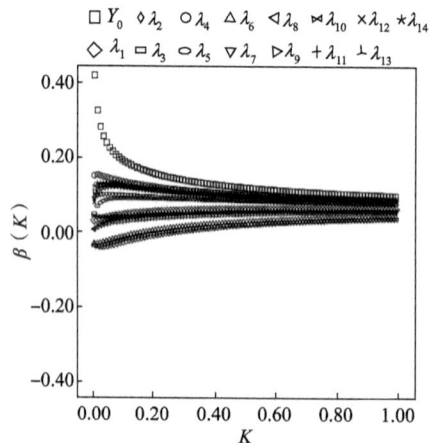

图 12.3　各自变量的岭迹图

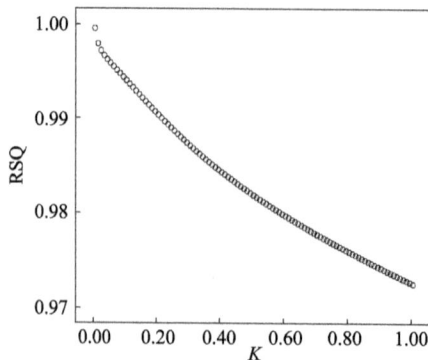

图 12.4　可决系数与 K 值的线图

从岭迹图上可以看出当K值到达0.2附近，各参数开始趋于稳定，图12.4也显示K值超过0.2后可决系数呈稳定的下降趋势，没有呈现剧烈的波动。取$K=0.2$，可决系数RSQ=0.987 655，根据1981~2010年时间序列数据，可得岭回归估计结果如表12.3所示。

表 12.3　岭回归估计参数结果

变量系数	回归系数	回归系数标准误差	标准化回归系数	t
α	0.193 0	0.017 4	0.193 3	11.091 4
α_1	0.192 8	0.085 8	0.045 5	2.246 8
α_2	0.312 9	0.032 4	0.119 2	9.653 5
α_3	−0.091 8	0.034 5	−0.040 0	−2.660 9
α_4	0.233 7	0.017 2	0.126 8	13.584 2
α_{12}	0.013 3	0.001 0	0.086 1	13.540 1
α_{13}	−0.003 6	0.001 7	−0.024 3	−2.105 9
α_{14}	0.011 3	0.000 9	0.094 9	12.796 4
α_{23}	0.001 9	0.001 3	0.014 4	1.475 1
α_{24}	0.011 9	0.000 8	0.112 8	14.368 9
α_{34}	0.003 1	0.000 8	0.027 9	3.872 2
α_{11}	0.007 4	0.003 8	0.038 7	1.948 2
α_{22}	0.014 3	0.001 6	0.110 0	9.128 7
α_{33}	−0.00 7	0.002 3	−0.050 7	−3.100 5
α_{44}	0.009 9	0.000 7	0.113 4	14.231 2
ε	−5.532 3	0.984 9	0.000 0	−5.617 3

调整后的拟合优度达到了0.974 424，预测值数组与实际值数组方差比值$F=74.667\,9$，对各参数的单个假设进行检验的t统计量显著，岭回归所得结果的统计检验显著，方程的拟合效果较好。

2）碳排放系数的确定

采用2003年国家发展和改革委员会能源研究所计算的煤炭、石油、天然气等的碳排放系数和厦门节能中心测算的电煤的碳排放系数，如表12.4所示。

表 12.4　各能源品种的碳排放系数（单位：吨碳/吨标准煤）

能源品种	煤炭	石油	天然气	电力
系数	0.747 6	0.582 5	0.443 5	0.680 0

3）GDP规划值的确定

根据大量文献对我国2001~2020年经济增速的预测[254, 255]，在将其与2001~2009年实际经济增速比较的基础上，本书依据我国未来经济发展趋势，参考2012年政府工作报告的指导思想和总体部署及"十二五"规划纲要的目标预测GDP值。为提高预测的可信度与精确度,借鉴李善同等[256]的研究思路,将2011~2020年的经济增速分两个阶段进行设定,根据"十二五"规划纲要目标设定2011~2015年经济增速为7%,借鉴王锋和冯根福的中速情景[257],设定2016~2020年为6.3%。本书以各阶段的GDP预测值作为相应的规划值,如表12.5所示。超越对数生产函数中的滞后一期GDP用相应年份的GDP预测值代替。

表 12.5　2009~2020 年我国 GDP、能耗强度规划值

年份	GDP/亿元	能耗强度/（吨标准煤/万元）
2009	340 507	0.90
2015	562 707	0.68
2020	763 745	0.61

4）能源供给上限的确定

本书以《中国统计年鉴》1990~2009年能源供给总量、煤炭供给量、石油供给量、天然气供给量数据为原始数列,利用Matlab 7.0软件分别建立GM（1，1）模型。

能源供给总量灰色预测模型:

$$\hat{x}_1^{(0)}(k+1) = 89\,750.537\,34e^{0.060\,226\,781k}$$

煤炭供给量灰色预测模型:

$$\hat{x}_1^{(0)}(k+1) = 65\,105.737\,73e^{0.063\,902\,74k}$$

石油供给量灰色预测模型:

$$\hat{x}_1^{(0)}(k+1) = 20\,056.095\,05e^{0.017\,475\,72k}$$

天然气供给量灰色预测模型:

$$\hat{x}_1^{(0)}(k+1) = 1\,276.994\,533e^{0.115\,378\,334k}$$

其中，$k = 0,1,2,\cdots,n$。

据检验,各预测模型均达到了较为可信的水平,说明所建立的模型能够客观反映我国能源供给的动态变化趋势,可以用该模型对各能源品种供给量进行预测,结果如表12.6所示。

表 12.6　各能源品种供给上限（单位：万吨标准煤）

年份		2015	2020
本书预测	煤炭&电力	350 626	472 102
	石油	31 045	33 879
	天然气	22 850	40 685
王锋和冯根福[257]	煤炭&电力	344 708	474 993

续表

年份		2015	2020
王锋和冯根福[257]	石油	76 378	99 828
	天然气	20 415	31 063
李胜功等[258]	煤炭&电力	—	364 000
	石油	—	85 700
	天然气	—	39 900
供给上限	煤炭&电力	350 626	474 993
	石油	76 378	85 700
	天然气	22 850	40 685

一些学者对2020年我国各能源品种的供应已做了较深入的研究[256],其结果也较符合近年来实际能源供给量。为提高合理性,本书根据我国的能源资源禀赋,结合本书构建的灰色预测模型的预测结果,设定各阶段各品种能源的供给上限,如表12.6所示。

5)能耗强度规划值的确定

对2011~2015年能耗强度规划值的设定,本书采用《节能减排"十二五"规划》的有关规定。而2016~2020年的能耗强度规划值,则根据《2009中国可持续发展战略报告》中提出的2020年我国低碳经济的发展目标,即单位GDP能耗比2005年降低40%~60%来设定。本书以2020年能耗强度降低50%为目标,年降低率以"十二五节能减排目标"为基准设定为6.43%,如表12.5所示。

12.3.2　优化结果分析与讨论

根据本书构建的能源消耗结构优化模型[式(12.14)],可得2009~2020年我国能源消耗结构优化结果,如表12.7所示。

表 12.7　我国能源消耗结构优化结果(单位:%)

年份	煤炭	石油	天然气	电力
2009	32.52	19.36	3.42	44.70
2015	20.70	19.72	5.91	53.67
2020	21.21	18.23	8.65	51.91

(1)能源消耗结构优化的减排效应分析。从优化效果来看,2009年GDP为340 901.8亿元,与实际值基本持平,煤炭、石油、天然气和电力消耗量分别为92 230.62万吨标准煤、54 889.81万吨标准煤、9 707.26万吨标准煤和126 754万吨标准煤,能源消耗总量为283 582万吨标准煤,相对于实际值(306 647万吨标准煤)降低了23 065万吨标准煤;碳强度为0.567 015吨碳/万元,相对于实际值(0.58吨

碳/万元）有所降低,可见能耗结构优化效果明显。从结构变动来说,主要是煤炭(去除发电用煤)消耗减少了20 813万吨标准煤,其消耗比例降低了约4.34个百分点,电力消耗比例增长了3.36个百分点。

2015年能源消耗量为387 240.27万吨标准煤,其中煤炭、石油、天然气和电力消耗量分别为80 174.57万吨标准煤、76 378万吨标准煤、22 850万吨标准煤和207 837.7万吨标准煤。碳强度为0.449 350 9吨碳/万元,比2009年降低了20.75%,在"十一五"基础上(0.517 176吨碳/万元)降低了13.11%,与"十二五"规划纲要中"碳强度降低17%"的目标相差3.89个百分点;能耗强度约为0.68吨标准煤/万元,如期完成了"十二五"规划纲要中"能耗强度降低16%"的目标。

2020年能源消耗量为470 205.97万吨标准煤,其中煤炭、石油、天然气和电力消耗量分别为997 24.87万吨标准煤、85 700万吨标准煤、40 685万吨标准煤和244 096.1万吨标准煤。碳强度为0.400 223吨碳/万元,比2015年降低了10.93%,在2005年碳强度基础上降低了49.34%,超额4.34个百分点实现减排承诺,但并没有完成《2009中国可持续发展战略报告》中制定的"在2005年基础上降低50%"的低碳经济发展目标。

(2)从优化过程来看,2009~2015年政府以降低GDP为代价优化能源结构的指导思想充分发挥了作用,煤炭消耗比例大幅下降,由目前的30%以上降至20%左右,并趋于稳定;油气消耗比例逐步上升,2015年开始超过25%,但受我国资源储量和勘探开发技术的约束,2016年开始,从保障能源安全等方面考虑,石油消耗比例有所降低,天然气开采技术的突破使其在能源消耗中的比例大幅上升。由于我国经济进入工业化中后期、城市化进程加快、城市大规模建设及内需结构的升级等因素直接拉动电力消耗比例持续增加。

(3)根据以上研究结果可以得出,在节能减排目标下,我国能源结构的优化,应以煤炭为基础,以电力为中心,积极开发石油、天然气,适当发展核电,重视开发新能源和可再生能源,走优质、高效、洁净、低耗的能源可持续发展之路。具体来说为以下几点:①优化电力结构。关停小火电,提高可再生能源发电的比重,建设以电网广、电厂大、电压高、自动化程度高为特征的高效、清洁机组。②积极开发油气,建立油气供应安全保障机制。国家应稳定价格、加强投资,促进油气开采技术的创新,增加油气勘探投入,创建油气勘探投入平台,为商业性勘探企业提供政策性优惠,鼓励其加大勘探投入,为油气的勘探开采提供良好的环境保障和资源保障;坚持"两个市场、两种资源"的原则,在立足国内油气市场的基础上,引导国内石油公司实施"走出去"战略,积极参与国外石油资源开采,并在外交政策上给予支持。③加强能源结构优化的技术支撑力度。我国能源结构优化的技术创新要聚力于关键性的实用技术如可再生能源开发技术、热电联产技术、煤气化联产技术等,从而为能源替代的可行性奠定基础。

第13章 基于低碳经济的我国能源供给结构优化

13.1 我国能源供给预测

低碳经济发展目标的实现应以不影响经济增长目标为根本前提，而21世纪的前二十年又是我国经济快速发展的重要时期，工业化进程不断加快升级，需要可持续增长的能源供给做保证。但是，目前能源供给远远不能满足经济发展对能源消耗的需求，这阻碍了低碳经济发展模式的顺利推行。除了受能源资源储量特性的影响，能源供给的瓶颈主要为能源供需品种结构问题，因此在满足能源消耗结构的前提下，优化能源供给结构，将降低能源供给对经济增长的制约作用，进而促进低碳经济的实现。

对能源供给量进行准确预测，是能源供给结构优化的基础。能源供给量包括本国能源生产量和国外能源进口量，但考虑到我国能源资源储量丰富，加之国际碳排放责任和碳计量遵循的"生产排放地"原则，本书主要对我国能源的生产量进行预测。满足能源消耗结构、实现供需结构平衡是能源供给结构优化的重要目的，为了与能源消耗结构优化相对应，从而来提高指导性，本章在2009年的基础上对能源供给结构进行优化分析。

13.1.1 能源供给预测模型

通过综合考虑能源资源储量、生产能力及环境压力等因素，构建我国能源供给预测模型，如图13.1所示。

1. 灰色预测模型

灰色预测模型[258, 259]在预测能源供给方面较成熟，且各种能源供给的历史数据较完整，计算量较小，灰色预测模型在中长期预测方面也有较独特的优势，因此本书选取灰色预测模型对能源供给进行预测。

灰色预测模型是一种对一定范围内随时间变化的灰色过程的较成熟的预测方

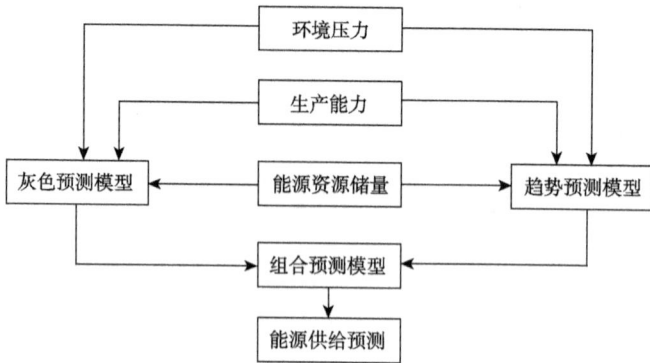

图 13.1　我国能源供给预测模型

法，对既含有已知信息又存在未知信息的事物的预测较精确。我国一次能源供给与经济增长的关系密切，二者之间具有正相关关系，能源供给随着经济总量的增加而增加，但能源供给还受到国家能源政策的影响，尤其是节能减排政策对其有较深刻的影响，但政策因素无法准确量化；另外，能源供给总量还受能源价格的直接影响，但我国对一次能源包括煤炭、石油、天然气等的价格管制力度不同，而且能源市场的波动较大，能源价格很难用一个绝对的数值来反映。因此，灰色预测模型在能源供给方面的预测具有较独特的优势。

设有变量为 $x^{(0)}$ 的原始数据序列 $x^{(0)}=\left\{x^{(0)}(1),x^{(0)}(2),\cdots,x^{(0)}(n)\right\}$，通过累加生成一阶累加生成序列 $x^{(1)}=\left\{x^{(1)}(1),x^{(1)}(2),\cdots,x^{(1)}(n)\right\}$，其中 $x^{(1)}(k)=\sum_{i=1}^{k}x^{(0)}(i)$。

其相应的微分方程为 $\dfrac{\mathrm{d}x^{(1)}}{\mathrm{d}t}+ax^{(1)}=u$，根据导数的定义，可将其改写为

$$\alpha^{(1)}[x^{(1)}(k+1)]+\frac{1}{2}\alpha[x^{(1)}(k+1)+x^{(1)}(k)]=u \tag{13.1}$$

其矩阵形式可简写为

$$Y_n = BA$$

其中，$Y_n=\begin{bmatrix} x^{(0)}(1) \\ x^{(0)}(2) \\ \vdots \\ x^{(0)}(n) \end{bmatrix}$；$B=\begin{bmatrix} -\dfrac{1}{2}[x^{(1)}(1)+x^{(1)}(2)] & 1 \\ -\dfrac{1}{2}[x^{(1)}(2)+x^{(1)}(3)] & 1 \\ \vdots & \vdots \\ -\dfrac{1}{2}[x^{(1)}(n-1)+x^{(1)}(n)] & 1 \end{bmatrix}$；$A=\begin{bmatrix} a \\ u \end{bmatrix}$。

利用矩阵求导公式，可得

$$A=(B^{\mathrm{T}}B)^{-1}B^{\mathrm{T}}Y_n=\left[\hat{a},\hat{u}\right] \tag{13.2}$$

因此有

$$x^{(1)}(k)=\left[x^{(1)}(1)-\frac{\hat{u}}{\hat{a}}\right]e^{-\hat{a}k}+\frac{\hat{u}}{\hat{a}} \qquad (13.3)$$

令 $x^{(1)}(1)=x^{(0)}(1)$，可得其离散形式：

$$x^{(1)}(k+1)=\left[x^{(1)}(1)-\frac{\hat{u}}{\hat{a}}\right]e^{-\hat{a}k}+\frac{\hat{u}}{\hat{a}}, \qquad k=0,1,2,\cdots,n \qquad (13.4)$$

对此式做累减还原，得到原始数列 $x^{(0)}$ 的灰色预测模型：

$$x^{(0)}(k+1)=\left(e^{-\hat{a}}-1\right)\left(x^{(0)}(1)-\frac{\hat{u}}{\hat{a}}\right)e^{-\hat{a}k}, \qquad k=0,1,2,\cdots,n \qquad (13.5)$$

后验差校验是根据预测值与实际值之间的统计情况，进行校验的方法，这是从概率预测方法中移植过来的。以残差（绝对误差）为基础，根据各期残差绝对值的大小，考察残差较小的点的出现概率，以及预测误差方差有关的指标的大小。

记历史数据（实际值）方差为 S_1^2，即 $S_1^2=\frac{1}{n}\sum_{k=1}^{n}\left(x^{(0)}(k)-\bar{x}\right)^2$，记残差方差为

S_2^2，即 $S_2^2=\frac{1}{m}\sum_{k=1}^{m}\left(\varepsilon(k)-\bar{\varepsilon}\right)^2$；则可得到后验差比值 $C=\frac{S_2}{S_1}$，小误差概率

$P=p\left\{\left|\varepsilon(k)-\bar{\varepsilon}\right|<0.674\,5S_1\right\}$。

其中，C 为预测值与实际值的离散程度；P 为残差与残差平均值之差小于给定值 $0.674\,5S_1$ 的概率。指标 C 越小越好，这表明模型所得的预测值与实际值之差并不太离散；指标 P 越大越好，这表明残差与残差平均值之差小于给定值 $0.674\,5S_1$ 的点较多。

根据 C 和 P 两个指标，可以综合评定预测模型的精度，如表13.1所示。

表 13.1　灰色模型精度等级

精度等级	一	二	三	四
P	>0.95	>0.8	>0.7	≤0.7
C	<0.35	<0.5	<0.65	≥0.65
预测精度等级	好	合格	勉强合格	不合格

2. 时变权重组合预测模型

由于组合预测方法能够综合运用各单个预测方法提供的有用信息，有效提高预测精度，因此近年来在预测领域研究中受到广泛的重视[260]。组合预测方法的重点是合理分配各单个预测方法的权重，根据国内外对组合预测方法的相关研究，其权重主要分为定常权重和时变权重两种。关于定常权重的研究较早，已经形成了较成熟的研究方法，但其预测精度较低；而时变权重，是关于时间的函数，即各单个预测方法在不同时间点上的权重有可能不同，其基本思想是构建样本点的

组合预测优化模型，求得各预测方法在不同样本点上的组合预测权系数，从而确定其在预测时点的组合权重。虽然时变权重研究时间较晚，且未形成统一理论，但是其预测精度较高。本书利用时变权重组合预测模型[261]对我国的能源供给进行预测。

$F_1, F_2, F_3, \cdots, F_n$ 为适用于某一预测问题的 n 种预测方法，使样本点处组合预测误差最小是确定各预测方法组合权重系数的依据，据此构建的组合预测优化模型为

$$\begin{cases} \min J_t = |e_t| = \left| \sum_{i=1}^{n} \theta_{it} \cdot e_{it} \right| \\ \sum_{i=1}^{n} \theta_{it} = 1, \theta_{it} \geq 0, \ t = 1, 2, \cdots, M \end{cases} \quad (13.6)$$

其中，e_t 为时变权重组合预测方法在第 t 期的预测误差，可表示为 $e_t = Y_t - f_t = \sum_{i=1}^{n} \theta_{it} \cdot e_{it}$；$Y_t$ 为第 t 期的实际值；f_t 为变权组合预测方法对第 t 期的预测值，可表示为 $f_t = \sum_{i=1}^{n} \theta_{it} \cdot f_{it}$（ f_{it} 为第 i 种预测方法对第 t 期的预测值）；θ_{it} 为第 i 种预测方法在第 t 期上的权重系数；e_{it} 为第 i 种预测方法在第 t 期的预测误差，可表示为 $e_{it} = Y_t - f_{it}$。

对模型的求解，分以下两种情况。

（1）在某一样本点 t 处，所有预测方法得到的预测值均大于或者均小于实际观测值，即对所有的 i，均有 $e_{it} \leq 0$ 或者 $e_{it} \geq 0$，则模型（13.6）可简化为

$$\begin{cases} \min J_t = |e_t| = \sum_{i=1}^{n} \theta_{it} \cdot |e_{it}| \\ \sum_{i=1}^{n} \theta_{it} = 1, \theta_{it} \geq 0, \ t = 1, 2, \cdots, M \end{cases} \quad (13.7)$$

假设第 q 种预测方法在第 t 期的预测误差最小，即 $\min e_{it} = e_{qt}$，则模型（13.7）的解为

$$\begin{cases} \theta_{qt} = 1 \\ \theta_{it} = 0, \ i = 1, 2, 3, \cdots, n \text{且} i \neq q \end{cases} \quad (13.8)$$

即在各个样本点上，预测方法 F_q 较其他预测方法均优。

（2）在某一样本点 t 处，有些预测方法得到的预测值大于实际观测值，有些则小于实际观测值，即对于部分 i，有 $e_{it} < 0$，为便于叙述，记为 $I_1 = \{i | e_{it} < 0\}$；而对于其他 i，有 $e_{it} \geq 0$，记为 $I_2 = \{i | e_{it} \geq 0\}$。则模型（13.6）可简化为

$$\begin{cases} \min J_t = |e_t| = \left| \sum_{i=1}^{n} \theta_{it} \cdot e_{it} \right| = \left| \sum_{i \in I_1} \theta_{it} \cdot e_{it} + \sum_{i \in I_2} \theta_{it} \cdot e_{it} \right| \\ \sum_{i \in I_1} \theta_{it} + \sum_{i \in I_2} \theta_{it} = 1, \theta_{it} \geqslant 0 且 t = 1, 2, \cdots, M \end{cases} \quad (13.9)$$

令 $U_t = |e_t| + e_t$，$V_t = |e_t| - e_t$，则有 $|e_t| = (U_t + V_t)/2$，$e_t = (U_t - V_t)/2$，模型（13.9）可变为

$$\begin{cases} \min J_t = |e_t| = (U_t + V_t)/2 \\ \sum_{i \in I_1} \theta_{it} \cdot e_{it} + \sum_{i \in I_2} \theta_{it} \cdot e_{it} - (U_t - V_t)/2 = 0 \\ \sum_{i \in I_1} \theta_{it} + \sum_{i \in I_2} \theta_{it} = 1, \theta_{it} \geqslant 0, U_t \geqslant 0, V_t \geqslant 0, \ t = 1, 2, \cdots, M \end{cases} \quad (13.10)$$

当样本点 t 既定时，模型（13.10）即变为具有两个线性约束的线性规划问题，则该模型只具有两个非零解。当模型取得最优解时，有 $U_t = V_t = 0$，此时 $J_t = 0$。为简化求解过程，在此假设前 I_1 个预测方法的预测值不大于实际观测值，后 $n - I_1$ 个预测方法的预测值不小于实际观测值，则模型（13.10）的求解问题可转化为对以下线性方程组的求解：

$$\begin{cases} \theta_{1t} \cdot e_{1t} + \cdots + \theta_{I_1 t} \cdot e_{I_1 t} - \theta_{(I_1+1)t} \cdot |e_{(I_1+1)t}| - \cdots - \theta_{nt} \cdot |e_{nt}| = 0 \\ \theta_{1t} + \cdots + \theta_{I_1 t} + \theta_{(I_1+1)t} + \theta_{nt} = 1 \end{cases} \quad (13.11)$$

假设在前 I_1 个预测方法中，若存在 q_1，使得 $e_{q_1 t} \leqslant e_{it}(i \in I_1, i \neq q_1)$，则在样本点 t 处预测方法 F_{q_1} 在前 I_1 个中为最优；同理，在后 $n - I_1$ 个预测方法中，若存在 q_2，使 $|e_{q_2 t}| \leqslant |e_{it}|(i \in I_2, i \neq q_2)$，则 F_{q_2} 为样本点 t 处后 $n - I_1$ 个预测方法中的最优预测方法。

令 $\theta_{it} = 0(i \in I, i \neq q_1, i \neq q_2)$，则方程组（13.11）可变为

$$\begin{cases} \theta_{q_1 t} \cdot e_{q_1 t} - \theta_{q_2 t} \cdot |e_{q_2 t}| = 0 \\ \theta_{q_1 t} + \theta_{q_2 t} = 1 \end{cases} \quad (13.12)$$

解得

$$\begin{cases} \theta_{q_1 t} = |e_{q_2 t}| / \left[|e_{q_1 t}| + |e_{q_2 t}| \right] \\ \theta_{q_2 t} = |e_{q_1 t}| / \left[|e_{q_1 t}| + |e_{q_2 t}| \right] \end{cases} \quad (13.13)$$

根据以上两种情况，利用式（13.7）和式（13.13）即可求得各预测方法在各样本点处的最优组合权系数 θ_{it}。

建立变权重组合预测模型的最终目的是预测，因此需要确定各预测方法在预测时点的最优组合权系数 $\theta_{i,M+j}(i = 1, 2, \cdots, n; j = 1, 2, \cdots, n)$，即

$$\theta_{i,M+1}=\frac{1}{M}\sum_{t=1}^{M}\theta_{it}，\quad \theta_{i,M+2}=\frac{1}{M}\sum_{t=2}^{M+1}\theta_{it}，\quad \cdots，\quad \theta_{i,M+j}=\frac{1}{M}\sum_{t=j}^{M+j-1}\theta_{it}\qquad（13.14）$$

13.1.2　我国能源供给总量预测

1. 能源供给 GM（1，1）预测模型

以1990~2009年能源供给量数据为原始数列，数据来源于《中国统计年鉴》，据此建立GM（1，1）模型预测2010~2020年能源供给总量。

原始数列：$X^{(0)}=\{$103 922，104 844，107 256，111 059，118 729，129 034，133 032，133 460，129 834，131 935，135 048，143 875，150 656，171 906，196 648，216 219，232 167，247 279，260 552，274 618$\}$。

根据式（13.2）计算得

$$a=-0.060\,226\,781，\quad b=80\,816.084\,27$$

根据式（13.3）和式（13.4）得

$$x^{(1)}(k+1)=1\,445\,784.92e^{0.060\,226\,781k}-1\,341\,862.92$$

根据式（13.5），对上式做累减还原，得到我国能源供给总量的灰色预测模型，即

$$\hat{x}^{(0)}(k+1)=89\,750.537\,34e^{0.060\,226\,781k}$$

最后，根据上式求出预测值以及实际值和预测值之间的绝对误差，如表13.2所示。

表 13.2　1990~2009 年我国能源供给总量实际值及预测值比较

年份	实际值	预测值	绝对误差
1990	103 922	89 751	14 171
1991	104 844	95 322	9 522
1992	107 256	101 239	6 017
1993	111 059	107 524	3 535
1994	118 729	114 199	4 530
1995	129 034	121 288	7 746
1996	133 032	128 817	4 215
1997	133 460	136 814	−3 354
1998	129 834	145 307	−15 473
1999	131 935	154 327	−22 392
2000	135 048	163 907	−28 859
2001	143 875	174 082	−30 207
2002	150 656	184 889	−34 233
2003	171 906	196 366	−24 460

年份	实际值	预测值	绝对误差
2004	196 648	208 556	−11 908
2005	216 219	221 503	−5 284
2006	232 167	235 253	−3 086
2007	247 279	249 857	−2 578
2008	260 552	265 368	−4 816
2009	274 618	281 841	−7 223

利用后验差对模型精度进行检验。由历年能源供给总量的原始数据，可得均值 $\overline{X} = 161\,603.65$ ，残差平均值 $\overline{\varepsilon} = -7\,207$ ，方差 $S_1^2 = 2\,939\,656\,595$ ，残差的方差 $S_2^2 = 196\,428\,836.3$ ，后验差比值 $C = S_2 / S_1 = 0.258\,496\,294 < 0.35$ ，则可有小误差概率：

$$P = p\left\{\left|\varepsilon(k) - \overline{\varepsilon}\right| < 0.674\,5S_1\right\} = p\left\{\left|\varepsilon(k) - \overline{\varepsilon}\right| < 36\,570.445\,76\right\} = 1 > 0.95$$

查灰色系统预测精度检验等级标准表，可知模型精度为一级，达到了较为可信的水平。说明所建立的模型能够对我国能源供给总量数列的变化规律进行准确表示，可以用灰色预测模型对能源供给总量进行预测。

2. 能源供给趋势预测

本书通过扩展迪基–福勒检验（augment Dickey-Fuller test，ADF）对ET（表示能源供给总量）进行单位根检验，经计算ADF值分别大于不同检验水平的三个临界值，所以能源供给总量序列ET是一个非平稳序列。继续对ET的差分序列进行单位根检验，并设置常数项和趋势项，并由施瓦茨准则（Schwarz criterion，SC）确定其滞后阶数，该值为4。ADF具体检验结果如表13.3所示。

表 13.3 能源供给总量一阶差分序列 ΔET 的 ADF 检验结果

ADF 统计量		t 统计量	概率值（P 值）
		−3.698 573	0.057 9
显著性水平	1% 5% 10%	检验临界值	（−4.800 080） （−3.791 172） （−3.342 253）

检验结果显示，ADF值为−3.698 573，而10%显著性上临界值为−3.342 253，所以能源供给总量一阶差分序列 ΔET 在10%的显著性水平下拒绝原假设，接受不存在单位根的结论，确定 ΔET 为一阶平稳序列，即 $ET \sim I(1)$ 。

如图13.2所示，通过 ΔET 的自相关图和偏相关图，可以确定 ΔET 是一个一阶自回归过程。

自相关   偏相关

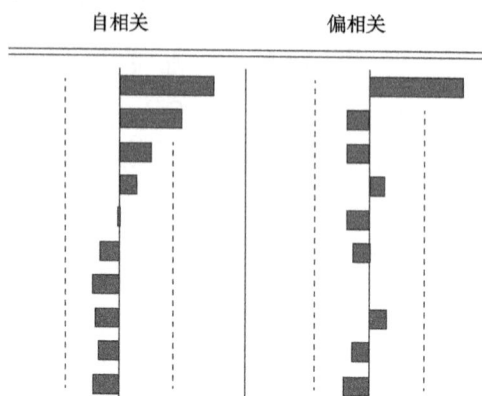

图 13.2　ΔET 的自相关图和偏相关图

通过Eviews 6.0得到方程的拟合结果为

$$\Delta ET_t = 2\,570.070\,125\,16 + 0.788\,564\Delta ET_{t-1} + v_t$$

方程通过了显著性检验，可以用此模型对我国能源供给总量进行预测。

3. 能源供给组合预测

灰色预测模型和趋势预测模型分别从序列的不同角度、不同侧面对能源供给总量进行预测，难免会遗漏相关有用信息，预测精度较差。表13.4为单项预测模型对能源供给总量的预测值及预测误差。

表 13.4　我国能源供给总量的单项预测模型数据

年份	实际值	灰色预测值	二次预测值	灰色绝对误差	二次绝对误差
1990	103 922	89 751	—	14 171	—
1991	104 844	95 322	—	9 522	—
1992	107 256	101 239	108 141.1	6 017	−885.126
1993	111 059	107 524	111 728.1	3 535	−669.086
1994	118 729	114 199	116 628	4 530	2 101.021
1995	129 034	121 288	127 347.4	7 746	1 686.644
1996	133 032	128 817	139 730.2	4 215	−6 698.22
1997	133 460	136 814	138 754.7	−3 354	−5 294.75
1998	129 834	145 307	136 367.6	−15 473	−6 533.58
1999	131 935	154 327	129 544.7	−22 392	2 390.263
2000	135 048	163 907	136 161.8	−28 859	−1 113.84
2001	143 875	174 082	140 072.9	−30 207	3 802.13
2002	150 656	184 889	153 405.7	−34 233	−2 749.72

续表

年份	实际值	灰色预测值	二次预测值	灰色绝对误差	二次绝对误差
2003	171 906	196 366	158 573.3	−24 460	13 332.68
2004	196 648	208 556	191 233.1	−11 908	5 414.945
2005	216 219	221 503	218 728.7	−5 284	−2 509.72
2006	232 167	235 253	234 222.1	−3 086	−2 055.06
2007	247 279	249 857	247 313.1	−2 578	−34.088 7
2008	260 552	265 368	261 765.8	−4 816	−1 213.85
2009	274 618	281 841	273 588.7	−7 223	1 029.32

为进一步提高预测精度，通过时变权重组合预测方法构建组合预测模型。利用式（13.6）~式（13.13），计算得到的组合预测权重如表13.5所示。

表 13.5　能源供给总量的组合预测权重、预测值和误差

年份	灰色权重	二次权重	组合预测值	绝对误差
1990	—	—	—	—
1991	—	—	—	—
1992	0.128 240	0.871 760	107 255.977 3	0.022 666
1993	0.159 151	0.840 849	111 059.011 8	−0.011 77
1994	0.000 000	1.000 000	116 628	2 101
1995	0.000 000	1.000 000	127 347.4	1 686.6
1996	0.613 771	0.386 229	133 031.992 3	0.007 725
1997	1.000 000	0.000 000	136 814	−3 354
1998	0.000 000	1.000 000	136 367.6	−6 533.6
1999	0.096 451	0.903 549	131 934.966 6	0.033 431
2000	0.000 000	1.000 000	136 161.8	−1 113.8
2001	0.111 797	0.888 203	143 875.026 6	−0.026 65
2002	0.000 000	1.000 000	153 405.7	−2 749.7
2003	0.352 785	0.647 215	171 905.987 1	0.012 944
2004	0.312 588	0.687 412	196 648.030 9	−0.030 93
2005	0.000 000	1.000 000	218 728.7	−2 509.7
2006	0.000 000	1.000 000	234 222.1	−2 055.1
2007	0.000 000	1.000 000	247 313.1	−34.1
2008	0.000 000	1.000 000	261 765.8	−1 213.8
2009	0.124 731	0.875 269	274 618.017 5	−0.017 51

由表13.5可知，组合模型的误差明显低于灰色预测模型和趋势预测模型，其预测值更加接近实际值，提高了预测精度，可以用此模型有效预测我国能源供给

总量，预测结果如表13.6所示。

表 13.6 能源供给总量组合预测结果

年份	灰色权重	二次权重	组合预测值
2010	0.161 084	0.838 916	290 061.106 9
2011	0.162 909	0.837 091	304 278.180 2
2012	0.163 118	0.836 882	318 457.502 1
2013	0.172 180	0.827 820	332 948.263 7
2014	0.181 745	0.818 255	347 713.704
2015	0.157 744	0.842 256	361 095.529 2
2016	0.110 952	0.889 048	372 597.884 1
2017	0.117 116	0.882 884	387 100.761 2
2018	0.118 264	0.881 736	401 457.111 3
2019	0.124 834	0.875 166	416 625.914 1
2020	0.125 558	0.874 442	431 470.535 8

13.1.3 煤炭供给预测

1. 煤炭供给 GM（1，1）预测模型

以1990~2009年煤炭供给量数据为原始数列，数据来源于《中国统计年鉴》，据此建立GM（1，1）模型预测2010~2020年煤炭供给量。

原始数列：$X^{(0)}$ ={77 110, 77 689, 79 691, 82 184, 88 572, 97 163, 99 774, 99 161, 95 168, 97 500, 98 855, 105 029, 110 732, 130 992, 151 616, 167 786, 180 626, 192 136, 200 104, 212 280}。

根据式（13.2）计算得

$$a = -0.063\,902\,74$$

$$b = 58\,120.133\,72$$

根据式（13.3）和式（13.4）得

$$x^{(1)}(k+1) = 986\,619.261\,9e^{0.063\,902\,74k} - 909\,509.261\,9$$

根据式（13.5），对上式做累减还原，得到我国煤炭供给的灰色预测模型，即

$$\hat{x}_1^{(0)}(k+1) = 65\,105.737\,73e^{0.063\,902\,74k}$$

最后，根据上式求出预测值以及实际值和预测值之间的绝对误差，如表13.7所示。

表 13.7 1990~2009 年我国煤炭供给量实际值及预测值比较

年份	实际值	预测值	绝对误差
1990	77 110	65 106	12 004
1991	77 689	69 402	8 287

续表

年份	实际值	预测值	绝对误差
1992	79 691	73 982	5 709
1993	82 184	78 864	3 320
1994	88 572	84 068	4 504
1995	97 163	89 615	7 548
1996	99 774	95 529	4 245
1997	99 161	101 833	−2 672
1998	95 168	108 553	−13 385
1999	97 500	115 716	−18 216
2000	98 855	123 352	−24 497
2001	105 029	131 492	−26 463
2002	110 732	140 169	−29 437
2003	130 992	149 418	−18 426
2004	151 616	159 278	−7 662
2005	167 786	169 789	−2 003
2006	180 626	180 993	−367
2007	192 136	192 936	−800
2008	200 104	205 668	−5 564
2009	212 280	219 240	−6 960

利用后验差对模型精度进行检验。由历年煤炭供给量的原始数据,可得数列的均值 $\overline{X} = 122\,208.4$,方差 $S_1^2 = 1\,901\,748\,856$;由预测值可得残差平均值 $\overline{\varepsilon} = -5\,542$,残差的方差 $S_2^2 = 145\,243\,515.9$,后验差比值 $C = S_2 / S_1 = 0.276\,357\,843 < 0.35$,则可有小误差概率:

$$P = p\{|\varepsilon(k) - \overline{\varepsilon}| < 0.674\,5S_1\} = p\{|\varepsilon(k) - \overline{\varepsilon}| < 29\,414.301\,24\} = 1 > 0.95$$

查灰色系统预测精度检验等级标准表,可知模型精度为一级,达到了较为可信的水平。说明所建立的模型能够对我国煤炭供给数列的变化规律进行准确表示,可以用灰色预测模型对煤炭供给量进行预测。

2. 煤炭供给趋势预测

通过ADF检验法对CT(表示煤炭供给总量)进行单位根检验,经计算ADF值分别大于不同检验水平的三个临界值,所以煤炭供给量序列CT是一个非平稳序列。继续对CT的差分序列进行单位根检验,并设置常数项和趋势项,并由SIC准则确定其滞后阶数,该值为4。ADF具体检验结果如表13.8所示。

表 13.8　煤炭供给量一阶差分序列 ΔCT 的 ADF 检验结果

ADF 统计量			t 统计量	概率值（P 值）
			−3.702 673	0.057 5
显著性水平	1% 5% 10%	检验临界值	（−4.800 080） （−3.791 172） （−3.342 253）	

检验结果显示，ADF值为−3.702 673，而10%显著性上临界值为−3.342 253，所以煤炭供给量一阶差分序列 ΔCT 在10%的显著性水平下拒绝原假设，接受不存在单位根的结论，确定 ΔCT 为一阶平稳序列，即 $CT \sim I(1)$。

如图13.3所示，通过 ΔCT 的自相关图和偏相关图，可以确定 ΔCT 是一个一阶自回归过程。

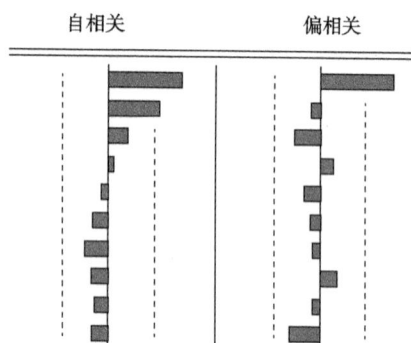

图 13.3　ΔCT 的自相关图和偏相关图

通过Eviews 6.0得到方程的拟合结果为

$$\Delta CT_t = 2\,384.363\,303\,935 + 0.745\,341\Delta CT_{t-1} + v_t$$

其中，ΔCT_t 为煤炭供给量的一阶差方；ΔCT_{t-1} 为滞后一期的煤炭供给量一阶差方；v_t 为残差序列。方程通过了显著性检验，可以用此模型对我国煤炭供给量进行预测。

3. 煤炭供给组合预测

表13.9为单项预测模型对煤炭供给量的预测值及预测误差。

表 13.9　我国煤炭供给量的单项预测模型数据

年份	实际值	灰色预测值	二次预测值	灰色绝对误差	二次绝对误差
1990	77 110	65 106	—	12 004	—
1991	77 689	69 402	—	8 287	—
1992	79 691	73 982	80 504.92	5 709	−813.916

续表

年份	实际值	灰色预测值	二次预测值	灰色绝对误差	二次绝对误差
1993	82 184	78 864	83 567.54	3 320	−1 383.54
1994	88 572	84 068	86 426.5	4 504	2 145.502
1995	97 163	89 615	95 717.6	7 548	1 445.398
1996	99 774	95 529	105 950.6	4 245	−6 176.59
1997	99 161	101 833	104 104.4	−2 672	−4 943.45
1998	95 168	108 553	101 088.5	−13 385	−5 920.47
1999	97 500	115 716	94 576.22	−18 216	2 923.783
2000	98 855	123 352	101 622.5	−24 497	−2 767.5
2001	105 029	131 492	102 249.3	−26 463	2 779.7
2002	110 732	140 169	112 015.1	−29 437	−1 283.1
2003	130 992	149 418	117 367	−18 426	13 624.96
2004	151 616	159 278	148 477	−7 662	3 139.028
2005	167 786	169 789	169 372.3	−2 003	−1 586.28
2006	180 626	180 993	182 222.5	−367	−1 596.53
2007	192 136	192 936	192 580.5	−800	−444.542
2008	200 104	205 668	203 099.2	−5 564	−2 995.24
2009	212 280	219 240	208 427.2	−6 960	3 852.76

　　为进一步提高预测精度，通过时变权重组合预测方法综合运用灰色预测模型和趋势预测模型提供的有用信息构建煤炭供给组合预测模型。利用式（13.6）~式（13.13），计算得到的组合预测权重如表13.10所示。

表 13.10　煤炭供给量的组合预测权重、预测值和误差

年份	灰色权重	二次权重	组合预测值	绝对误差
1990	—	—	—	—
1991	—	—	—	—
1992	0.124 778	0.875 222	79 691.003 5	−0.003 5
1993	0.294 149	0.705 851	82 184	0
1994	1.000 000	0.000 000	84 068	4 504
1995	1.000 000	0.000 000	89 615	7 548
1996	0.592 673	0.407 327	99 774.004 07	−0.004 07
1997	1.000 000	0.000 000	101 833	−2 672

续表

年份	灰色权重	二次权重	组合预测值	绝对误差
1998	0.000 000	1.000 000	101 088.5	−5 920.5
1999	0.138 307	0.861 693	97 500.002 59	−0.002 59
2000	0.000 000	1.000 000	101 622.5	−2 767.5
2001	0.095 056	0.904 944	105 029	0
2002	0.000 000	1.000 000	112 015.1	−1 283.1
2003	0.425 103	0.574 897	130 991.977	0.022 996
2004	0.290 623	0.709 377	151 616.019 9	−0.019 86
2005	0.000 000	1.000 000	169 372.3	−1 586.3
2006	1.000 000	0.000 000	180 993	−367
2007	0.000 000	1.000 000	192 580.5	−444.5
2008	0.000 000	1.000 000	203 099.2	−2 995.2
2009	0.356 316	0.643 684	212 279.974 3	0.025 747

由表13.10可知，组合模型的误差明显低于灰色预测模型和趋势预测模型，其预测值更加接近实际值，提高了预测精度，可以用此模型有效预测我国煤炭供给量，预测结果如表13.11所示。

表 13.11 煤炭供给量组合预测结果

年份	灰色权重	二次权重	组合预测值
2010	0.350 945	0.649 055	227 237.606 2
2011	0.363 510	0.636 490	239 922.992 7
2012	0.367 363	0.632 637	252 678.449 8
2013	0.332 216	0.667 784	264 616.229
2014	0.295 117	0.704 883	276 158.703 9
2015	0.278 586	0.721 414	288 208.279 9
2016	0.238 508	0.761 492	298 814.633 8
2017	0.251 758	0.748 242	312 485.288 4
2018	0.258 061	0.741 939	326 252.121 5
2019	0.272 398	0.727 602	341 402.463 1
2020	0.282 250	0.717 750	356 940.816 6

13.1.4 石油供给预测

1. 石油供给 GM（1，1）预测模型

以1990~2009年石油供给量数据为原始数列，数据来源于《中国统计年鉴》，据此建立GM（1，1）模型预测2010~2020年石油供给量。

原始数列：$X^{(0)}$＝{19 745，20 130，20 271，20 768，20 896，21 420，22 482，22 955，22 981，22 825，23 228，23 452，23 804，24 239，25 171，25 946，26 235，26 706，27 358，27 187}。

根据式（13.2）计算得

$$a=-0.017\ 475\ 72，\quad b=19\ 536.300\ 03$$

根据式（13.3）和式（13.4）得

$$x^{(1)}(k+1)=1137\ 656.004\mathrm{e}^{0.017\ 475\ 72k}-1117\ 911.004$$

根据式（13.5），对上式做累减还原，得到我国石油供给的灰色预测模型，即

$$\hat{x}_1^{(0)}(k+1)=20\ 056.095\ 05\mathrm{e}^{0.017\ 475\ 72k}$$

最后，根据上式求出预测值以及实际值和预测值之间的绝对误差，如表13.12所示。

表 13.12　1990~2009 年我国石油供给量实际值及预测值比较

年份	实际值	预测值	绝对误差
1990	19 745	20 056	−311
1991	20 130	20 410	−280
1992	20 271	20 769	−498
1993	20 768	21 136	−368
1994	20 896	21 508	−612
1995	21 420	21 887	−467
1996	22 482	22 273	209
1997	22 955	22 666	289
1998	22 981	23 066	−85
1999	22 825	23 472	−647
2000	23 228	23 886	−658
2001	23 452	24 307	−855
2002	23 804	24 736	−932
2003	24 239	25 172	−933
2004	25 171	25 615	−444
2005	25 946	26 067	−121
2006	26 235	26 527	−292
2007	26 706	26 994	−288
2008	27 358	27 470	−112
2009	27 187	27 954	−767

利用后验差对模型精度进行检验。由历年石油供给量的原始数据可得，均值 $\overline{X}=23\ 389.95$，残差平均值 $\overline{\varepsilon}=-409$，方差 $S_1^2=5\ 599\ 864.848$，残差的方差

$S_2^2 = 112\,450.229\,9$，后验差比值 $C = S_2 / S_1 = 0.141\,707\,032 < 0.35$，则可有小误差概率：

$$P = p\left\{\left|\varepsilon(k) - \overline{\varepsilon}\right| < 0.674\,5S_1\right\} = p\left\{\left|\varepsilon(k) - \overline{\varepsilon}\right| < 1\,596.139\,064\right\} = 1 > 0.95$$

查灰色系统预测精度检验等级标准表，可知模型精度为一级，达到了较为可信的水平。说明所建立的模型能够对我国石油供给数列的变化规律进行准确表示，可以用灰色预测模型对石油供给量进行预测。

2. 石油供给趋势预测

本书通过ADF检验法对OT（表示石油供给总量）进行单位根检验，并设置常数项和趋势项，并由SIC准则确定其滞后阶数，该值为4。ADF具体检验结果如表13.13所示。

表 13.13　石油供给量序列 OT 的 ADF 检验结果

ADF 统计量			t 统计量	概率值（P 值）
			−3.333 833	0.098 6
显著性水平	1% 5% 10%	检验临界值	（−4.728 363） （−3.759 743） （−3.324 976）	

检验结果显示，ADF值为−3.333 833，而10%显著性上临界值为−3.324 976，所以石油供给量序列在10%的显著性水平下拒绝原假设，接受不存在单位根的结论，确定其为平稳序列，即 $OT \sim I(0)$。

通过OT的自相关图、偏相关图（图13.4），进一步分析，认定OT是一个一阶自回归过程。

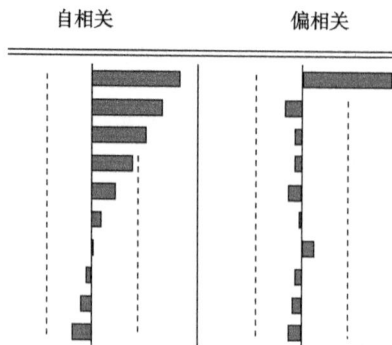

图 13.4　ΔOT 的自相关图和偏相关图

通过Eviews 6.0得到方程的拟合结果为

$OT_t = 7\,566.779\,067\,681\,3 + 159.201\,459\,118\,7T + 0.615\,081OT_{t-1} + v_t$

方程通过了显著性检验，可以用此模型对我国石油供给量进行预测。

3. 石油供给组合预测

表13.14为单项预测模型对石油供给量的预测值及预测误差。

表 13.14　我国石油供给量的单项预测模型数据

年份	实际值	灰色预测	二次预测值	灰色绝对误差	二次绝对误差
1990	19 745	20 056	—	−311	—
1991	20 130	20 410	20 029.95	−280	100.046 7
1992	20 271	20 769	20 425.96	−498	−154.96
1993	20 768	21 136	20 671.89	−368	96.114 05
1994	20 896	21 508	21 136.78	−612	−240.781
1995	21 420	21 887	21 374.71	−467	45.288 42
1996	22 482	22 273	21 856.21	209	625.786
1997	22 955	22 666	22 668.63	289	286.37
1998	22 981	23 066	23 118.76	−85	−137.763
1999	22 825	23 472	23 293.96	−647	−468.955
2000	23 228	23 886	23 357.2	−658	−129.203
2001	23 452	24 307	23 764.28	−855	−312.28
2002	23 804	24 736	24 061.26	−932	−257.259
2003	24 239	25 172	24 436.97	−933	−197.967
2004	25 171	25 615	24 863.73	−444	307.272 6
2005	25 946	26 067	25 596.18	−121	349.817 1
2006	26 235	26 527	26 232.07	−292	2.929 374
2007	26 706	26 994	26 569.03	−288	136.971
2008	27 358	27 470	27 017.93	−112	340.067 8
2009	27 187	27 954	27 578.16	−767	−391.165

为进一步提高预测精度,通过时变权重组合预测方法综合运用灰色预测模型和趋势预测模型提供的有用信息构建石油供给组合预测模型。利用式(13.6)~式(13.13),计算得到的组合预测权重如表13.15所示。

表 13.15　石油供给量的组合预测权重、预测值和误差

年份	灰色权重	二次权重	组合预测值	绝对误差
1990	—	—		
1991	0.263 248	0.736 752	20 130	0.002 431
1992	0.000 000	1.000 000	20 425.96	−154.96
1993	0.207 091	0.792 909	20 768	−0.003 21
1994	0.000 000	1.000 000	21 136.78	−240.78
1995	0.088 404	0.911 596	21 420	0.001 44

续表

年份	灰色权重	二次权重	组合预测值	绝对误差
1996	1.000 000	0.000 000	22 273	209
1997	0.000 000	1.000 000	22 668.63	286.37
1998	1.000 000	0.000 000	23 066	−85
1999	0.000 000	1.000 000	23 293.96	−468.96
2000	0.000 000	1.000 000	23 357.2	−129.2
2001	0.000 000	1.000 000	23 764.28	−312.28
2002	0.000 000	1.000 000	24 061.26	−257.26
2003	0.000 000	1.000 000	24 436.97	−197.97
2004	0.409 003	0.590 997	25 171	−0.001 54
2005	0.743 000	0.257 000	25 946	0.000 745
2006	0.009 932	0.990 068	26 235	0.000 62
2007	0.322 307	0.677 693	26 706	−0.000 68
2008	0.752 250	0.247 750	27 358	0.000 545
2009	0.000 000	1.000 000	27 578.16	−391.16

由表13.15可知，组合模型的误差明显低于灰色预测模型和趋势预测模型，预测值更加接近实际值，提高了预测精度，可以用此模型有效预测我国石油供给量，预测结果如表13.16所示。

表 13.16　石油供给量组合预测结果

年份	灰色权重	二次权重	组合预测值
2010	0.252 381	0.747 619	27 837.85
2011	0.251 809	0.748 191	28 287.79
2012	0.265 062	0.734 938	28 747.45
2013	0.268 113	0.731 887	29 197.65
2014	0.282 224	0.717 776	29 662.11
2015	0.292 425	0.707 575	30 126.06
2016	0.255 185	0.744 815	30 526.61
2017	0.268 615	0.731 385	30 998.71
2018	0.230 121	0.769 879	31 387.57
2019	0.242 233	0.757 767	31 861.70
2020	0.254 982	0.745 018	32 343.76

13.1.5　天然气供给预测

1. 天然气供给 GM（1，1）预测模型

以1990~2009年天然气供给量数据为原始数列，数据来源于《中国统计年鉴》，据此建立GM（1，1）模型预测2010~2020年天然气供给量。

原始数列：$X^{(0)}$ ={2 078，2 097，2 145，2 221，2 256，2 452，2 661，2 803，2 856，3 298，3 646，4 029，4 369，4 641，5 506，6 487，7 894，9 149，10 657，11 259}。

根据式（13.2）计算得

$$a = -0.115\,378\,334，\quad b = 964.985\,919\,1$$

根据式（13.3）和式（13.4）得

$$x^{(1)}(k+1) = 10\,441.666\,61e^{0.115\,378\,334k} - 8\,363.666\,606$$

根据式（13.5），对上式做累减还原，得到我国天然气供给的灰色预测模型，即

$$\hat{x}_1^{(0)}(k+1) = 1\,276.994\,533e^{0.115\,378\,334k}$$

最后，根据上式求出预测值以及实际值和预测值之间的绝对误差，如表13.17所示。

表 13.17　1990~2009 年我国天然气供给量实际值及预测值比较

年份	实际值	预测值	绝对误差
1990	2 078	1 277	801
1991	2 097	1 433	664
1992	2 145	1 608	537
1993	2 221	1 805	416
1994	2 256	2 026	230
1995	2 452	2 274	178
1996	2 661	2 552	109
1997	2 803	2 864	−61
1998	2 856	3 214	−358
1999	3 298	3 607	−309
2000	3 646	4 048	−402
2001	4 029	4 543	−514
2002	4 369	5 099	−730
2003	4 641	5 723	−1 082
2004	5 506	6 422	−916
2005	6 487	7 208	−721
2006	7 894	8 089	−195
2007	9 149	9 079	70
2008	10 657	10 189	468
2009	11 259	11 435	−176

利用后验差对模型精度进行检验。由历年天然气供给量的原始数据可得，均值 $\overline{X}=4\,625.2$，残差平均值 $\overline{\varepsilon}=-100$，方差 $S_1^2=8\,218\,976.96$，残差的方差 $S_2^2=272\,542.742\,1$，后验差比值 $C=S_2/S_1=0.182\,099\,364<0.35$，则可有小误差概率：

$$P=p\left\{\left|\varepsilon(k)-\overline{\varepsilon}\right|<0.674\,5S_1\right\}=p\left\{\left|\varepsilon(k)-\overline{\varepsilon}\right|<1\,933.707\,74\right\}=1>0.95$$

查灰色系统预测精度检验等级标准表，可知模型精度为一级，达到了较为可信的水平。说明所建立的模型能够对我国天然气供给数列的变化规律进行准确表示，可以用灰色预测模型对天然气供给量进行预测。

2. 天然气供给趋势预测

本书通过ADF检验法对GT（表示天然气供给总量）进行单位根检验，经计算ADF值分别大于不同检验水平的三个临界值，所以天然气供给量序列GT是一个非平稳序列。继续对GT的二阶差分序列进行单位根检验，并设置常数项，并由SIC准则确定其滞后阶数，该值为4。ADF具体检验结果如表13.18所示。

表13.18　天然气供给量二阶差分序列 $\Delta^2\mathbf{GT}$ 的 ADF 检验结果

ADF 统计量			t 统计量	概率值（P 值）
			–4.151 665	0.005 9
显著性水平	1% 5% 10%	检验临界值	（–3.886 751） （–3.052 169） （–2.666 593）	

检验结果显示，ADF值为–4.151 665，分别小于不同检验水平的三个临界值，所以天然气供给量二阶差分序列 Δ^2GT 是一个平稳序列，即 $GT\sim I(2)$。

通过 Δ^2GT 的自相关图和偏相关图13.5可知，随机误差不存在相关性。根据我国天然气产量1990~2008年的时间序列图13.6，可以看出拟合指数曲线比较合适用来预测天然气供给量趋势。

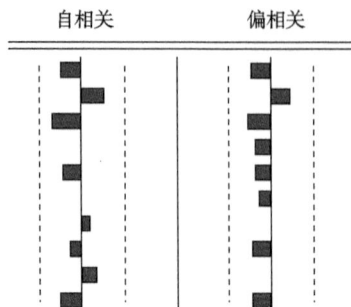

图 13.5　Δ^2GT 的自相关图和偏相关图

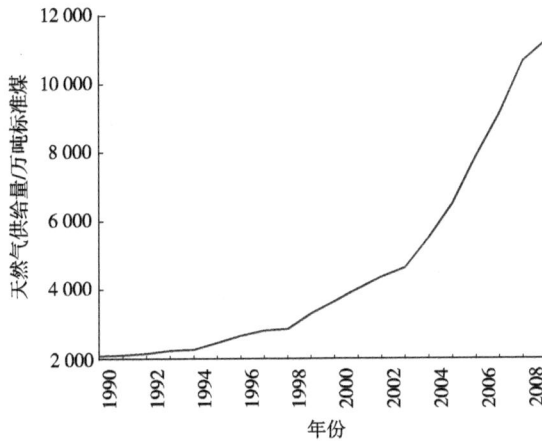

图 13.6　我国天然气供给量趋势图

通过Eviews 6.0得到方程的拟合结果为

$$GT=1\,472.2e^{0.093\,3T}$$

方程通过了显著性检验，可以用此模型对我国天然气供给量进行预测。

3. 天然气供给组合预测

表13.19为单项预测模型对天然气供给量的预测值及预测误差。

表 13.19　我国天然气供给量的单项预测模型数据

年份	实际值	灰色预测	二次预测值	灰色绝对误差	二次绝对误差
1990	2 078	1 277	1 616.168	801	461.832 1
1991	2 097	1 433	1 774.215	664	322.785 3
1992	2 145	1 608	1 947.717	537	197.283 1
1993	2 221	1 805	2 138.186	416	82.813 8 4
1994	2 256	2 026	2 347.282	230	−91.281 6
1995	2 452	2 274	2 576.825	178	−124.825
1996	2 661	2 552	2 828.815	109	−167.815
1997	2 803	2 864	3 105.448	−61	−302.448
1998	2 856	3 214	3 409.133	−358	−553.133
1999	3 298	3 607	3 742.515	−309	−444.515
2000	3 646	4 048	4 108.500	−402	−462.5
2001	4 029	4 543	4 510.274	−514	−481.274
2002	4 369	5 099	4 951.338	−730	−582.338
2003	4 641	5 723	5 435.535	−1 082	−794.535

年份	实际值	灰色预测	二次预测值	灰色绝对误差	二次绝对误差
2004	5 506	6 422	5 967.081	−916	−461.08 1
2005	6 487	7 208	6 550.608	−721	−63.608 1
2006	7 894	8 089	7 191.199	−195	702.801 3
2007	9 149	9 079	7 894.433	70	1 254.567
2008	10 657	10 189	8 666.438	468	1 990.562
2009	11 259	11 435	9 513.938	−176	1 745.062

为进一步提高预测精度，通过变权重组合预测方法综合运用灰色预测模型和趋势预测模型提供的有用信息构建天然气供给组合预测模型。利用式（13.6）～式（13.13），计算得到的组合预测权重如表13.20所示。

表 13.20　天然气供给量的组合预测权重、预测值和误差

年份	灰色权重	二次权重	组合预测值	绝对误差
1990	0.000 000	1.000 000	1 616.168	461.832
1991	0.000 000	1.000 000	1 774.215	322.785
1992	0.000 000	1.000 000	1 947.717	197.283
1993	0.000 000	1.000 000	2 138.186	82.814
1994	0.284 117	0.715 883	2 256	−0.000 29
1995	0.412 202	0.587 798	2 452	0
1996	0.606 235	0.393 765	2 661	0
1997	1.000 000	0.000 000	2 864	−61
1998	1.000 000	0.000 000	3 214	−358
1999	1.000 000	0.000 000	3 607	−309
2000	1.000 000	0.000 000	4 048	−402
2001	0.000 000	1.000 000	4 510	−481
2002	0.000 000	1.000 000	4 951	−582
2003	0.000 000	1.000 000	5 436	−795
2004	0.000 000	1.000 000	5 967	−461
2005	0.000 000	1.000 000	6 551	−64
2006	0.782 803	0.217 197	7 894	0
2007	1.000 000	0.000 000	9 079	70
2008	1.000 000	0.000 000	10 189	468
2009	0.908 384	0.091 616	11 259	0

由表13.20可知，组合模型的误差明显低于灰色预测模型和趋势预测模型，预

测值更加接近实际值，可以用此模型有效预测我国天然气供给量，结果如表13.21所示。

表 13.21 天然气供给量组合预测结果

年份	灰色权重	二次权重	组合预测值
2010	0.449 687	0.550 313	11 518.93
2011	0.472 171	0.527 829	12 852.60
2012	0.495 780	0.504 220	14 360.86
2013	0.520 569	0.479 431	16 068.84
2014	0.546 597	0.453 403	18 006.41
2015	0.559 721	0.440 279	20 121.36
2016	0.567 097	0.432 903	22 457.07
2017	0.565 141	0.434 859	24 992.34
2018	0.543 398	0.456 602	27 611.77
2019	0.520 567	0.479 433	30 466.98
2020	0.496 596	0.503 404	33 569.76

13.2 我国低碳能源发展规模预测与评估

13.2.1 低碳能源发展现状与资源基础

近年来，全球气候变暖已成为关乎人类生存的重要问题，降低温室气体尤其是CO_2的排放，是人们的迫切要求。2009年哥本哈根国际气候会议指明了世界主要二氧化碳排放国家或地区，包括美国、欧盟、中国、日本等的具体减排目标和责任。我国承诺，在2005年基础上，到2020年单位GDP的碳排放减少40%~45%。在之前召开的国务院常务会议上，我国也提出了低碳能源的发展目标，即到2020年低碳能源消费占一次能源消费总量的比重达到15%左右。低碳能源，即非化石能源，包括水电、核电、风电、太阳能、生物能等，在我国获得了良好发展，对于能源结构的优化以及碳减排等具有重要的作用。因此，在明确我国中长期减排目标的基础上，预测我国低碳能源发展的规模，分析其对减排目标的贡献潜力，对于我国制定减排措施具有重要的指导意义。

在节能减排、经济增长等多目标的共同驱动下，近年来，低碳能源得到了迅速发展。2005年，低碳能源消费量约为16 600万吨标准煤；2010年达28 600万吨标准煤，上升了近73个百分点，年均增长率约为11.5%，占一次能源消费的比重约为8.8%；2010年，我国各品种低碳能源的发展现状如表13.22所示。

表 13.22　我国低碳能源的发展现状

内容		2005 年	"十一五" 预期目标	2010 年	年均增长率/%
发电	水电/万千瓦	11 739	19 000	21 606	13.0
	小水电/万千瓦	3 850	5 000	5 840	8.7
	并网风电/万千瓦	126	1 000	3 100	89.7
	光伏发电/万千瓦	7	30	80	62.8
	生物质发电/万千瓦	200	550	550	22.4
供气	沼气/亿立方米	80	190	140	11.8
	农村沼气用户/万户	1 800	4 000	4 000	17.3
供热	地热等/（万吨标准煤/年）	200	400	460	18.1
	太阳能热水器/万平方米	8 000	15 000	16 800	16.0
燃料	燃料乙醇/万吨	102	200	180	12.0
	生物柴油/万吨	5	20	50	58.5
总利用量/（万吨标准煤/年）		16 600		28 600	11.5

1. 水电

水能发电不论在技术上还是经济上都获得了快速发展，发展水电是大势所趋。2009年我国水电总装机容量为19 629万千瓦，2010年达到21 606万千瓦，同比增长10.1%，2010年水电新增装机容量为1 642.85万千瓦，占新增总装机容量的18%。在终端领域，2009年我国水电全年发电量为5 717亿千瓦时，2010年达6 867亿千瓦时，同比增长20.1%，约占全部发电量的16.24%。

我国水能蕴藏量巨大，主要集中于我国西部（占全国经济总装机的60%左右），尤其是西南部大江大河的干流（约占70%），包括长江、怒江、大渡河、金沙江、乌江、澜沧江等。《中华人民共和国水力资源复查成果（2003年）总报告》显示，全国经济可行性水能装机容量约占技术可开发量的74.1%，而约有1.4亿千瓦装机容量在经济上不可行。目前我国只开发了占水电技术可开发量40%左右的水电。

2. 生物能源

生物能源的资源繁多，原料来源广泛，但具有技术可行性且已形成产业规模的主要有生物液体燃料、沼气、生物质发电等。其中，目前相对普及程度较高、经济可行性较高的是沼气，我国的沼气发展较早，技术较成熟，也形成了一定的行业规模。目前，我国已建成2 500余处大型沼气工程，原料主要包括畜禽养殖场的废物和工业有机废水，沼气产量可达20亿米^3/年；户用沼气的消费者数量达3 050

户，消费量约为12 020亿米³/年。

我国生物质发电的原料主要是蔗渣和垃圾，装机容量可达315万千瓦，而由于技术和经济等的不可行性，原料资源基础丰富的农林废弃物发电在当前并没有得到良好的发展。

目前，燃料乙醇和生物柴油等是推广范围较大、具有经济可行性的生物液体燃料。燃料乙醇的生产技术，如纤维素乙醇技术，由于其工艺的复杂性和高昂的推广成本未得到规模化应用。2010年，我国生产燃料乙醇约180万吨，其中，以陈化粮为原料和以木薯为原料的乙醇产量分别为132万吨、20万吨。我国生物柴油的生产原料主要包括榨油厂油渣、餐饮业废油和油料作物等，其年产能力不低于50万吨。

3. 风电

自2000年以来，随着国家鼓励新能源发展的相关政策的实施，包括风电特许权招标机制、可再生能源中长期发展规划等，我国风电得到了前所未有的发展。2000年，我国大型并网风电的总装机为35万千瓦，2010年达2 958万千瓦，年均增长率约为52%；2009年风电发电量为276亿千瓦时，2010年达494亿千瓦时，同比增长78.9%。

风能资源按来源可分为陆上风能资源和海上风能资源。根据中国气象局进行的数值模拟结果，在我国近海（与海岸距离小于20千米）范围，50米高空的风能资源的技术总装机约为1.8亿千瓦，相应的可开发面积约为3.7万平方千米。

4. 太阳能

我国的太阳能以发电和热利用的形式被广泛地应用于人们的生产和生活中。我国太阳能光伏发电产业，主要是太阳能光伏电池制造业、太阳能光伏组件制造业等发展迅速，其中，2008年太阳能光伏电池以年装机260万千瓦的生产量居世界第一位。2008年全国累计光伏发电容量达14万千瓦，但并网光伏发电系统仍没有形成规模。太阳能热利用在生活中最典型的是太阳能热水器，到2010年为止，太阳能热水器的生产能力约为16 800万米²/年，累计保有总集热面积约为1.25亿平方米。我国96%面积的国土均具有丰富的太阳能资源，再加上屋顶、戈壁和荒漠地区等，太阳能发展的资源条件良好。

5. 核能

近年来，我国加大了核电的建设力度，核电发展速度较快。2008年，已建成运行的核电反应堆数量为11个，总装机容量达910万千瓦，2009年总装机较2008年并无较大增长，为908万千瓦，2010年达1 082万千瓦，同比增长19.2%。从发电量来看，2009年核电发电量为701亿千瓦时，比2008年增长了约1.13%，累计平均设备利用小时数为7 914小时，比2008年增长了89小时；2010年核电发电量为747亿千瓦时，同比增长6.7%。截至2009年底，我国核电建设施工规模达21台位居世界第一，总装机容量达2 305万千瓦，我国现已成为世界上核电在建规模最大的国家。

目前，我国已探明200多个铀矿，但由于费用、技术等原因，约占国土面积40%的地区尚未开展铀矿普查。按开发成本划分，小于40美元/千克、小于80美元/千克、130美元/千克的铀储量分别为25 795吨、38 019吨、38 019吨。我国的铀矿矿石质量较低，品位集中于0.05%～0.3%。并且我国铀矿资源的地区分布极不平衡，探明工业储量约74%集中于江西、湖南、广东、广西、贵州、新疆、辽宁、河北、内蒙古、浙江、甘肃等地区。

13.2.2 低碳能源发展情景及规模预测

1. 相关机构对低碳能源发展规模的预测

随着低碳能源的迅猛发展，对低碳能源未来发展规模的预测也成为国内外相关机构及政府相关规划研究的热点问题。我国政府相关规划，主要是指《可再生能源中长期发展规划》、《核电中长期发展规划（2005～2020年）》和《可再生能源发展"十二五"规划》等。结合当前社会发展需求及未来走势，对低碳能源的发展形势做出预测，结果如表13.23所示。

表13.23 政府相关规划对低碳能源发展规模的中长期预测[262, 263]

类型	构成	可再生能源中长期发展规划	可再生能源发展"十二五"规划	核电中长期发展规划
水电	大中型水电	2.25 亿千瓦	26 000 万千瓦	
	小水电	0.75 亿千瓦		
风电	陆上风电	3 000 万千瓦	10 000 万千瓦	
	海上风电	100 万千瓦		
太阳能	太阳能发电	180 万千瓦	2 100 万千瓦	
	太阳能热利用	3 亿平方米	40 000 万平方米	
生物能源	沼气年利用量	440 亿立方米	2 070 万吨标准煤	
	生物质发电	3 000 万千瓦	1 300 万千瓦	
	生物质固体成型燃料	5 000 万吨	1 000 万吨	
	燃料乙醇	1 000 万吨	400 万吨	
	生物柴油	200 万吨	100 万吨	
核能	运行装机容量			4 000 万千瓦
	年发电量			2 600 亿～2 800 亿千瓦时
	在建施工核电容量			1 800 万千瓦

考虑到能源在国家中的战略性地位，低碳能源的发展受国家相关政策的影响

较大，因此国内外相关研究机构对低碳能源未来发展规模的预测主要采用情景分析法，本书参考了国内外比较有代表性的相关机构的研究结果如表13.24所示。国外机构包括IEA、美国能源信息署（Energy Information Administration，EIA）、全球风能理事会（Global Wind Energy Council，GWEC）等。

表 13.24 国外相关机构对低碳能源发展规模的预测

类型	预测机构	2015 年	2020 年	2030 年
水电	IEA（参考情景）	21 500		30 000
	IEA（可选择政策情景）	26 100		38 000
	EIA	26 500	31 000	31 800
风电	IEA（参考情景）	1 700		4 900
	IEA（可选择政策情景）	2 100		7 900
	GWEC（参考情景）		2 700	4 900
	GWEC（稳健情景）		10 072	20 053
	GWEC（超前情景）		20 088	45 058
	EIA	2 000	4 000	12 000
太阳能	IEA（参考情景）	<100		900
	IEA（可选择政策情景）	200		3 100
生物能源	IEA（参考情景）	400		1 800
	IEA（可选择政策情景）	700		3 900
核能	IEA（参考情景）	1 500		3 100
	IEA（可选择政策情景）	2 000		5 500
	EIA	2 200	3 600	5 400

国内对低碳能源比较系统、完整的研究较少，本书主要参考"2050中国能源和碳排放研究课题组"在《2050中国能源和碳排放报告》中的研究成果，如表13.25所示。

表 13.25 国内研究对 2020 年低碳能源发展规模的预测（单位：万千瓦）

情景设置	水电	核电	风电	生物质发电	太阳能发电
基准情景	27 043	2 891	1 710	1 697	
低碳情景	38 883	6 488	8 110	2 397	126
强化低碳情景	36 888	6 891	10 464	2 263	158

2. 低碳能源发展规模的情景预测

已有研究对低碳能源发展规模的情景预测设置，除国际能源组织将其分为参考情景和可选择政策情境外，其余均基本分为保守、稳健、积极三种情景。根据各研究对保守情景的描述可知，在此情景下，我国并不能实现减排承诺和低碳经济发展目标，因此不考虑保守情景；根据目前我国风能、太阳能和核电等强劲的发展势头，我国有可能实现所描述的积极情景。因此，参考已有研究对稳健和积极两种情景的描述，本书设置了政策情景和强化低碳情景。政策情景，即低碳能源按照国家的有关规划和政策平稳发展，并能够实现国家的低碳发展目标；强化低碳情景，即国家进一步加强对低碳能源的投入，提高低碳技术的实用性和普及程度，低碳发展得到了较大程度的推进，其实现需要付出更多代价。

1）发电领域的低碳能源发展趋势分析

（1）水电。目前，我国对水电的开发过快，已开发的水电分别占技术可开发量和经济可开发量的40%、50%，对生态环境造成了较大破坏，也受到移民等社会问题的困扰。因此，在未来一段时间，水电开发将比较保守。根据国家相关规划和相关学者对2020年水电开发程度的预测，2020年已开发水电将占经济可开发量的75%，即大约为3亿千瓦。考虑到我国水能资源分布地区生态环境的脆弱性，将2020年强化低碳情景下水电发展规模定为3亿千瓦，政策情景下水电发展规模定为2.7亿千瓦。据此得出，2015年强化低碳情景和政策情景下的水电发展规模分别为2.6亿千瓦、2.4亿千瓦。

（2）风力发电。《可再生能源中长期发展规划》设定了2020年风电发展的定量目标，即风电总装机容量达到3 000万千瓦，但根据当前风电产业基础以及年均600万~1 000万千瓦新增装机的速度，2012年总装机即可突破3 000万千瓦。虽然，2009年风电新增装机已高达900万千瓦，但考虑到我国电网容量的限制，在短期内无法完全解决风电上网的难题。因此将年增900万千瓦装机容量作为强化低碳情景下风电发展速度，年增600万千瓦装机作为政策情景下发展速度。据此可得各情景下相应年份的风电发展规模[264]。

（3）光伏发电。我国光伏发电发展速度迅猛，在2008年就提前完成了《可再生能源中长期发展规划》中设定的光伏发电目标，即2020年达到180万千瓦。虽然并网光伏发电容量较低（2008年为14万千瓦），但随着国家加大投入力度，在不久的将来将获得跳跃式发展。因此，本书将1 000万千瓦作为强化低碳情景下2020年光伏发电规模。根据光伏发电的发展规律，分阶段设定其年均增长速度，2012~2015年年均新增80万~100万千瓦容量，2016~2020年年均新增100万~150万千瓦容量。据此可得各情景下相应年份的光伏发电发展规模[265, 266]。

（4）生物质发电。生物质发电在2005~2007年发展迅速，年均新增装机50万千瓦，但自此之后，由于原料缺乏、成本高昂等原因，增长速度放缓，2008年仅新增装机15万千瓦。本书将强化低碳情景和政策情景下生物质发电的增长速度分别设定为年均新增装机容量50万千瓦和30万千瓦。据此可得到各情景下相应年份的生物质发电发展规模。

（5）核电。近几年来，国家比较重视核电的发展，考虑到当前核电装机规模

（包括在建装机共约3 110万千瓦）以及增长速度（累计核准核电建设总装机850万千瓦），有望提前完成《可再生能源中长期发展规划》中设定的核电总装机容量的目标，即2020年达到4 000万千瓦。随着2011年日本发生严重核泄漏事件，我国严把核电发展质量关，适度发展核电，但由于国家的重视及核电发展的条件良好，年均核准两座核电站开工，即年均新增核电装机500万千瓦可以作为政策情景下核电发展的增长速度，将年均新增核电装机850万千瓦作为强化低碳情景下的增长速度。据此可得到各情景下相应年份的核电发展规模。

2）供热供气领域的低碳能源发展趋势分析

（1）供气（沼气等）。本书主要考虑沼气的利用量，根据《可再生能源中长期发展规划》设定的2010年和2020年沼气利用量目标分别为190亿立方米和440亿立方米，可知2010~2020年沼气利用量年均增速约为25亿立方米，将其作为政策情景下沼气利用量年均增速；而强化低碳情景下的沼气利用量年均增速设定为30亿立方米。

（2）太阳能热水器。2005年我国太阳能热水器集热面积为8 000万平方米，增速为年均1 500万平方米，2008年达到1.25亿平方米。政策情景下不考虑太阳能热水器在工商业领域的应用，根据可再生能源战略研究，2020年太阳能热水器集热面积将达3亿平方米，增速为年均1 460万平方米；强化低碳情景下考虑其在商业领域的顺利推广和应用，根据可再生能源战略研究，2020年太阳能热水器集热面积将达5.4亿平方米，增速为年均3 460万平方米。

（3）固体燃料。固体燃料具有体积小、易于使用、生产简单等竞争优势，但由于目前受原料紧缺、技术不成熟等的制约，并没有形成一定的产业规模，年生产量较小（仅为20万吨）。本书参考《中国可再生能源发展战略研究丛书》的研究成果，将政策情景和强化低碳情景下2020年固体燃料的年均增长分别设定为40万吨和165万吨。

3）交通燃料领域的低碳能源发展趋势分析

本节主要对燃料乙醇和生物柴油的发展规模进行分析。二者在2003~2007年发展迅速，但由于原料匮乏、无法实现技术突破等原因，近几年发展缓慢。强化低碳情景下燃料乙醇和生物柴油年使用量的增长速度根据《可再生能源中长期发展规划》分别设定为70万吨和12.5万吨，政策情景下分别设定为42万吨和7.5万吨。

4）低碳能源的总体发展规模分析

根据以上对发电领域、供热供气领域、交通燃料领域等的低碳能源发展趋势的分析，可得到政策情景和强化低碳情景下2015年和2020年分领域低碳能源的发展规模，如表13.26所示。

表 13.26　2015 年和 2020 年我国低碳能源的发展规模预测

分类		2015 年		2020 年	
		政策情景	强化低碳情景	政策情景	强化低碳情景
发电领域	水电/万千瓦	24 000	26 000	27 000	30 000
	风电/万千瓦	10 000	11 800	8 600	11 900
	光伏发电/万千瓦	374	514	874	1 246
	生物质发电/万千瓦	1 300	1 425	675	915
	核电/万千瓦	3 710	4 060	6 210	8 310
供热供气领域	沼气/亿立方米	315	340	440	490
	太阳能热水器/亿立方米	4	5.4	3	5.4
	固体燃料/万吨	300	1 175	500	2 000
交通燃料领域	燃料乙醇/万吨	454	650	664	1 000
	生物柴油/万吨	103	138	140	200

13.2.3　我国低碳能源发展潜力评估

1. 低碳能源发展潜力评估的技术经济参数

由于各类低碳能源的应用领域不同，所能替代的化石能源种类也各不相同。通过IPCC温室气体排放清单，可确定原煤、原油、天然气等各类化石能源的净发热值、单位化石能源的二氧化碳排放等，以及各类低碳能源利用的技术经济参数及其替代化石能源的折算系数，如表13.27和表13.28所示，为评估低碳能源发展潜力奠定基础。

表 13.27　各类化石能源净发热值与 CO_2 排放因子

类型	净发热值/（万焦耳/千克）	碳含量缺省值/（千克/吉焦）	碳排放因子/（千克/千克）	CO_2 排放因子/（千克/千克）
原煤	2 090.8	25.800	0.539	1.978
原油	4 230	20.000	0.846	3.102
汽油	4 430	18.900	0.837	3.070
柴油	4 300	20.200	0.869	3.185
天然气	4 800	15.300	0.734	2.693

表 13.28　低碳能源利用的技术经济参数及其能源折算系数表

类型	重要技术参数	折标系数
水电	年运行小时数为 3 500	0.342 千克标准煤/千瓦时
火电	年运行小时数为 5 317	0.342 千克标准煤/千瓦时
核电	年运行小时数为 7 791	0.342 千克标准煤/千瓦时
风电	年运行小时数为 2 000	0.342 千克标准煤/千瓦时

续表

类型	重要技术参数	折标系数
光伏发电	年运行小时数为 1 800	0.342 千克标准煤/千瓦时
生物质发电	年运行小时数为 4 000	0.342 千克标准煤/千瓦时
沼气	1 立方米发热值 20 908 千焦耳	0.714 千克标准煤/米^3
太阳能热利用		180 千克标准煤/万米^2
固体燃料	1 千克发热值为 14 635 千焦耳	0.5 千克标准煤/千克
燃料乙醇	1 千克发热值为 27 000 千焦耳	0.922 千克标准煤/千克=0.609 千克汽油/千克
生物柴油	1 千克发热值为 27 000 千焦耳	0.922 千克标准煤/千克=0.628 千克汽油/千克

2. 低碳能源替代化石能源的潜力分析

根据对发电、供热供气、交通燃料等不同领域各类低碳能源分别在政策情景和强化低碳情景下2015年和2020年发展规模的预测，以及可替代化石能源的折标系数，可得出政策情景下，2015年低碳能源替代化石能源的总量为5.05亿吨标准煤、2020年为6.60亿吨标准煤，2020年较2015年增长30.69%；强化低碳情景下，2015年低碳能源替代化石能源的总量为5.87亿吨标准煤、2020年为8.38亿吨标准煤，2020年较2015年增长42.76%，如表13.29所示。

表 13.29　2015 年和 2020 年我国低碳能源替代化石能源的潜力（单位：万吨标准煤）

分类		政策情景		强化低碳情景	
		2015 年	2020 年	2015 年	2020 年
发电领域	水电	28 728	32 319	31 122	35 910
	核电	9 885	16 547	10 818	22 142
	风电	3 830	5 882	5 062	8 140
	光伏发电	230	538	316	767
	生物质发电	718	923	910	1 252
供热供气领域	沼气	2 401	3 353	2 591	3 734
	太阳能热水器	4 086	5 400	6 606	9 720
	固体燃料	150	250	588	1 000
交通燃料领域	燃料乙醇	419	612	600	922
	生物柴油	95	129	127	184
合计		50 543	65 954	58 739	83 772

政策情景下，低碳能源在发电领域可替代化石能源的总量在2015年和2020年分别为43 392万吨标准煤和56 210万吨标准煤，分别占可替代总量的85.85%、85.22%；在供热供气领域可替代化石能源的总量分别为6 637万吨标准煤、9 003万吨标准煤，分别占可替代总量的13.13%、13.65%；在交通燃料领域可替代化石

能源的总量分别为514万吨标准煤、742万吨标准煤，分别占可替代总量的1.02%、1.12%。强化低碳情景下，低碳能源在发电领域可替代化石能源的总量在2015年和2020年分别为48 228万吨标准煤和68 211万吨标准煤，分别占可替代总量的82.10%、81.42%；在供热供气领域可替代化石能源的总量分别为9 785万吨标准煤、14 454万吨标准煤，分别占可替代总量的16.66%、17.25%；在交通燃料领域可替代化石能源的总量分别为727万吨标准煤、1 107万吨标准煤，分别占可替代总量的1.24%、1.32%。

两种情景下，低碳能源在发电领域可替代的化石能源均是最多的，所占份额最高。其中水电可替代的化石能源最多，2015年在两种情景下水电可替代化石能源总量分别为28 728万吨标准煤、31 122万吨标准煤，分别占总替代量的56.84%、52.98%；2020年水电可替代量分别为32 319万吨标准煤、35 910万吨标准煤，较2015年分别增长了12.5%、15.38%。水电可替代的化石能源总量的增长率均比相应情景下低碳能源可替代的化石能源总量增长率较低，分别占总替代量的49%、42.87%，相较2015年份额有所下降；而核电可替代化石能源量占替代总量的份额在不断提高，2015年两种情景下所占份额分别为19.57%、18.43%，2020年分别提高至25.07%、26.42%。在交通燃料领域可替代的化石能源均最少，所占份额最低。

政策情景和强化低碳情景下，2020年相对于2015年各种低碳能源替代化石能源的潜力所占比重的变化幅度较小，但其替代潜力变化幅度较明显。如图13.7所示，在发电领域，光伏发电替代化石能源的潜力的增长幅度在政策情景和强化低碳情景下分别高达133.91%、142.72%；核电增长幅度分别为67.40%、104.68%。

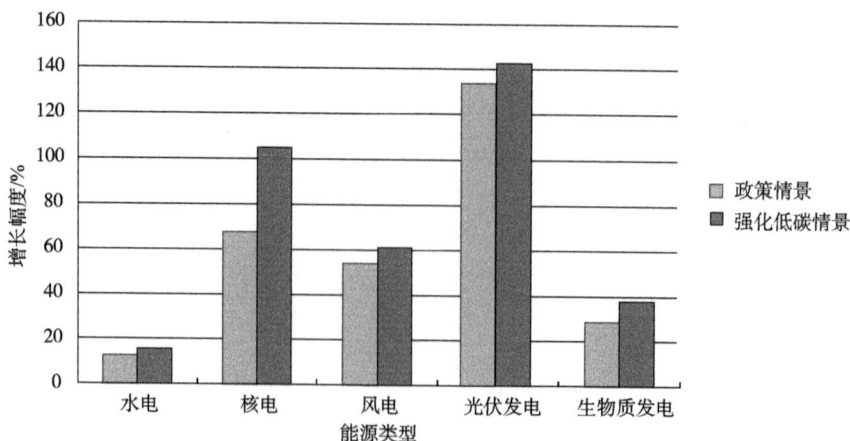

图 13.7 发电领域不同情景下低碳能源替代化石能源的增长幅度

13.3 能源供给结构优化

综合以上对于能源供给总量、煤炭、石油、天然气等的预测及13.2节对低碳能源发展趋势的分析,得到我国一次能源供给量的综合预测结果,如表13.30所示。预测方法的不同等使得对各种一次能源供给量的单独预测结果和综合预测结果有些许差异,经调整,本书以综合预测结果为准。

表 13.30 我国一次能源供给量的综合预测结果

项目	2015 年		2020 年	
	政策情景	强化低碳情景	政策情景	强化低碳情景
煤炭/万吨标准煤	288 208.279 9	288 208.279 9	356 940.816 6	356 940.816 6
结构/%	74.09	72.56	73.02	70.45
石油/万吨标准煤	30 126.06	30 126.06	32 343.76	32 343.76
结构/%	7.74	7.58	6.62	6.38
天然气/万吨标准煤	20 121.36	20 121.36	33 569.76	33 569.76
结构/%	5.17	5.07	6.87	6.63
低碳能源/万吨标准煤	50 543	58 739	65 954	83 772
结构/%	12.99	14.79	13.49	16.54
能源供给总量/万吨标准煤	388 998.7	397 194.699 9	488 808.3	506 626.336 6

注:表中结构占比之和可能不等于 100%,是因为进行过舍入修约

为了实现低碳经济,应尽量使用低碳能源替代化石能源,且主要是替代煤炭。根据能源消耗结构的优化结果可知,以低碳能源替代煤炭(主要是电煤),可以得到优化的一次能源供给情况,如表13.31所示。

表 13.31 我国一次能源供给量的优化结果(单位:万吨标准煤)

种类	2015 年			2020 年		
	消耗量	政策情景供给	强化低碳情景供给	消耗量	政策情景供给	强化低碳情景供给
煤炭和电力	288 013	低碳: 50 543 煤炭: 237 470	低碳: 58 739 煤炭: 229 274	343 841	低碳: 65 954 煤炭: 277 887	低碳: 83 772 煤炭: 260 069
石油	76 387	生产: 30 126 进口: 46 261	生产: 30 126 进口: 46 261	85 700	生产: 32 344 进口: 53 356	生产: 32 344 进口: 53 356
天然气	22 850	生产: 20 121 进口: 2 729	生产: 20 121 进口: 2 729	40 685	生产: 33 569 进口: 7 116	生产: 33 569 进口: 7 116

进一步计算出基于低碳经济的能源供给结构优化结果和对应的碳排放强度,如表13.32所示。

表 13.32　我国一次能源供给结构的优化结果

种类	2015 年		2020 年	
	政策情景	强化低碳情景	政策情景	强化低碳情景
煤炭/万吨标准煤	237 470	229 274	277 887	260 069
结构/%	61.3	59.2	59.1	55.3
石油/万吨标准煤	76 387	76 387	85 700	85 700
结构/%	19.7	19.7	18.2	18.2
天然气/万吨标准煤	22 850	22 850	40 685	40 685
结构/%	5.9	5.9	8.7	8.7
低碳能源/万吨标准煤	50 543	58 739	65 954	83 772
结构/%	13.1	15.2	14.0	17.8
碳强度/（吨碳/万元）	0.412 6	0.401 7	0.361 0	0.343 6

根据"十二五"节能减排目标，在"十一五"期末的基础上，单位GDP二氧化碳排放降低17%，单位GDP能耗下降16%，经计算，2015年单位GDP二氧化碳为0.431 6吨碳，单位GDP能耗为0.680 4吨标准煤。根据上一章对我国GDP的预测，经计算可知，经济低速增长下，2015年碳排放量为242 864.341 2万吨碳，能耗为382 865.842 8万吨标准煤；经济高速增长下，碳排放量和能耗分别为261 573.338万吨碳、412 359.822万吨标准煤。根据表13.32的优化结果，2015年政策情景和强化低碳情景下碳排放量分别为232 162万吨碳、226 035万吨碳，均低于低速和高速经济增长下的碳排放控制目标；两种情景下的能源供给总量也均达到节能减排目标。

《2009中国可持续发展战略报告》提出了2020年我国低碳经济的发展目标，即单位GDP能耗比2005年降低40%~60%，单位GDP的CO_2排放降低50%左右。2006年国家统计局等单位发布的各省（自治区、直辖市）GDP能耗公报显示，2005年全国GDP为183 084.8亿元，能源消耗总量为223 319万吨标准煤，全国每万元GDP能耗为1.22吨标准煤。因此，2020年每万元GDP能耗应为0.488~0.732吨标准煤。经计算得出经济低速和高速增长下2020年全国总能耗分别为377 996.504万~566 994.756万吨标准煤和416 753.464万~625 130.196万吨标准煤。

2005年，煤炭消耗量为153 866.791万吨，占能源消费总量的68.9%；石油消耗量为46 896.99万吨，占能源消耗总量的21.0%；天然气消耗量为6 476.251万吨，占能源消耗总量的2.9%；水电、核电、风电等消耗量为16 078.968万吨，占能源消耗总量的7.2%。2005年的碳排放量为145 220.526 9万吨碳，2005年GDP为183 084.8亿元，因此2005年的单位GDP的碳排放为0.793 2万吨碳/亿元，若要实现2020年单位GDP碳排放降低50%的目标，2020年的单位GDP碳排放应为0.396 6万吨碳/亿元，那么经济低速和高速增长下总的碳排放量应为307 199.617 8万~338 697.589 8万吨碳。根据表13.32，政策情景和强化低碳情景下碳排放量分别为275 712万吨碳、262 392

万吨碳，均低于低速和高速经济增长下的碳排放控制目标。

综上所述，经过能源结构优化，虽然在政策情景下就能够超额完成我国低碳经济的各项指标，但是也需要在以下方面不断做出努力。

（1）保持煤炭的基础地位。

由于我国资源禀赋特征以及经济发展需要，煤炭将在很长的一段时间内占据能源供给的主导地位，根据本书对未来能源供给结构预测的结果，在未来十年内，无论是政策情景和强化低碳情景下，煤炭供给量占能源供给总量的比重始终维持在70%以上。但是，根据上一章基于低碳的能耗结构优化结果，2015年煤炭（去除发电用煤）的消耗比重下降至27.9%，用于发电的煤炭占煤炭消耗总量的70%左右，而目前这一比重只占到55%左右，因此应加大煤炭用于发电的比例，提高煤炭利用效率，在满足经济发展需求的同时，促进节能和减排目标的实现，减轻生态环境恶化压力，进一步推动能源消费结构的优化。加大煤电转化力度最有效最直接的方式之一是实现煤电联营，在保证电煤供给的同时，又可以降低运输压力。由于我国煤炭资源存在着严重的地区性结构失衡问题，需要"西煤东运"解决煤炭供给和需求矛盾，为缓解运输压力，应在综合运用铁路运输和水运的基础上，重视创新煤电联营机制，通过建设坑口电站等形式变"西煤东运"为"西电东输"。另外，对比煤炭供给量的组合预测结果和一次能源供给量的优化结果发现，2015年煤炭供给量预测结果为288 208万吨标准煤，优化结果政策情景下为237 470万吨标准煤，强化低碳情境下为229 274万吨标准煤，分别过剩21%、26%；2020年煤炭供给量预测结果为356 941万吨标准煤，优化结果政策情景下为277 887万吨标准煤、强化低碳情境下为260 069万吨标准煤，分别过剩28%、37%。因此，未来煤炭供给将出现严重产能过剩，必须严控煤炭资源的开发，促进其产能提升。

（2）加强石油和天然气勘探。

根据表13.31，未来十年内石油和天然气将面临严重短缺，这将极大地影响我国国民经济的正常运转。2015年石油供给量预测结果为30 126万吨标准煤，优化结果为76 387万吨标准煤，需要进口46 261万吨标准煤的石油，对外依存度将突破60%；2020年石油供给量预测结果为32 343万吨标准煤，优化结果为85 700万吨标准煤，需要进口53 357万吨标准煤的石油，对外依存度将进一步上升。同时，天然气的对外依存度也会不断升高。我国石油和天然气短缺的根本原因在于储量不足，因此应加大勘探力度，增加探明储量，提高后备储量。应对石油和天然气短缺，一方面，要充分利用国内外"两种资源、两个市场"，在加强国内勘查规模的基础上，在保障能源安全的前提下，重视对国外资源开采的参与，加强国际合作，特别是利用与俄罗斯的战略合作关系及地理优势，合作开采俄罗斯丰富的石油和天然气资源，而且也应该看到中东地区石油和天然气开采的广阔前景，加强进口，在进口渠道、进口方式、进口品种上实现多元化、分散化，从而降低风险；另一方面，应积极探索可替代石油和天然气的其他一次能源，提高替代率，尤其是通过煤炭的深加工代替石油和天然气。

（3）提高一次电力比重，优化电力结构。

根据本书对低碳能源发展规模的预测，强化低碳情景下低碳能源比重超过了15%，但是在政策情景下仍然没有达到预期目标，因此应进一步加大力度发展低碳能源。根据上一章基于低碳的能耗结构优化结果，未来十年，我国电力消耗量急增，但是火电所占比重过大，不利于节能减排，因此应进一步降低火电比重，优化电力结构。考虑到我国光伏发电和风力发电行业产能过剩，行业利润下降，行业整合难度较大及核电的潜在不安全性，电力结构的优化应以发展水电为重，在投资国家大型水电项目的同时，鼓励全社会开发小水电。

第14章 基于低碳经济的我国节能减排与能源结构优化对策

14.1 调整产业结构，完善交易机制和税收体系

14.1.1 以产业结构调整为节能减排的重要抓手

目前正在推行世界范围内的低碳经济,这已经成为世界经济发展的主要方向,这对我国来说既是机遇又是挑战,我们应该抓住这个机遇,在国内大力发展节能减排技术,限制高耗能企业扩张,淘汰排放高、效率低下的企业,促进我国的产业结构升级,使我国的经济向清洁型、减量型的趋势发展。同时我们也要充分准备迎接新的挑战,直面低碳发展带来的生产成本冲击,重点关注高新技术开发与绿色产业拓展,加快优化产业结构的速度。鼓励发展绿色清洁生产,淘汰落后产能和污染严重的中小企业,加大生物科技研发投入;做大做强民族品牌,增强大企业的核心竞争力,促进节能减排产业的健康、快速发展。

14.1.2 以构建良好的排放权市场交易机制为主要途径

清洁发展机制、国际排放权交易与联合实施机制是《京都议定书》提出的市场机制。《京都议定书》是排放权交易机制构建的基础。《京都议定书》通过以限定碳排放总量,建立排放超标惩罚措施,建立完整的排放权交易体系,扩大排放权的市场价值,成为排放权交易机制构建的基础。以此为基础约束的排放者,可以通过排放权交易来降低成本。这一机制不仅能对受约束的排放者形成有效制约,还能对不受约束的排放者（如不承担减排义务的利益相关者）形成一定的减排激励。目前,与排放交易相关的金融服务正在逐步建立健全,包括投资银行、保险公司、碳排放权交易所等金融机构。据统计,到2008年底世界范围内的碳排放交易市场规模超过了1 200亿美元,交易市场已经形成并且规模庞大。

14.1.3 以建立绿色税收体系为关键环节

1. 调整重工业品的出口退税政策

为提高本国产品的国际竞争力，世界各国普遍采用出口退税政策优化出口产品结构。中国自20世纪80年代开始实行出口退税政策，其对增加出口创汇、促进经济增长起到重要作用。然而，与此同时相对宽松的出口退税政策刺激了资源性产品和具有"三高"特征的重工业产品的大量出口，对我国的资源环境造成极大的破坏。降低重工业出口退税比例的节能减排效果以及对宏观经济的影响（表14.1）表明，我国政府应调整资源性产品和重工业产品的出口退税政策，进而调整出口产品结构，严格控制资源消耗型产品出口。

表 14.1 降低重工业出口退税的节能减排效果和宏观经济影响（单位：%）

项目	退税率降低 20%	退税率降低 40%	退税率降低 60%	退税率降低 80%	退税率降低 100%
GDP	−0.17	−0.28	−0.37	−0.42	−0.53
居民福利	−0.03	−0.07	−0.12	−0.17	−0.20
出口额	−0.66	−1.68	−2.58	−2.99	−3.09
进口额	−0.53	−1.35	−2.04	−2.40	−2.45
单位 GDP 能耗	−0.32	−0.52	−0.66	−0.83	−1.04
二氧化碳排放	−0.16	−0.45	−0.78	−1.19	−1.31
二氧化硫排放	−0.20	−0.55	−0.97	−1.35	−1.62
废水排放	−0.29	−0.55	−0.83	−1.16	−1.54
固体废弃物排放	−0.21	−0.41	−0.72	−1.04	−1.37
就业	−0.02	−0.05	−0.07	−0.08	−0.09

2. 调整资源税征收政策

长期以来我国能源价格由政府管控，能源价格始终处于低位运行。当前的低价能源消费现状导致了能源效率较低和环境污染严重等一系列问题。要实现可持续发展，让能源价格真实反映稀缺成本和环境成本，就需要进行价格调整，通过征收化石能源资源税可以有效调整能源价格，进而有效控制化石能源消耗。

发达国家的做法是依据对污染源进行直接调控的原则，通过征收能源税（即碳税）提高能源价格进而提高其使用成本，达到节能减排的目的。我国经济发展对能源的依存度较高，因此应逐步调整资源税征收税率，在保证经济发展正常运行的前提下，有计划地进行能源价格调整。为降低经济运行成本，可借鉴发达国家的做法在征收环境税的同时进行税收返还。例如，我国政府在进行资源税改革时，对污染物排放进行有效控制的企业，可适当进行税收返还，提高其节能减排的积极性。

14.1.4 以完善节能减排政府补贴激励政策为有效保障

在生产环节，政府通过直接补贴的方式，降低企业运行成本，提高节能减排的积极性，有效推进节能减排；同时还可以对节能减排投资项目所需的专业设备实行特别租税制度，并给予一定的税收优惠、加速折旧及税前还贷等，这些做法能够起到降低投资风险、提高运行效率的作用。相比之下，直接进行节能减排补贴是最有效果的方法。通过直接补贴可以有效降低企业运行成本，提高其节能减排的积极性。同时，制定相关政策时，应以企业的节能减排效果，而不是企业的节能减排投资额为考核依据，这样可以更有效地衡量节能减排效果，将补偿作用提升为激励作用。

在消费环节，政府在补贴激励政策的设计中，考虑设计了激励政策，在消费者产生绿色消费行为时会给予一定的购买激励，以此提高消费者对清洁产品的需求，从而进一步扩大节能产品市场；同时应加强对清洁节能产品宣传教育的普及工作，培养绿色消费意识。通过税费减免、以旧换新等政策，给予购买清洁节能产品的消费者一定的优惠。

14.1.5 以建立绿色信贷金融体系为重要依托

完善的金融体系是现代经济得以健康稳定运行的关键支撑。在市场经济运行机制下，任何产业的发展都无法离开经济资源的支持，而作为掌握大量资金的金融业，其对推动环保产业发展具有举足轻重的作用。由于缺乏环境保护意识和有效的政策支持，我国的金融机构在节能减排领域尚未发挥应有的作用。

在绿色信贷体系的建设方面我国银行已远远落后于国际先进银行。当前我国的绿色信贷体系还存在机制体制尚不健全、环境风险审查体系缺失、有关节能减排企业关键数据信息不可得及环保相关的金融业务创新不足等问题。因此，需要从战略高度构建绿色信贷体系。

第一，建立政策性金融组织。充分利用其政策性金融优势，加大对环境保护、资源节约等问题相关的基础设施的建设融资力度，同时扩大对节能环保领域的高科技企业的融资服务与投资服务。近几年，我国的金融体系不断深化，日趋完善。商业银行已成为经济发展的金融主体，因此，对商业银行的主渠道效果要充分利用，商业银行必然是我国发展绿色金融的"生力军"。另外，多方面引进投资主体，创建新型绿色金融机构，将绿色产业做大做强。

第二，建立健全信贷决策机制。按照国家产业准入和节能环保的要求，提高信贷准入门槛，提高信贷项目的环评标准，坚决将"两高一资"和节能减排不达标的企业拒之门外。对于国家大力扶持的绿色产业信贷需求，在符合贷款条件的前提下，则给予资金价格上的优惠支持。同时，评估所投项目的投资风险与环境风险，预测出对环境的潜在威胁大或者已经明确环境的未来破坏程度大的项目也应果断放弃。

第三，建立绿色信贷监督约束机制。构建动态环境风险监控体系，各类银行必须通过信息披露、实地调研等方式对贷款环境及相关风险进行动态监控，以有效降低贷款风险。创新银行报表制度，建立报表约束管理方案。对各企业按照污染程度、环境风险预测水平、企业风险对银行信贷造成损失的危险系数等危机评估标准进行概括计算，根据计算结果来建立信贷资产的风险指标体系、计算权重，完善银行非现场监管报表系统，尽可能使监管报表如实表达信贷资产面临的风险。

14.1.6 以积极调整外资引进结构为合理渠道

改革开放30多年来，我国政府鼓励引入外资，经济获得了快速发展。以往的外资引进是不加选择、全盘接受的，在政府绩效目标的利益驱动下，必然将高污染、高能耗的产业引进国内；然而，随着我国政府对环境管制的力度不断加大，引进外资的来源结构不断优化。在引进外资的同时，更加注重技术引进、消化吸收和二次创新的过程，从而有效实现FDI对技术进步的溢出效应，促进节能减排的实现。

在进行引资结构调整时，应当做到合理分类、政策引导。一方面要严格控制引进外资流入"三高"产业，将产业依据其能耗和污染程度进行详细划分，坚决抵制西方发达国家将高污染、高能耗的产业链条向我国转移；另一方面，对于通信、电子等低碳产业要积极引进外资，引进外资的重点在技术密集型产业，同时，提升我国低碳产业的研发能力，积极与欧盟等国家开展技术合作，从而更有效地利用外资。世界能源将向着清洁化、智能化转型。美国预计到2030年，会有超过三分之一的化石能源被生物燃料取代，风力发电量的比重也将达到能源总量的20%；日本与欧盟预计到2050年，新能源的利用比重将超过50%。由此可见，世界各国都将不断开发利用新能源，提高能源利用率，取代一次能源。因此，我国也应加快新能源的开发和利用速度，并调整能源消费结构，广泛利用风能、太阳能等可再生能源，使其由补充能源发展成为主导能源。

欧盟作为世界发达国家的最大经济联合体，率先开展低碳技术的研发工作，并在新能源和可再生能源利用方面取得了巨大成功。在新能源领域的能源合作方面，我国借鉴德国和丹麦等当今世界风电利用较为成熟的国家的成功模式，吸收较成熟案例的经验，积极开展与美国、法国、日本等国家的能源合作项目。我国是最大的发展中国家，在应对能源危机、环境恶化等严峻挑战时，应积极与欧美国家进行国际合作，互利共赢、协调发展。美国与欧盟对我国FDI具有举足轻重的作用，目前，我国在节能环保、生态建筑、交通节能灯领域的FDI尚未形成规模。因此，广泛开展低碳环保和能源利用方面的交流与合作，引入竞争机制，发挥比较优势，对于推动节能减排和可持续发展意义重大。

14.2 加强节能减排技术的创新和系统应用

节能减排技术的创新和系统应用是在低碳约束下实现节能减排的重要手段。促进国内科技水平的提高，主要通过自主创新和技术引进两种方式。当前国外对低碳技术的管制非常严格，因此，只有加强自主创新，才能使我国企业从加工制造环节提升到国际低碳产业的价值链上游位置，实现产业和技术的有效结合。

14.2.1 加大科技扶持力度提升技术创新空间

当前我国政府主要采用补贴政策对低碳产业及相关技术给予扶持。在加快部署战略性新兴产业的战略决策下，我国政府出台了一系列补贴政策，如表14.2所示。

表 14.2　我国政府实施的节能减排补贴政策内容

序号	相关机构	补贴内容
1	财政部	对 13 个城市使用节能与新能源汽车提供补贴
2	财政部、国家发展和改革委员会	实施"节能产品惠民工程"，向购买节能产品的消费者提供每台 300~850 元的补贴
3	住房和城乡建设部、财政部	共同启动和实施 10 个以上公共建筑节能改造重点城市，中央财政将对公共建筑节能改造给予 20 元/米^2 的补贴
4	国家能源局、财政部和农业部	对 100 个绿色能源示范县投入 46 亿元的财政补贴

国家大力实施补贴政策，对节能减排起到了直接的推动作用，补贴政策的直接受益者是地区和产业，无法对科研机构和企业研发部门给予直接激励。科技研发不仅需要必要的时间投入和资金投入，而且研发往往具有一定的风险，不确定性较强。这就导致一些地区为了快速发展低碳节能产业，倾向于将资金主要用于设备和技术的引进，这就造成了对关键技术研发的投入不足。为增强自主创新能力，政府实施的低碳节能扶持政策应从产业转移到技术研发领域，加大对关键技术自主创新和升级换代的补贴力度，在我国科技研发经费投入有限的情况下，通过各项补贴的实施，有效激发科研机构和企业的技术创新原动力，避免出现重技术引进、忽略技术研发而造成的"技术空心化"现象。

14.2.2 加强产学研联合提高低碳节能技术的系统性

要让节能减排的先进技术走出实验室，真正转化为实实在在的项目，就需要将产学研有机结合。在节能减排技术领域，目前大多数科技成果的转化率不高。究其原因有多方面，最主要的是产学研合作技术创新模式落后，制约了技术创新成果的及时转化。因此,在产学研合作技术创新活动的过程中,应广泛开展联合开发。将高校和科研机构的科研积极性充分调动起来,使之服务于企业技术创新需求,同时促进联合开发、委托开发和咨询服务等方式的综合运用,将产学研合作的重心由基于科技成果的合作转向注重技术创新能力的合作。节能减排技术是一项实践性强、工程要求高的技术。因此,对企业来说,在引进高科技成果的同时,要及时消化吸收,并在此基础上进行自主创新。要注重低碳节能技术综合支持体系的建立,为节能减排技术的有效应用起到良好的支撑作用。

14.3　完善碳税和碳市场化模式

目前我国节能减排的长效机制尚未形成,节能减排的政策体系处于调整阶段。在实现节能减排的过程中,还出现为了保证单位GDP能耗降低20%目标的实现而"拉闸限电"的激进方式。国际经验表明,欧盟通过采取碳税和碳市场化等手段使碳排放总量总体呈下降态势。

14.3.1　碳税

碳税最早在欧洲国家征收,20世纪80~90年代欧洲国家政府面临巨大的社会支出负担,因此大部分国家开始征收环境税,并进行了一系列的绿色税收改革,将税收负担向能源和环境污染方向转移,也就是使税收从"好的方面"(劳动力)向"坏的方面"(环境污染)倾斜。碳税最先在瑞典、挪威等北欧国家实施,于1992年由欧盟推广。研究发现碳税征收对温室气体减排的有一定作用。2005年开始,欧盟的碳税市场活动正式开始,到2012年,根据其实践效果可分为两个阶段:2005~2007年为第一阶段,这一阶段的碳税市场并没有起到很大的作用,实施的效果不好;2008~2012年为第二阶段,这一时期节能减排所取得的成果目前还在深入观测与评估中。欧盟对碳税市场进行的一系列调整与改革所产生的影响及绩效,世界各组织或学者对其众说纷纭。但是值得关注的是,尽管对其做法的评判褒贬不一,但是从20世纪90年代开始,欧盟的温室气体排放总量呈下降趋势。

14.3.2　市场化政策的目标分析

节能减排是一项复杂而长期的工程,应当在能源领域垄断行业、资源产品价格等方面进行深层次的改革,不能仅单纯地调控碳或能源总量与强度,以"倒逼"手法来完成节能减排目标,这样治标不治本,短期内可以达到一定效果,但无法从根本上解决能源利用和碳排放问题。

根据对实现节能减排的方法与手段的研究,本书总结得出,实现节能减排目标,主要有以下三种路径:第一,替代路径,即开发可再生能源替代化石燃料。

第二，减削路径，即减少一次能源的使用，减少高耗能、排量大的产业规模。第三，效率路径，即提高能源效率，降低能源消费总量。在以上三种节能减排路径中，第三种路径无论是从实施的难易程度或是实施的经济成本来看都是最有效的路径。除此之外，根据国际能源署对节能减排潜力的统计结果可知，能源效率的提高比电力脱碳对节能减排的贡献要大，其已然成为减少碳排放的首要方法，也是短期内实现减排的重要手段。目前我国的能源效率及单位GDP能耗都与世界先进国家差距很大，据统计到2009年底，我国包括石油、建材、化工、煤炭等一共9个行业的17项产品中，能源消耗量的平均水平均比国际平均水平高18%~27%。同时，与发达国家同水平相比，我国取暖单位面积能源消耗超出2~3倍。此外，不可再生能源在我国能源结构中仍占较大比重，因此实现我国经济发展方式转变和应对气候变化的重要途径是提高能源效率。

我国经济发展的现状决定我国的碳排放总量和人均排放量仍将持续保持攀升态势。因此，在能源消费到达峰值前，现阶段能源消费将处在持续上升的阶段。同时，针对2020年单位GDP碳强度降低40%~45%的减排目标，国内学者仍存在较大争议。减排目标的分歧表明减排目标的完成面临较大的不确定性。同时，应加强对碳排放源的监督监测力度，将问题控制在源头，建立完善的监测体系，为市场化环境分析提供有效的数据支持。

14.3.3　市场化政策的可行性分析

能源作为市场化政策作用的主要影响因素，其市场化程度的高低直接影响市场机制作用的发挥。我国能源市场化政策的实施存在以下几方面的障碍。

首先，能源行业市场化程度低，重点减排行业市场化程度低。碳市场与能源市场的关系密切，二者互相作用。我国的能源市场化程度较低，以天然气、石油等为主要原料的产品正在实施市场化改革，还处于较低端的发展阶段，目前市场化程度发展较高的只有煤炭产业；而作为排放大户的电力产业，由于一直以来都处在垄断阶段，导致企业无法成为市场主体，经济手段并没有起到明显作用，市场化程度几乎为零。因此，解决电价管制问题的关键是理顺电、煤等碳源资源的价格。通过建立碳市场，运用市场手段，实现碳源资源的合理配置，实现碳市场与能源市场二者协调发展。另外，认证认可市场处于初级阶段，过度依赖行政手段。国际上普遍流行的是由独立的第三方出具认证资格证明，这样的做法能够保证碳市场的相对独立，使其不受政府的影响。然而，我国的国情决定了市场的管理者是政府，对权威机构给予的认证评价，政府仅仅是参考，其并不能起决定作用。综上所述，鉴于上述政策实施过程中的困难，我国政府应谨慎推出碳税政策。在发达国家中，目前只有北欧少数国家采用了碳税。同时，节能减排是经济社会多因素综合权衡的结果。

14.4 构建低碳城市倡导绿色消费模式

低碳经济下的节能减排是一项系统性、长期性的复杂工程，需要社会各界力量的共同参与。随着低碳经济逐步纳入国家发展战略计划，以节能减排为基本特征的低碳社会的建立也逐渐进入公众的视野。要使全社会树立节能减排的发展理念，就要立足于创新、利益协同和可持续发展三个基本点，通过技术和制度创新，加强国际和区域合作，有针对性地解决可持续发展中的诸多问题，从而使利益相关者达到利益协同。

14.4.1 制定中长期目标达成共同愿景

要实现低碳经济下的节能减排，最根本的是要减少CO_2的排放。因此，在没有超越主权国家存在的现实情景中，要努力通过国家间的政治协商达成减排共识，并依据各国不同的国情制定减排目标，以实现共同愿景。目前，世界上的部分发达国家和发展中国家都确立了各自的中长期减排目标（表14.3）。

表 14.3 世界部分国家碳减排目标

序号	国家	碳减排目标
1	中国	承诺到 2020 年碳强度较 2005 年降低 40%~45%。其中，碳强度指单位 GDP 的二氧化碳排放量
2	美国	计划到 2020 年碳减排目标为 18%，并通过《清洁能源和安全法案》，确保其实施
3	英国	承诺了有法律效力的减排目标：2020 年减排目标为 35%，到 2050 年减排量要达到 80%。并且实现这些目标的方法与手段都出现在《低碳经济发展规划与能源政策声明》中
4	日本	承诺到 2050 年减排 15%
5	印度尼西亚	承诺自愿使用国家预算到 2020 年减排 26%
6	韩国	无条件承诺到 2012 年较 2005 年减排 4%
7	巴西	到 2020 年自主减排 40%，到 2020 年将森林非法砍伐面积减少 80%
8	印度	在 2008 年颁布实施气候变化应对行动计划，并且计划到 2020 年国家可再生能源占总能源的比重提高到 15%
9	挪威	第一个做出承诺减排的国家，减排目标为 40%，并承诺到 2030 年之前成为"碳中立国"
10	俄罗斯	承诺到 2020 年较 1990 年减排 20%~25%

14.4.2 提高城市空间利用率降低城市建筑能耗

我国现阶段处于城市化和工业化快速发展的时期，在未来的一段时间内，必然会有大量农田转变为城市用地。在城市建设过程中，大量的能源消耗和污染物排放是不可避免的，因此，城市建设的节能减排任务巨大。通过进行科学的城市规划,将生态建设和经济建设统筹考虑,避免人口集聚造成环境承载压力。同时,通过科技手段和资金投入,将城市化过程中产生的污染降到较低水平。改变"摊大饼"式城市发展模式,提高城市空间利用效率,建设绿色城市。

大中城市在推进节能减排方面具有积极的作用,尽管近年来国家加快城市化建设的进程,但由于我国当前农村人口规模较大,因此城市化仍处于较低水平。经验表明,大中城市的建设发展更有利于城市的节能减排。大城市在节能减排方面具有集聚优势及选择优势。集聚优势主要表现为当大城市人口达到一定的集聚程度,能够通过产业分工和专业化有效提升生产效率,而生产效率的提高必然促进节能减排的实现。选择优势主要表现为城市化过程中,城市居民的平均收入与城市的规模呈正相关;城市人口越多,意味着劳动力市场竞争越激烈,而劳动力更容易在较大规模的城市中获得就业机会,并享受较好的教育资源,因此。相对于中小城市而言,大中型城市更有利于促进人力资本水平提高、技术水平的提升和能源利用效率的提高,从而促进节能减排的实现。

我国城市空间结构现状是城市内部人口密度低于最优水平,人口分布过于分散,导致城市空间利用效率降低,目前想要改变这种现象,较为有效的办法就是通过合理布局城市空间、提高人口密度,只有这样才能改进城市生产效率,进而实现城市节能减排。当前我国城市住房资源分配不均衡,高收入居民普遍倾向大户型住房,因而导致我国城市居住密度偏低。过低的居住密度不仅造成城市空间布局不合理,同时还会降低空间利用效率,不利于节能减排。实践证明,我国城市空间结构中,城市密集度对节能减排具有显著作用。我国政府应运用合理的政策,引导消费者购房观念的转变,积极推广小户型住宅,同时限制开发商对大户型尤其是别墅的建设。通过提高城市居住容积率,并运用多种措施节约更多城市资源,实现城市绿色发展。

同时,对新建建筑物要严格执行国家节能标准,已建成的且有较大使用价值的建筑物,如果具备进行节能改造的条件,政府应采取税收改革与优惠、政府补贴和贷款等经济措施,调动企业和个人实施节能改造的积极性。

14.4.3 公民转变行为模式践行可持续的生活方式

在全社会范围内倡导节能减排,公民消费环节是其重要部分。低碳生活方式是人类社会发展的必然趋势,是走向低碳社会的必然选择。其目标在于关注环境和人类活动的协调发展,在维护个人基本生活需要的同时实现可持续发展。人类已经认识到环境质量也是生活质量的重要组成部分,环境恶化必然导致人类生活质量的下降。目前,发达国家中,20%的世界人口消耗50%的全球资源,而世界上有13亿人每天的生活费用还不到1美元,有至少10亿人没有安全的饮用水。按照

"共同但有区别"的原则，发达国家要对其造成的全球环境问题负主要责任。我国的水资源、煤炭资源、石油资源等都处于总量较大但人均水平较低的状态。因此，应该提倡生活领域的节能减排，推行绿色生活方式。从身边小事做起，减少高碳产品的使用，践行可持续消费模式，建设节能社会、绿色社会。

参 考 文 献

[1] 邢继俊，赵刚. 中国要大力发展低碳经济[J]. 中国科技论坛，2007，（10）：87-92.

[2] 李友华，王虹. 中国低碳经济发展对策研究[J]. 哈尔滨商业大学学报（社会科学版），2009，（6）：3-6.

[3] Dagoumas A S, Barker T S. Pathways to a low-carbon economy for the UK with the macro-econometric E3MG model[J]. Energy Policy, 2010, 38（6）：3067-3077.

[4] 付允，马永欢，刘怡君，等. 低碳经济的发展模式研究[J]. 中国人口·资源与环境，2008，18（3）：14-19.

[5] 方时姣. 绿色经济视野下的低碳经济发展新论[J]. 中国人口·资源与环境，2010，20（4）：8-11.

[6] Wang C, Chen J N, Zou J. Decomposition of energy-related CO_2 emission in China：1957—2000[J]. Energy，2005，30：73-83.

[7] Puliafito S E, Puliafito J L, Grand M C. Modeling population dynamics and economic growth as competing species：an application to CO_2 global emissions[J]. Ecological Economics，2008，65（3）：602-615.

[8] Dalton M, O'Neill B, Prskawetz A, et al. Population aging and future carbon emissions in the United States[J]. Energy Economics，2008，30（2）：642-675.

[9] Ramanathan R. A multi-factor efficiency perspective to the relationships among world GDP, energy consumption and carbon dioxide emissions[J]. Technological Forecasting & Social Change，2006，73（5）：483-494.

[10] Reid W V, Goldemberg J. Developing countries are combating climate change：actions in developing countries that slow growth in carbon emissions[J]. Energy Policy，1998，3（26）：233-237.

[11] Grossman G M, Krueger A B. Economic growth and the environment[J]. Quarterly Journal of Economics，1995，110（2）：353-373.

[12] Selden T M, Song D Q. Environmental quality and development: is there a Kuznets curve for air pollution emission[J]. Journal of Environmental Economics and Management, 1994, 27（2）: 147-162.

[13] 王锋, 冯根福. 中国经济低碳发展的影响因素及其对碳减排的作用[J]. 中国经济问题, 2011,（3）: 62-69.

[14] 王卉彤, 王妙平. 中国 30 省区碳排放时空格局及其影响因素的灰色关联分析[J]. 中国人口·资源与环境, 2011,（7）: 140-145.

[15] 雷厉, 仲云云, 袁晓玲. 中国区域碳排放的因素分解模型及实证分析[J]. 当代经济科学, 2011,（5）: 59-65.

[16] 唐建荣, 张白羽, 浦徐进. 中国碳减排的技术路径及政策建议——基于经典估计贝叶斯平均（BACE）法的实证研究[J]. 当代财经, 2011,（11）: 30-38.

[17] 李鹤. 1995 年—2009 年东北地区工业部门 CO_2 排放演变及影响因素分析[J]. 资源科学, 2012, 34（2）: 309-315.

[18] 苏方林, 宋帮英, 侯晓博. 广西碳排放量与影响因素关系的 VAR 实证分析[J]. 西南民族大学学报（人文社会科学版）, 2010, 31（9）: 140-144.

[19] 李伟. 区域低碳经济差异性研究[J]. 统计与决策, 2012,（8）: 104-107.

[20] 张宏武, 尹嘉慧. 我国低碳技术影响因素的实证分析及对策研究[J]. 天津商业大学学报, 2013, 33（5）: 33-38.

[21] 董锋, 龙如银. 江苏区域低碳经济发展水平的测度与分析[J]. 软科学, 2012, 26(11): 85-89.

[22] 赵贺春, 刘丽娜. 我国低碳经济发展的影响因素及政策选择[J]. 中国集体经济, 2012,（1）: 27-28.

[23] 夏劲. 中国发展低碳经济的技术创新制约因素与对策研究[J]. 武汉理工大学学报（社会科学版）, 2012, 25（1）: 1-6.

[24] Jia J S, Fan Y, Guo X D. The low carbon development（LCD）levels' evaluation of the world's 47 countries（areas）by combining the FAHP with the TOPSIS method[J]. Expert Systems with Applications, 2012, 39（7）: 6628-6640.

[25] 崔和瑞, 武瑞梅. 基于三螺旋理论的低碳技术创新研究[J]. 中国管理科学, 2012,（S2）: 790-796.

[26] 贺胜兵, 钟丽, 周华蓉. 低碳经济评价指标体系构建及权重分析[J]. 长沙理工大学学报（社会科学版）, 2013, 28（2）: 89-95.

[27] 潘文砚, 王宗军. 低碳竞争力的国内外差距评价研究[J]. 情报杂志, 2013,（7）: 183-190.

[28] 付加锋, 郑林昌, 程晓凌. 低碳经济发展水平的国内差异与国际差距评价[J]. 资源科学, 2011, 33（4）: 664-674.

[29] 周彬, 金露, 张鹤, 等. 浙江省低碳经济发展潜力综合评价[J]. 宁波大学学报（人文科学版）, 2013,（3）: 68-72.

[30] 纪志荣，何东进，巫丽芸，等. 福州市低碳经济综合评价体系构建[J]. 北华大学学报（自然科学版），2013，14（3）：351-354.

[31] 陈跃，王文涛，范英. 区域低碳经济发展评价研究综述[J]. 中国人口·资源与环境，2013，23（4）：124-130.

[32] 鲍超，罗奎. 中国省会城市低碳发展水平的综合测度及分析[J]. 中国科学院大学学报，2013，30（4）：497-503.

[33] 王喜，秦耀辰，鲁丰先，等. 黄河中下游地区主要省份低碳经济发展水平的时空差异研究[J]. 地理科学进展，2013，32（4）：505-513.

[34] Zhou G H, Singh J, Wu J C, et al. Evaluating low-carbon city initiatives from the DPSIR framework perspective[J]. Habitat International, 2015, 50：289-299.

[35] Xin J G, Wu Y X. The quantitative evaluation method of low-carbon economy auditing[J]. Energy Procedia, 2011, 5：1014-1018.

[36] Wang B B, Sun Y F. Evaluation system and empinical research on the development of low carbon economy-taking Daqing as an example[J]. Energy Procedia, 2011, 5（9）：435-439.

[37] Perino M, Leimer H P. Low carbon economy in the cities of China-possibilities to estimate the potential os CO_2-emissions[J]. Energy Procedia, 2015, 78：2250-2255.

[38] Long Y G, Pan J Y. The study of the enterprise performance evaluation system in low-carbon economy[J]. Journal of Convergence Information Technology, 2013, 8（5）：1201-1208.

[39] 屈小娥，曹珂. 陕西省低碳经济发展水平评价研究[J]. 干旱区资源与环境，2013，27（2）：30-35.

[40] 苏美蓉，陈彬，陈晨，等. 中国低碳城市热思考：现状、问题及趋势[J]. 中国人口·资源与环境，2012，22（3）：48-55.

[41] 卜华白. 面向低碳经济的中国铅锌工业发展研究[D]. 中南大学博士学位论文，2011.

[42] 金小琴，杜受祜. 西部地区低碳竞争力评价[J]. 生态学报，2013，33（4）：1260-1267.

[43] Nakata T, Lamont A. Analysis of the impacts of carbon taxes on energy systems in Japan[J]. Energy Policy, 2001, 29（2）：159-166.

[44] Baranzini A, Goldemberg J, Speck S. A future for carbon taxes[J]. Ecological Economics, 2000, 32（3）：395-412.

[45] Cheng F L, Lin S J, Lewis C, et al. Effects of carbon taxes on different industries by fuzzy goal programming：a case study of the petrochemical-related industries, Taiwan[J]. Energy Policy, 2007, 35（8）：4051-4058.

[46] 彭博. 英国低碳经济发展经验及其对我国的启示[J]. 经济研究参考，2013，（44）：70-76.

[47] 门丹. 美国低碳经济政策转向研究：原因、定位及经济绩效[D]. 辽宁大学博士学位论文，2013.

[48] 包红梅. 低碳经济模式下的技术创新对策研究[J]. 科学管理研究，2013，31（4）：37-40.

[49] 刘朝，赵涛. 2020 年中国低碳经济发展前景研究[J]. 中国人口·资源与环境，2011，21（7）：73-79.

[50] 范德成，王韶华，张伟. 低碳经济目标下一次能源消费结构影响因素分析[J]. 资源科学，2012，34（4）：696-703.

[51] 王占刚，师华定，付加锋. 低碳经济模型管理与应用系统开发[J]. 资源科学，2011，33（4）：659-663.

[52] 肖海平. 区域产业结构低碳转型研究[D]. 华东师范大学博士学位论文，2012.

[53] 李少凤，李广培，朱素珍. 价值分析视角下低碳经济与技术创新的辩证关系研究[J]. 管理学家（学术版），2012，（1）：3-12.

[54] 张英. 区域低碳经济发展模式研究[D]. 山东师范大学博士学位论文，2012.

[55] 李晓燕. 基于模糊层次分析法的省区低碳经济评价探索[J]. 华东经济管理，2010，24（2）：24-28.

[56] 毕鹏，傅迪. 黑龙江省低碳经济发展路径选择研究[J]. 商业经济，2013，（5）：15-16.

[57] 陈建琼. 苏州低碳经济发展路径研究[J]. 合作经济与科技，2012，（24）：10-11.

[58] 杨园华，李力，牛国华，等. 我国企业低碳技术创新中的锁定效应及实证研究[J]. 科技管理研究，2012，32（16）：1-4.

[59] 孙毅，景普秋. 资源型区域绿色转型模式及其路径研究[J]. 中国软科学，2012，（12）：152-161.

[60] 王立平，许蕊. 低碳经济背景下汽车产业发展模式研究——以安徽省为例[J]. 中国科技论坛，2012，（5）：53-56.

[61] 赖小东，施骞. 建筑产业低碳技术创新管理文献评述与展望[J]. 软科学，2012，26（11）：90-93.

[62] 谢园方. 旅游业碳排放测度与碳减排机制研究[D]. 南京师范大学博士学位论文，2012.

[63] Bosseboeuf D, Chateau B, Lapillonne B. Cross-country comparison on energy efficiency indicators: the on-going European effort towards a common methodology[J]. Energy Policy, 1997, 25（7~9）：673-682.

[64] Dyckhoff H, Allen K. Measuring ecological efficiency with data envelopment analysis（DEA）[J]. European Journal of Perational Research, 2001, （132）：312-325.

[65] van Berkel R. Cleaner production and eco-efficiency initiatives in Western Australia 1996-2004[J]. Journal of Cleaner Production, 2007, 15（8~9）：741-755.

[66] Price L, Levine M D, Zhou N, et al. Assessment of China's energy-saving and emission-reduetion accomplishments and opportunities during the 11th Five Year Plan[J]. Energy Poliey, 2011, 39（4）：2165-2178.

[67] 郭英玲，刘红旗，郭瑞峰. 面向节能减排的简式生命周期评价方法[J]. 环境科学，2009，（3）：8-10.

[68] 朱启贵. 能源流核算与节能减排统计指标体系[J]. 上海交通大学学报（哲学社会科学版），2010，18（6）：28-34.

[69] 魏楚，杜立民，沈满洪. 中国能否实现节能减排目标：基于 DEA 方法的评价与模拟[J]. 世界经济，2010，（3）：141-160.

[70] 杨华峰，姜维军. 企业节能减排效果综合评价指标体系研究[J]. 工业技术经济，2008，27（10）：55-58.

[71] 沈骋，邓明然，褚义景. 面向资源和环境的企业节能减排评价体系研究[J]. 武汉理工大学学报，2010，（4）：49-52.

[72] 岳睿. 我国城市交通节能减排政策研究[J]. 交通节能与环保，2009，（3）：13-16.

[73] 蔡凌曦，范莉莉，鲜阳红. 基于内容分析法的城市节能减排政策的分类研究[J]. 生态经济，2013，（12）：49-53.

[74] 李宁，刘铭，杨印生. 生态文明视角下山东省工业节能减排绩效评价[J]. 生态经济，2015，31（5）：62-65.

[75] Wen Z G，Chen M，Meng F. Evaluation of energy saving potential in China's cement industry using the Asian-Pacific integrated model and the technology promotion policy analysis[J]. Energy Policy，2015，77：227-237.

[76] 王世进. 企业节能减排绩效评价体系构建与实证研究——以煤炭上市企业为例[J]. 经济问题探索，2013，（4）：80-85.

[77] 徐光华，赵雯蔚，黄亚楠. 基于 DEA 的企业减排投入与产出绩效评价研究[J]. 审计与经济研究，2014，29（1）：103-110.

[78] Geller H，Schaeffer R，Szkli A，et al. 巴西提高能源效率和扩大可再生能源利用的政策[J]. 国土资源情报，2004，（11）：35-40.

[79] Worrell E，Price L. Policy scenarios for energy efficiency improvement industry[J]. Energy Policy，2001，29（14）：1223-1241.

[80] Smale R，Hartley M，Hepburn C，et al. The impact of CO_2 emissions trading on firm profits and market prices[J]. Climate Policy，2006，6（1）：31-48.

[81] Kraft J，Kraft A. On the relationship between energy and GNP[J]. Journal of Energy Development，1978，（3）：401-403.

[82] 张通. 英国政府推行节能减排的主要特点及对我国的启示[J]. 经济研究参考，2008，12（7）：2-8.

[83] 张炜，樊瑛. 德国节能减排的经验及启示[J]. 国际经济合作，2008，（3）：64-68.

[84] 肖志明，张华荣. 基于低碳经济发展视阈的产业节能减排自愿协议——以日本经验为例[J]. 亚太经济，2011，（1）：86-91.

[85] 曲建升，曾静静，张志强. 国际主要温室气体排放数据集比较分析研究[J]. 地球科学进展，2008，23（1）：47-54.

[86] 郑兴有, 陆浩然, 王鹏. 低碳背景下节能减排对分行业就业影响的差异——基于我国东中西三大区域的面板数据分析[J]. 生态经济, 2012, （10）: 66-71.

[87] 于鹏飞, 李悦, 郗敏, 等. 基于 DEA 模型的国内各地区节能减排效率研究[J]. 环境科学与管理, 2010, 35（4）: 13-16.

[88] 陈诗一. 节能减排与中国工业的双赢发展: 2009—2049[J]. 经济研究, 2010, （3）: 129-143.

[89] 刘小敏, 付加锋. 基于 CGE 模型的 2020 年中国碳排放强度目标分析[J]. 资源科学, 2011, 33（4）: 634-639.

[90] 安体富, 蒋震. 促进节能减排的税收政策: 理论、问题与政策建议[J]. 学习与实践, 2008, （10）: 11-20.

[91] 张磊, 蒋义. 促进节能减排的税收政策研究[J]. 中央财经大学学报, 2008, （8）: 6-11.

[92] 王琳, 肖序, 许家林. "政府–企业"节能减排互动机制研究[J]. 中国人口·资源与环境, 2011, 21（6）: 102-109.

[93] 代应, 宋寒, 蒲勇健. 低碳经济下企业节能减排技术改造进化博弈分析[J]. 工业技术经济, 2013, （3）: 137-141.

[94] 曹春辉, 席酉民, 曹瑄玮. 企业节能减排的动因探析与策略选择[J]. 管理评论, 2013, 25（7）: 3-10.

[95] 申亮. 实施节能减排的地方政府行为研究[J]. 经济评论, 2011, （2）: 66-74.

[96] 袁开福. 我国节能减排困境、成因及应对策略分析[J]. 生产力研究, 2009, （6）: 99-101.

[97] 郭俊华, 陈铭萱. 我国节能减排政策执行阻滞及其消解对策研究——基于博弈论视角的分析[J]. 太平洋学报, 2011, 19（11）: 65-74.

[98] 王林, 杨新秀. 道路运输企业节能减排评价指标体系的构建[J]. 武汉理工大学学报, 2009, 31（4）: 654-657.

[99] 孙萍, 吕海涛. 低碳经济背景下电信企业节能减排的效益分析与途径探索[J]. 环境保护与循环经济, 2012, （5）: 69-72.

[100] 徐通. 低碳经济背景下煤炭行业节能减排方法创新问题探讨[J]. 煤炭经济研究, 2012, 32（6）: 45-46, 50.

[101] 李士琦, 吴龙, 纪志军, 等. 中国钢铁工业节能减排现状及对策[J]. 钢铁研究, 2011, 39（3）: 1-4, 8.

[102] 张世杰, 何北海, 赵丽红. 低碳经济发展中的造纸产业节能减排研究初探[J]. 造纸科学与技术, 2013, 29（6）: 19-23.

[103] 张雷, 徐静珍. 水泥行业节能减排综合测评指标体系的构建[J]. 河北理工大学学报（自然科学版）, 2010, 32（2）: 105-108.

[104] 狄洋宏, 孙超, 马彤兵. 低碳经济环境下辽宁农村能源节能减排研究[J]. 农业经济, 2013, （4）: 45-46.

[105] 许凯, 张刚刚. 面向行业的节能减排评价体系研究[J]. 武汉理工大学学报, 2010, 32（4）: 113-116.

[106] Templet P H. The energy transition in international economic systems an empirical analysis of change during development[J]. International Journal of Sustainable Development and World Ecology, 1996, 3（1）: 13-30.

[107] Sari R, Soytas U. The growth of income and energy-consumption in six developing countries[J]. Energy Poliey, 2007, 35（2）: 889-898.

[108] Hepbasli A, Ozalp N. Development of energy efficieny and management implementation in the Turkish industrial sector[J]. Energy Conversion and Management, 2003, 44（2）: 231-249.

[109] Fisher-Vanden K, Jefferson G H, Jingkw M X, et al. Technology development and energy productivity in China[J]. Energy Economics, 2006, 28（5~6）: 690-705.

[110] Ayong L K, Alain D. Sustainable growth, renewable resources and pollution[J]. Journal of Economic Dynamics & Control, 2001, 25（12）: 1911-1918.

[111] 李涛. 资源约束下中国碳减排与经济增长的双赢绩效研究——基于非径向 DEA 方法 RAM 模型的测度[J]. 经济学（季刊）, 2013, 12（2）: 667-692.

[112] 孙宁. 依靠技术进步实行制造业碳减排——基于制造业 30 个分行业碳排放的分解分析[J]. 中国科技论坛, 2011,（4）: 44-48.

[113] 何彬. 国有经济比重、区域经济增长与碳排放——基于动态门限库兹涅茨曲线的分析[J]. 江汉论坛, 2013,（7）: 84-88.

[114] 赵红, 陈雨蒙. 我国城市化进程与减少碳排放的关系研究[J]. 中国软科学, 2013,（3）: 184-192.

[115] 原毅军, 王雪. 产业结构调整不同目标对降低二氧化碳排放量效果研究——基于 GTAP-E 模型[J]. 工业技术经济, 2013,（5）: 113-122.

[116] 刘亦文, 胡宗义, 戴钰. 中国碳排放变化的因素分解与减排路径研究[J]. 经济数学, 2013, 30（3）: 51-56.

[117] 李静. 能源与环境双重约束下的中国经济增长效率——基于非期望产出模型的分析[J]. 科技管理研究, 2013, 33（5）: 209-214.

[118] 刘瑞, 王文文, 刘笑, 等. 二氧化碳排放与经济增长脱钩关系研究[J]. 环境科学与技术, 2013,（11）: 199-204.

[119] 杨晓军, 陈浩. 中国城镇化对二氧化碳排放的影响效应: 基于省级面板数据的经验分析[J]. 中国地质大学学报（社会科学版）, 2013, 13（1）: 32-37.

[120] 冯烽, 叶阿忠. 中国的碳排放与经济增长满足 EKC 假说吗?——基于半参数面板数据模型的检验[J]. 预测, 2013, 32（3）: 8-12.

[121] 陈真玲, 王光辉, 牛文元. 能源和环境约束下的经济增长模型与实证分析[J]. 数学的实践与认识, 2013, 43（18）: 46-53.

[122] 贾立江, 范德成, 武艳君. 低碳经济背景下我国产业结构调整研究[J]. 经济问题探索, 2013, （2）: 87-92.

[123] 庄贵阳. 节能减排与中国经济的低碳发展[J]. 气候变化研究进展, 2008, 4（5）: 303-308.

[124] 李莉. 上海市能源 CO_2 排放及节能减排的减碳效果分析[J]. 环境科学与技术, 2011, 34（4）: 129-134.

[125] 张冀强, 王毅. 非核电替代方案: 我国能源结构的战略性调整[J]. 战略与管理, 1998, （4）: 91-97.

[126] 陈淮. 我国能源结构的战略调整与国际化对策[J]. 中国工业经济, 2000, （7）: 29-34.

[127] 周德群. 中国能源的未来: 结构优化与多样化战略[J]. 中国矿业大学学报（社会科学版）, 2001, 3（1）: 86-95.

[128] 陈计旺, 程素娟, 宋晓红. 西部能源开发与我国能源结构调整[J]. 山西师范大学学报（自然科学版）, 2003, 17（2）: 85-89.

[129] 刘戒骄. 从战略视角把握中国的能源结构调整[J]. 中国能源, 2003, 25（6）: 17-23.

[130] 冯本超, 聂锐, 杨维祥. 中国东部能源结构的分析与调整[J]. 中国矿业大学学报, 2004, 33（3）: 347-351.

[131] 郭纹廷. 从结构角度透析我国能源瓶颈问题[J]. 太原理工大学学报（社会科学版）, 2005, 23（2）: 63-65.

[132] 牛冲槐, 晁坤, 樊燕萍. 我国能源安全性分析（一）——能源结构安全性分析与对策[J]. 太原理工大学学报（社会科学版）, 2005, 23（3）: 28-32.

[133] 王顺庆. 我国能源结构的不合理性及对策研究[J]. 生态经济, 2006, （11）: 63-65.

[134] 班瑞凤, 魏晓平. 中国能源结构及利用问题研究[J]. 徐州工程学院学报（社会科学版）, 2008, 23（5）: 24-27.

[135] 张珍花, 王鹏. 中国一次能源结构对能源效率的影响[J]. 统计与决策, 2008, （22）: 82-83.

[136] 宋春梅. 中国能源需求预测与能源结构研究[J]. 学术交流, 2009, （5）: 56-61.

[137] 林琳. 基于低碳经济视角的中国能源结构分析[J]. 开放导报, 2010, （5）: 46-50.

[138] Bhide A, Rodriguez-Monroy C. Energy poverty: a special focus on energy poverty in India and renewable energy technologies[J]. Renewable & Sustainable Energy Reviews, 2011, 15（2）: 1037-1066.

[139] 宋家树. 21 世纪能源结构与可持续发展问题[J]. 国际技术经济研究, 1998, 2（3）: 1-6.

[140] Gabriel S A, Kydes A S, Whitman P. The national energy modeling system: a large-scale energy-economic equilibrium model[J]. Operations Research, 2001, 49（1）: 14-25.

[141] Nakata T. Energy-economic models and the environment[J]. Progress in Energy and Combustion Science, 2004, 30（4）: 417-475.

[142] Jebaraj S, Iniyan S. A review of energy models[J]. Renewable and Sustainable Energy Reviews, 2006, 10（4）: 281-311.

[143] Hiremath R B, Shikha S, Ravindranath N H. Decentralized energy planning modeling and application—a review[J]. Renewable and Sustainable Energy Reviews, 2007, 11（5）: 729-752.

[144] 李嘉, 张宝生, 孙王敏. 能源结构动态分析模型研究[A]//第一届中国能源战略国际论坛论文集[C]. 2006: 376-385.

[145] 林伯强, 姚昕, 刘希颖. 节能和碳排放约束下的中国能源结构战略调整[J]. 中国社会科学, 2010, （1）: 58-71.

[146] 邱立新, 雷仲敏, 周田君. 中国能源结构优化的多目标决策[J]. 青岛科技大学学报（社会科学版）, 2006, 22（3）: 49-54.

[147] 王迪, 聂锐, 李强. 江苏省能耗结构优化及其节能与减排效应分析[J]. 中国人口·资源与环境, 2011, 21（3）: 48-53.

[148] 李虹, 董亮, 段红霞. 中国可再生能源发展综合评价与结构优化研究[J]. 资源科学, 2011, 33（3）: 431-440.

[149] Mar B W, Bakken O A. Applying classical control theory to energy-economics modeling—a tool to explain model behavior in response to varied policy decisions and changing inputs[J]. Management Science, 1981, 27（1）: 81-92.

[150] Symons E, Proops J, Gay R. Carbon taxes, consumer demand and carbon dioxide emissions: a simulation analysis for the UK[J]. Fiscal Studies, 1994, 15（2）: 19-43.

[151] Tol R S J. Carbon dioxide emission scenarios for the USA[J]. Energy Policy, 2007, 35（11）: 5310-5326.

[152] 赵柳榕, 田立新. 西部能源结构的 Logistic 模型及其预测[J]. 管理学报, 2008, 5（5）: 678-681.

[153] 林伯强, 蒋竺均. 中国二氧化碳的环境库兹涅茨曲线预测及影响因素分析[J]. 管理世界, 2009, （4）: 27-36.

[154] 孔锐, 储志君. 我国石油需求预测及经济危机下的应对建议[J]. 中国人口·资源与环境, 2010, 20（3）: 19-23.

[155] Lee H, 周大地, Jung Y, 等. 亚太国家温室气体排放清单及其缓解策略: 会议报告和工作组讨论纪要[J]. AMBIO, 1996, 25（4）: 220-227.

[156] Siddiqi T A. The Asian financial crisis—is it good for the global environment?[J]. Global Environmental Change, 2000, 10（1）: 1-7.

[157] Soytas U, Sari R, Ewing B T. Energy consumption, income, and carbon emissions in the United States [J]. Ecological Economics, 2007, 62（3~4）: 482-489.

[158] 张雷, 黄园淅. 中国产业结构节能潜力分析[J]. 中国软科学, 2008, （5）: 27-34.

[159] 刘燕华, 葛全胜, 何凡能, 等. 应对国际 CO_2 减排压力的途径及我国减排潜力分析[J]. 地理学报, 2008, 63（7）: 675-682.

[160] 聂锐，张涛，王迪. 基于 IPAT 模型的江苏省能源消费与碳排放情景研究[J]. 自然资源学报，2010，25（9）：1557-1564.

[161] Dagoumas A S, Barkera T S. Pathways to a low-carbon economy for the UK with the macro-econometric E3MG model[J]. Energy Policy，2010，38（6）：3067-3077.

[162] Sawangphol N, Pharino C. Status and outlook for Thailand's low carbon electricity development[J]. Renewable & Sustainable Energy Reviews，2011，15（1）：564-573.

[163] 张丽峰. 我国产业结构、能源结构和碳排放关系研究[J]. 干旱区资源与环境，2011，25（5）：1-7.

[164] 庄贵阳. 中国经济低碳发展的途径与潜力分析[J]. 国际技术经济研究，2005，8（3）：8-12.

[165] 薛进军. 低碳经济学[M]. 北京：社会科学文献出版社，2011.

[166] 金乐琴，刘瑞. 低碳经济与中国经济发展模式转型[J]. 经济问题探索，2009，（1）：84-87.

[167] 鲍健强，苗阳，陈锋. 低碳经济：人类经济发展方式的新变革[J]. 中国工业经济，2008，（4）：153-160.

[168] 李慧明，杨娜. 低碳经济及碳排放评价方法探究[J]. 学术交流，2010，（4）：85-88.

[169] 周宏春. 低碳经济与循环经济的异同考量[J]. 理论前沿，2009，（20）：17-19.

[170] 徐建民. 低碳经济与循环经济的思考[C]. 经济发展方式转变与自主创新——第十二届中国科学技术协会年会，中国福州，2010.

[171] Ehrlich P R, Holdren J P. Human population and the global environment[J]. American Scientist，1974，62（3）：282-292.

[172] Albrecht J, Francois D, Schoors K. A Shapley decomposition of carbon emissions without residuals[J]. Energy Policy，2002，30（9）：727-736.

[173] 徐国泉，刘则渊，姜照华. 中国碳排放的因素分解模型及实证分析：1995—2004[J]. 中国人口·资源与环境，2006，16（6）：158-161.

[174] Manan Z A, Shiun L J, Alwi S R W, et al. Energy efficiency award system in Malaysia for energy sustainability[J]. Renewable & Sustainable Energy Reviews，2010，14（8）：2279-2289.

[175] 林伯强. 中国能源需求的经济计量分析[J]. 统计研究，2001，（10）：34-39.

[176] Bhide A, Monroy C R. Energy poverty: a special focus on energy poverty in India and renewable energy technologies[J]. Renewable & Sustainable Energy Reviews，2011，15（2）：1057-1066.

[177] 张晓华，刘滨，张阿玲. 中国未来能源需求趋势分析[J]. 清华大学学报（自然科学版），2006，（6）：879-881.

[178] Shi G M, Bi J, Wang J N. Chinese regional industrial energy efficiency evaluation based on a DEA model of fixing non-energy inputs[J]. Energy Policy，2010，38（10）：6172-6179.

[179] Holtz-Eakin D, Seldena T M. Stoking the fires? CO_2 emissions and economic growth[J]. Journal of Public Economics，1995，57（1）：85-101.

[180] Galeotti M，Lanza A，Pauli F. Reassessing the environmental Kuznets curve for CO_2 emissions：a robustness exercise[J]. Ecological Economics，2006，57（1）：152-163.

[181] 宋涛，郑挺国，佟连军. 基于 Weibull 函数和 Gamma 函数的环境污染与经济增长的关系[J]. 地理研究，2007，26（3）：569-576.

[182] 李国志，李宗植. 二氧化碳排放与经济增长关系的 EKC 检验[J]. 产经评论，2011，（6）：139-151.

[183] Wagner M. The carbon Kuznets curve：a cloudy picture emitted by bad econometrics? [J]. Resource and Energy Economics，2008，30（3）：388-408.

[184] Friedl B，Getzner M. Determinants of CO_2 emissions in a small open economy[J]. Ecological Economics，2003，45（1）：133-148.

[185] Martínez-Zarzoso I，Bengochea-Morancho A. Pooled mean group estimation of an environmental Kuznets curve for CO_2[J]. Economics Letters，2004，82（1）：121-126.

[186] 杜婷婷，毛锋，罗锐. 中国经济增长与 CO_2 排放演化探析[J]. 中国人口·资源与环境，2007，17（2）：94-99.

[187] Lantz V，Feng Q. Assessing income，population，and technology impacts on CO_2 emissions in Canada：Where's the EKC?[J]. Ecological Economics，2006，57（2）：229-238.

[188] 王良举，王永培，李逢春. 环境库兹涅茨曲线存在吗？——来自 CO_2 排放量的国际数据验证[J]. 软科学，2011，25（8）：35-39.

[189] Knapp T，Mookerjee R. Population growth and global CO_2 emissions[J]. Energy Policy，1996，24（1）：31-37.

[190] 徐玉高，郭元. 经济发展，碳排放和经济演化[J]. 环境科学进展，1999，7（2）：54-64.

[191] Shi A. The impact of population pressure on global carbon dioxide emissions，1975-1996：evidence from pooled cross-country data[J]. Ecological Economics，2003，44（1）：29-42.

[192] 郭菊娥，柴建，吕振东. 我国能源消费需求影响因素及其影响机理分析[J]. 管理学报，2008，（5）：651-654.

[193] 郭菊娥，柴建，席西民. 一次能源消费结构变化对我国单位 GDP 能耗影响效应研究[J]. 中国人口·资源与环境，2008，18（4）：38-43.

[194] 王可强. 基于低碳经济的产业结构优化研究[D]. 吉林大学博士学位论文，2012.

[195] 张友国，郑玉歆. 碳强度约束的宏观效应和结构效应[J]. 中国工业经济，2014，（6）：57-69.

[196] 王文军，赵黛青，陈勇. 我国低碳技术的现状、问题与发展模式研究[J]. 中国软科学，2011，（12）：84-91.

[197] 王军. 低碳经济：发展中国家的现实选择[J]. 学术月刊，2010，（12）：60-67.

[198] 钟利民，黄亚哲，兰国昌. 论低碳经济发展模式的转变[J]. 企业经济，2011，（2）：69-71.

[199] 沙之杰. 低碳经济背景下的中国节能减排发展研究[D]. 西南财经大学博士学位论文，2011.

[200] 刘源. 低碳消费——中国居民消费的转型[D]. 吉林大学硕士学位论文，2011.

[201] 周勇. 促成西方产业界自愿节能减排的抢先行动机及对我国的启示[J]. 宁夏社会科学，2011，（1）：44-48.

[202] 王刘安，常春. 用代传导中同义术语识别研究[J]. 情报理论与实践，2014，37（9）：97-100.

[203] 黄少坚. 节约型企业激励与约束机制研究[D]. 中国海洋大学博士学位论文，2008.

[204] 郦秀萍，张春霞，周继程，等. 钢铁行业发展面临的挑战及节能减排技术应用[J]. 电力需求侧管理，2011，13（3）：4-9.

[205] 窦彬. 日韩钢铁行业节能政策及启示[J]. 当代经济，2007，（8）：80-82.

[206] 康重庆，陈启鑫，夏清. 低碳电力技术的研究展望[J]. 电网技术，2009，33（2）：1-7.

[207] 张国兴，高秀林，汪应洛，等. 政策协同：节能减排政策研究的新视角[J]. 系统工程理论与实践，2014，34（3）：545-559.

[208] 刘朝. 我国低碳经济发展的Quadri-Carbon模型构建与情景模拟研究[D]. 天津大学博士学位论文，2011.

[209] 毛磊. 中国低碳经济影响因素和作用路径研究[D]. 天津大学硕士学位论文，2012.

[210] Patterson M G. What is energy efficiency? Concepts，indicators and methodological issues[J]. Energy Policy，1996，24（5）：377-390.

[211] 蒋金荷. 提高能源效率与经济结构调整的策略分析[J]. 数量经济技术经济研究，2004，21（10）：16-23.

[212] 吴巧生，成金华. 中国工业化中的能源消耗强度变动及因素分析——基于分解模型的实证分析[J]. 财经研究，2006，32（6）：75-85.

[213] 史丹. 中国能源效率的地区差异与节能潜力分析[J]. 中国工业经济，2006，（10）：49-58.

[214] 齐志新，陈文颖，吴宗鑫. 工业轻重结构变化对能源消费的影响[J]. 中国工业经济，2007，（2）：8-14.

[215] 尹宗成，丁日佳，江激宇. FDI、人力资本、R&D与中国能源效率[J]. 财贸研究，2008，（9）：95-98.

[216] 樊茂清，任若恩，陈高才. 技术变化、要素替代和贸易对能源强度影响的实证研究[J]. 经济学（季刊），2009，9（1）：237-258.

[217] 杨中东. 中国制造业能源效率的影响因素：经济周期和重化工工业化[J]. 统计研究，2010，27（10）：33-39.

[218] 陈军，成金华. 内生创新、人文发展与中国能源效率[J]. 中国人口·资源与环境，2010，20（4）：57-62.

[219] 杨继生. 国内外能源相对价格与中国的能源效率[J]. 经济学家，2009，（4）：90-97.

[220] 夏炎，陈锡康，杨翠红. 基于产出技术的能源效率新指标——生产能耗综合指数[J]. 管理评论，2010，22（2）：17-22.

[221] Hu J L, Wang S C. Total-factor energy efficiency of regions in China[J]. Energy Policy, 2006, 34（17）: 3206-3217.

[222] 魏楚, 沈满洪. 能源效率及其影响因素: 基于 DEA 的实证分析[J]. 管理世界, 2007,（8）: 66-76.

[223] 魏楚, 沈满洪. 能源效率研究发展及趋势: 一个综述[J]. 浙江大学学报（人文社会科学版）, 2009, 39（3）: 55-63.

[224] 曾胜, 黄登仕. 中国能源消费、经济增长与能源效率——基于 1980—2007 年的实证分析[J]. 数量经济技术经济研究, 2009,（8）: 17-28.

[225] 李国璋, 霍宗杰. 我国全要素能源效率及其收敛性[J]. 中国人口·资源与环境, 2010, 20（1）: 11-16.

[226] Watanabe M, Tanaka K. Efficiency analysis of Chinese industry: a directional distance function approach[J]. Energy Policy, 2007, 35（12）: 6323-6331.

[227] 袁晓玲, 张宝山, 杨万平. 基于环境污染的中国全要素能源效率研究[J]. 中国工业经济, 2009,（2）: 76-86.

[228] Aigner D, Lovell C A K, Schmidt P. Formulation and estimation of stochastic frontier production function models[J]. Journal of Econometrics, 1977, 6（1）: 21-37.

[229] Meeusen W, van den Broeck J. Efficiency estimation from Cobb-Douglas production functions with composed error[J]. International Economic Review, 1977, 18（2）: 435-444.

[230] Battese G E, Coelli T J. Frontier production functions, technical efficiency and panel data: with application to paddy farmers in India[J]. Journal of Productivity Analysis, 1992, 3（1）: 153-169.

[231] 何文强, 汪明星. 全要素能源效率的 DEA 模型评价——基于中国 1991~2007 年数据的实证检验[J]. 上海商学院学报, 2009, 10（5）: 92-96.

[232] 傅晓霞, 吴利学. 随机生产前沿方法的发展及其在中国的应用[J]. 南开经济研究. 2006,（2）: 130-141.

[233] 张军, 吴桂英, 张吉鹏. 中国省际物质资本存量估算: 1952—2000[J]. 经济研究, 2004,（10）: 35-44.

[234] 杨万平, 袁晓玲. 对外贸易、FDI 对环境污染的影响分析——基于中国时间序列的脉冲响应函数分析: 1982—2006[J]. 世界经济研究, 2008,（12）: 62-68.

[235] 王兵, 张技辉, 张华. 环境约束下中国省际全要素能源效率实证研究[J]. 经济评论, 2011,（4）: 31-43.

[236] 曾贤刚. 我国能源效率、CO_2 减排潜力及影响因素分析[J]. 中国环境科学, 2010, 30（10）: 1432-1440.

[237] 张国兴, 高秀林, 汪应洛, 等. 中国节能减排政策的测量、协同与演变——基于 1978—2013 年政策数据的研究[J]. 中国人口·资源与环境, 2014, 24（12）: 62-73.

[238] 彭觅, 吕斌, 张纯, 等. 中国能源碳排放的区域差异及其影响因素分析[J]. 城市发展研究, 2010, 17（7）: 6-11.

[239] Raupach M R, Marland G, Ciais P, et al. Global and regional drivers of accelerating CO_2 emissions[J]. Proceedings of the National Academy of Sciences of the United States of America, 2007, 104（24）: 10288-10293.

[240] 王兵, 刘光天. 节能减排与中国绿色经济增长——基于全要素生产率的视角[J]. 中国工业经济, 2015,（5）: 57-69.

[241] 陆钟武, 王鹤鸣, 岳强. 脱钩指数: 资源消费、废物排放与经济增长的定量表达[J]. 资源科学, 2011, 33（1）: 2-9.

[242] 魏楚, 沈满洪. 能源效率与能源生产率: 基于 DEA 方法的省际数据比较[J]. 数量经济技术经济研究, 2007,（9）: 110-121.

[243] 张珍花, 王鹏. 中国一次能源结构对能源效率的影响[J]. 统计与决策, 2008,（22）: 82-83.

[244] 史丹. 中国能源政策回顾与未来的政策取向[J]. 经济研究参考, 2000,（20）: 20-26.

[245] 赵芳. 中国能源政策: 演进、评析与选择[J]. 现代经济探讨, 2008,（12）: 29-32.

[246] 吴明隆. 结构方程模型: AMOS 的操作与应用[M]. 第 2 版. 重庆: 重庆大学出版社, 2010.

[247] 付加锋, 庄贵阳, 高庆先. 低碳经济的概念辨识及评价指标体系构建[J]. 中国人口·资源与环境, 2010, 20（8）: 38-43.

[248] 宣能肃. 我国能源问题分析[J]. 中国经贸导刊, 2006,（20）: 14-16.

[249] 许广月. 中国能源消费、碳排放与经济增长关系的研究[D]. 华中科技大学博士学位论文, 2010.

[250] 张文修, 吴伟志, 梁吉业, 等. 粗糙集理论与方法[M]. 北京: 科学出版社, 2001.

[251] Pindyck R S. Interfuel substitution and the industrial demand for energy: an international comparison[J]. Review of Economics and Statistics, 1979, 61（2）: 169-179.

[252] 杨中东. 对我国制造业的能源替代关系研究[J]. 当代经济科学, 2007, 29（3）: 1-6.

[253] 史红亮, 陈凯, 闫波. 中国钢铁行业能源内部的替代弹性分析——基于超越对数生产函数[J]. 技术经济, 2010, 29（9）: 56-59.

[254] 张文彤. SPSS 11.0 统计分析教程（高级篇）[M]. 北京: 北京希望电子出版社, 2002.

[255] 中国科学院可持续发展研究组. 2004 中国可持续发展战略报告[M]. 北京: 科学出版社, 2004: 120-135.

[256] 李善同, 侯永志, 刘云中, 等. 中国经济增长潜力与经济增长前景分析[J]. 管理世界, 2005,（9）: 7-19.

[257] 王锋, 冯根福. 优化能源结构对实现中国碳强度目标的贡献潜力评估[J]. 中国工业经济, 2011,（4）: 127-137.

[258] 李胜功, 马丽, 刘卫东, 等. 我国低碳经济发展框架与科学基础——实现 2020 年单位 GDP 碳排放降低 40%~45%的路径研究[M]. 北京: 商务印书馆, 2010.

[259] 李小燕. 基于灰色理论的电力负荷预测[D]. 华中科技大学硕士学位论文，2007.

[260] 张志明. 基于灰色理论的短期电力负荷预测研究[D]. 湖南大学硕士学位论文，2009.

[261] 王景，王作义. 组合预测方法的现状和发展[J]. 预测，1997，（6）：37-38.

[262] 张丽峰. 中国能源供求预测模型及发展对策研究[D]. 首都经济贸易大学博士学位论文，2006.

[263] 柴智勇. 基于 GREET 模型的车用生物质燃料能耗及排放研究[D]. 吉林大学硕士学位论文，2007.

[264] 杨光. 低碳发展模式下中国核电产业及核电经济性研究[D]. 华北电力大学博士学位论文，2010.

[265] 李红强，王礼茂. 中国风电减排 CO_2 的成本测算及其时空分异[J]. 地理科学，2010，30（5）：651-659.

[266] 陈凤楠，王礼茂. 中国太阳能光伏产业空间格局及影响因素分析[J]. 资源科学，2012，34（2）：287-294.

附　　录

附表 1　能源节约指标

地区	单位 GDP 能耗/（吨标准煤/万元）	单位工业增加值能耗/（吨标准煤/万元）	单位 GDP 能源降低率/%	单位工业增加值能耗降低率/%
北京	0.459	0.609	5.29	10.90
天津	0.708	0.611	6.04	10.90
河北	1.300	1.499	7.19	8.71
山西	1.762	3.550	4.18	5.24
内蒙古	1.405	2.957	3.94	7.39
辽宁	1.096	2.057	5.08	6.11
吉林	0.923	1.221	7.05	7.80
黑龙江	1.042	1.182	4.50	7.57
上海	0.618	0.857	8.71	7.63
江苏	0.600	0.607	5.92	6.97
浙江	0.590	0.143	6.11	5.60
安徽	0.754	1.132	5.97	5.00
福建	0.644	1.002	1.53	0.71
江西	0.651	1.174	3.16	1.97
山东	0.855	1.243	5.00	4.84
河南	0.895	1.798	4.06	7.53
湖北	0.912	1.350	5.24	7.33
湖南	0.894	1.340	6.24	8.22
广东	0.563	0.609	3.56	0.59
广西	0.800	1.235	3.71	2.64
海南	0.692	1.513	2.50	0.55
重庆	0.953	1.354	3.74	3.85
四川	0.997	1.849	4.64	4.72
贵州	1.714	2.820	5.78	5.90
云南	1.162	1.939	3.98	3.08

地区	单位 GDP 能耗/（吨标准煤/万元）	单位工业增加值能耗/（吨标准煤/万元）	单位 GDP 能源降低率/%	单位工业增加值能耗降低率/%
陕西	0.846	1.067	3.58	3.00
甘肃	1.402	2.830	5.21	6.26
青海	0.081	2.036	2.97	2.05
宁夏	2.279	4.109	4.20	3.12
新疆	1.631	1.995	0.42	−11.85

附表 2　CO_2 减排指标

地区	单位 GDP CO_2 排放量/（吨/万元）	单位工业增加值 CO_2 排放量（吨/万元）	单位 GDP CO_2 排放降低率/%	单位工业增加值 CO_2 排放降低率/%
北京	0.011	4.676	4.3	19.1
天津	0.008	7.085	5.8	22.2
河北	0.037	22.403	2.6	16.6
山西	0.023	281.466	8.4	18.9
内蒙古	0.022	53.383	4.5	18.2
辽宁	0.024	15.766	6.2	21.4
吉林	0.012	10.089	6.5	24.6
黑龙江	0.014	19.189	5.4	19.4
上海	0.016	8.245	8.1	23.6
江苏	0.040	10.156	4.3	15.7
浙江	0.029	15.464	9.4	24.8
安徽	0.017	22.995	1.9	14.6
福建	0.017	13.287	3.6	11.3
江西	0.009	7.371	6.8	20.2
山东	0.052	8.568	7.2	22.6
河南	0.035	12.558	7.4	24.3
湖北	0.023	8.476	5.6	19.2
湖南	0.022	12.052	7.5	25.1
广东	0.045	10.705	6.6	15.3
广西	0.012	16.172	5.4	14.3
海南	0.002	50.039	3.7	21.2
重庆	0.011	7.227	1.9	14.3
四川	0.023	7.0957	2.6	16.3
贵州	0.013	47.801	3.9	18.4
云南	0.013	24.228	5.7	21.1
陕西	0.013	16.339	5.9	22.3
甘肃	0.009	76.172	3.6	17.9
青海	0.004	28.767	2.3	14.3
宁夏	0.007	230.503	1.9	12.1
新疆	0.010	33.787	5.4	21.5

附表 3 经济社会发展水平与环境治理指标

地区	人均 GDP/万元	人均居民可支配收入/万元	人均能源消费量/吨标准煤	环保投入/万元	废气治理设施数/套	关闭小化工企业数/个	绿色等级企业数/个
北京	9.896 6	2.163 5	3 469.31	10 945.7	25 137	42	73
天津	10.588 0	1.672 5	5 808.92	152 848.5	21 489	39	65
河北	3.999 1	1.157 6	4 150.66	243 398.6	17 146	41	75
山西	3.502 6	1.139 2	5 354.75	279 450.2	18 141	32	47
内蒙古	6.959 7	1.403 8	7 946.18	310 164.0	10 873	27	54
辽宁	6.525 4	1.455 6	5 360.22	116 031.8	15 472	29	64
吉林	4.974 0	1.154 2	3 433.82	65 624.1	13 264	26	61
黑龙江	3.964 5	1.082 7	3 327.60	100 891.1	11 502	30	57
上海	9.595 6	2.473 2	4 773.95	63 601.6	18 052	28	86
江苏	8.110 7	1.793 8	3 642.68	310 062.0	26 581	26	121
浙江	7.257 1	2.093 7	3 300.35	178 372.8	24 932	24	115
安徽	3.411 5	1.233 7	1 896.79	92 793.4	21 129	32	108
福建	6.316 2	1.641 1	2 984.26	142 599.2	10 795	39	103
江西	3.461 5	1.157 8	1 605.91	66 234.7	20 547	28	97
山东	6.073 8	1.455 6	4 016.42	624 465.6	16 596	34	89
河南	3.696 4	1.164 8	2 514.03	213 727.8	22 564	35	77
湖北	4.695 2	1.263 4	3 058.49	92 872.6	10 462	45	52
湖南	4.012 3	1.256 4	2 522.07	97 038.5	26 594	37	62
广东	6.320 7	1.686 4	2 750.99	166 419.8	22 062	56	83
广西	3.312 1	1.213 7	1 955.36	86 229.8	13 114	24	76
海南	3.878 2	1.232 0	1 903.04	27 533.6	15 263	21	56
重庆	4.687 9	1.324 8	3 150.42	49 384.5	16 914	36	65
四川	3.500 5	1.220 3	2 547.67	166 536.7	20 378	43	85
贵州	2.849 8	1.125 8	2 835.25	131 969.6	21 917	26	78
云南	2.800 2	1.197 9	2 239.54	137 331.1	17 983	29	49
陕西	4.660 8	1.216 5	2 831.33	237 247.8	26 609	41	56
甘肃	2.550 9	1.028 2	2 718.00	105 337.5	10 356	37	34
青海	3.844 4	1.047 9	6 150.09	27 858.0	21 435	28	49
宁夏	4.250 6	1.093 6	7 051.00	38 735.4	17 634	38	54
新疆	3.879 7	1.111 2	5 298.25	106 276.2	10 289	33	32